広告ビジネスに関わる人の

メディア
ガイド
2020

博報堂DYメディアパートナーズ／編

はじめに

2015年より一般書籍として刊行し、ご好評をいただいているメディアガイドを、今年も「広告ビジネスに関わる人のメディアガイド2020」として出版いたします。

メディアガイドは、広告メディアとして代表的なマス四媒体からインターネット、アウトドアメディアまでを収録対象とし、それぞれのメディア章において、概況、デジタルトランスフォーメーション、接触状況、媒体特性、広告分類、そして広告効果や広告出稿状況まで、基礎データを幅広く丁寧に網羅しています。博報堂及び博報堂DYグループにおいては30年以上に渡り、広告メディアとそのビジネスに関する基礎データブックとして共有され、新人研修からメディアプラニング、プレゼン資料作成といったさまざまなシーンで活用されてきました。

この2020年版では、巻頭の特別企画で、デジタル・アドバタイジング・コンソーシアムの永松研究開発局長と原田広告技術研究室長を招いて、弊社の吉川メディア環境研究所所長との「激変するメディアサービスと広告ビジネスのこれから」についての対談を掲載しました。また、「メディア環境研究所が読み解くメディア環境のこれからと今」レポートについてもまとめてあります。

博報堂DYグループで長年培ってきたメディアビジネスのナレッジを一冊に凝縮したメディアガイドが、広告メディアとそのビジネスに関わる多くの人たちや、その領域に興味を持ちはじめた若い人たちの一助になれば幸いです。

最後になりましたが、本書を編纂するにあたって数多くのデータを収録させていただきました。ご協力いただきました各社様にこの場をお借りして心より御礼申し上げます。

2020年4月
メディアガイド2020編集長　内山 昌弘

メディアガイド 2020

Contents

［特別企画］
HDYMP メディア環境研究所 ×
DAC 研究開発局のリーダーが読み解く

2020年の
メディアビジネス大予測

～激変するメディアサービスと広告ビジネスのこれから～

永松 範之氏 デジタル・アドバタイジング・コンソーシアム	×	原田 俊氏 デジタル・アドバタイジング・コンソーシアム	×	吉川 昌孝氏 メディア環境研究所

日々、新たなメディアコンテンツが登場する中、マーケターにはそのスピードに
乗り遅れずにビジネスモデルを把握することや行動力が求められます。
ここでは、インターネット広告会社、デジタル・アドバタイジング・コンソーシアムの
イノベーション統括本部研究開発局長 永松範之氏と、
同局・広告技術研究室長の原田俊氏、そして博報堂DYメディアパートナーズ
メディア環境研究所所長の吉川昌孝氏が、メディアビジネスの潮流を俯瞰。
これからのメディアビジネスの可能性や、
エージェンシーのあり方などについて話し合いました。

デジタル広告における
個人データの取り扱い

吉川所長（以下吉川） 2019年は、個人データの問題が多く話題に上がりましたね。

原田室長（以下原田） 個人データの話は2011年ごろからはじまっていて、例えば行動ターゲティングを行う際に、ユーザー側が広告表示を無効化するオプトアウトをどう整備するか、といったことに当社もずっと取り組んできました。その後CDP（カスタマーデータプラットフォーム）が出てきたことで、ターゲティングだけに使われていたデータが広告主の持つ個人データと結びつくようになり、2018年ごろからはルールの整備を進めたいという広告主が増えてきました。

永松局長（以下永松） 英国と米国におけるFacebookとケンブリッジ・アナリティカの個人データ利用事件を皮切りに、データが誰にどう保有されて、どう使われているのかに注目が集まり、問題視されましたね。

原田 ネットフリックスオリジナルの「The Great Hack」を観ると、米国での反響の大きさがわかりますが、日本ではまだ、そこまでの危機意識がないでしょうね。

吉川 公正取引委員会がデジタル・プラットフォーマーに個人情報の利用目的を公表するよう求めてからは、プラットフォーマー側も対応するように動き出して、2019年後半ごろから急に個人データ関連の話が活発になりました。今後、こうした流れが強まることはあっても、弱まることはないと感じます。

原田 今は公正取引委員会と内閣官房と個人情報保護委員会がそれぞれの思惑で規制しようとしていて足並みが揃っていないので、今後の動向が気になります。

吉川 プラットフォーマー側からではなく、広告主側から個人データ取り扱いの問題をみるとどうでしょうか。

原田 個人情報保護委員会は、データの管理主体である広告主による対応が足りていないとみているようです。とはいえ、先進的な広告主しか意識しておらず、まだ業界全体の意識は高くないという現状です。

吉川 2019年11月に発表された「デジタル広告の課題に対するアドバタイザー宣言」では、生活者のプライバシーの権利やデータの取り扱いに関する言及がありました。

原田 この宣言は、広告主がパートナー（メディアやプラットフォーマー、テクノロジー企業、広告会社）に求める形の内容が多い中で「データの透明性の向上」という項で、オーディエンスデータのケアをしなければという話が入っていますね。パートナーだけでなく、広告主もきちんと着手すべき問題でもあります。

吉川 アメリカではどうなっていますか。

原田 広告主の業界団体であるANA、広告会社の業界団体である4A's、メディア系のIAB（インタラクティブ・アドバタイジング・ビューロー）が一緒になって、DAA（デジタル・ア

[Profile]
永松範之
Noriyuki Nagamatsu

デジタル・アドバタイジング・コンソーシアム イノベーション統括本部研究開発局長。2004年DAC入社、ネット広告の効果指標調査・開発、オーディエンスターゲティングや動画広告などの広告事業開発を行う。2008年より広告技術研究室の立ち上げとともに、電子マネーを活用した広告事業開発を推進。現在はAIやIoT、AR／VRなどの最新テクノロジーを活用したデジタルビジネスの研究開発に取り組む。

右側余白（縦書き）：2020年のメディアビジネス大予測

ドバタイジング・アライアンス）というオーディエンスデータ保護のための団体をつくっていて、各レイヤーで共通のルールを守るようになっています。

吉川 それに比べると、日本はまだ個人情報に関するルールに対して足並みが揃っていないわけですね。

原田 業界一丸となって取り組むべき問題です。一方で、生活者側のリテラシーについては、日本も海外も大差がないように感じます。オプトアウトという言葉さえ知られていない。むしろ高度なリテラシーを生活者に求めるほうがおかしいのではないか、という気がしています。生活者はみな忙しく時間もない。だからシステムを提供する側が生活者の嫌がる気持ちに対応できるように配慮することが大事なのではないかと思います。TwitterやFacebookでは、生活者のほうで広告クリエイティブ単位で非表示にできます。広告のユーザビリティがよいので、別にオプトアウトという言葉を知らなくても、嫌な広告を消すこと自体は行われているんですよ。

吉川 メディア環境研究所のメディアイノベーション調査で行った4カ国比較（日本、米国、中国、タイ）では、日本の個人情報に対するガードは他国に比べて異常に固いという結果でした。それなのに、リテラシーは低いとなると、もしかしたら、日本人は「知らないから怖い」状態なのかもしれないですね。今は個人データに対して法制度を整えようとしているし、マスメディアも含めてメディア全体が意識を持ってきている。

それを生活者に伝えることが大事かもしれません。

ブランドセーフティが維持できるメディアへの期待

吉川 今年は、インターネットはもとより、テレビ、ラジオ、新聞、雑誌、アウトドアの各方面で、データの把握がとにかく進みました。テレビも、2019年福岡の個人視聴率調査が、日記式から機械式へと切り替わりました。一方アメリカはメディア横断的にデータ活用の指揮を執ろうとしています。

永松 テレビメディアの強みを挙げるとすると、デジタルに比べてブランドセーフティが保たれていて信頼性があることですね。デジタルメディアはプロ・アマ問わずいろいろな人がコンテンツを公開できますが、マスメディアのコンテンツはプロがつくっていることが前提。なので、そもそもブランドセーフティという概念がないのだと思います。とはいえ2019年11月にTVerがブランドセーフティを活用した広告商品を出しており、ブランドセーフティがテレビメディアの価値だという認識はされてきていると思います。

吉川 名古屋の民放4局も共同通信プラットフォームを2020年3月に開始し、ラジオでも音声のプラットフォームがつくられるなど、コンテンツを軸に各局が協調しはじめています。2019年は、ネット上にブランドセーフティを担保できる安全な場所ができはじめたという感覚がありました。

原田 本来は、そこをもっと戦略的に押し出していくべきですよね。信頼性といえば、Yahoo!ニュースやSmartNewsなど、広範囲のユーザーにコンテンツを届けるメディアプラットフォームは特に信頼性を担保しなければいけません。海外では、Facebookのフェイクニュースやステマの問題をきっかけにさまざまな規制が入り、広告に誰がお金を出しているかがすべて見られるようになっていたり、外部のファクトチ

ェック機関と連携したりしています。日本でも SmartNews は外部機関と連携したりしていますが、日本のテレビ局や Yahoo! などのメディアは、これからといったところでしょうか。

吉川　2019年12月に発売された『Newsweek』の Yahoo! 特集で、ヤフトピのトップが「私たちに権力はありません、私たちにあるのは影響力です」といういい方をしていました。ニュースの信頼性についての議論は、不正確な医療情報を載せていた WELQ 問題で一度火が付いたと思うのですが、遅かれ早かれまた問題視される日がくるのではないでしょうか。

永松　先ほどのアドバタイザー宣言でも、不適切なコンテンツへの広告出稿に反対の立場を取る、社会に悪影響を及ぼす活動につながる広告出稿は行わない、としています。広告主側が主導していくことで、結果としてメディアやプラットフォーマーが動くところもあると思います。

吉川　今後、企業と生活者のダイレクトな接点が増えていくにつれ、信頼性がわからない有象無象の情報が溢れるとしたら、生活者にとってはデストピア。メディアの信頼性がわかるようになるべきです。生活者も、以前は無料の情報をどんどん摂取していましたが、ここ3年のメディア定点調査においては、「無料の情報だけで十分だ」との回答が下がっています。

原田　最近はコンテンツを一部有料化するペイウォールも増えてきていますよね。途中まで記事が公開されていて、その先を読むのが有料であったり、5本以上の記事を読む場合に有料であ

ったり。ただ、ビジネスとしての設計が良いものばかりではありません。サブスクリプションが流行っているから取り入れただけで、何を目的に有料にしているのかが明確になっていない。

吉川　せっかく生活者側が無料の情報だけでは十分でないと思うようになってきているのだから、なぜそれ以上が有料なのかがわかりやすく伝わる形で提供していった方がいいですよね。ここから先は取材にお金がかかっているからといったように。

原田　そこでしか読めないようなものだけを有料にして、先を読ませるのでもいいですね。どこでも読める情報までペイウォールに入れていることもありますから。

永松　有料記事と無料記事の基準があいまいだと、お金がかかる記事に対して、先を読みたいと思う気持ち以上に苛立ちが上回ってしまうことがあるんですよね。

吉川　読めないなら自分で調べるよ、ネットのどこかには落ちているんでしょと思われてしまっ

［Profile］
原田俊
Shun Harada

デジタル・アドバタイジング・コンソーシアム イノベーション統括本部研究開発局 広告技術研究室長。2008年入社。インフラシステム開発・運用業務に携わった後、2012年より広告技術研究室にて国内外のアドテクノロジー及び先端技術のマーケティングリサーチ、ビジネス企画業務に従事。また日本インタラクティブ広告協会やData Driven Advertising Initiative、情報法制研究所にて生活者のプライバシー保護を推進。

ている。

原田 ある程度は無料で見せていかないと媒体社もデジタル上での信頼は作れません。確固とした基準があれば有料の部分も読まれるはずです。

吉川 報道もコンテンツも、もっと情報の価値で競う環境になればいいと思います。デジタルも含めメディアの信頼性が高まれば、広告としての価値も高まる。そこに尽きる気がします。

原田 広告会社／メディアレップは広告マネタイズだけでなく、その前段階であるメディアの信頼性の構築・向上も支援していきたいですよね。

吉川 博報堂DYメディアパートナーズは広告業の「デジタルトランスフォーメーション」＝アド・トランスフォーメーションを推進しようとしていますが、単にデジタル化するだけではなく、今のメディア環境に合わせた信頼性や価値を再構築した上で、デジタル化するということですね。

永松 そうですね。本来はそこまで入り込んでいきたいと思っているのですが、プラットフォーマーの中だけで新しい広告フォーマットを作成し検証する環境が整いつつあるので、エージェンシーの立場はなかなか悩ましいところもあります。

吉川 一方でユーザーは、プラットフォーマーに対しての信頼はどれほどなのか。アメリカでは、Facebookの問題から厳しい様子が推測されます。

永松 厳しいでしょう。とはいえ、プラットフォーマーなしでは困る。結局のところプラットフォ

ーマー側もユーザーを見ながら対応はしているので、いい緊張感がある関係性にはなっているとみています。

あらためて見直される
音声メディアの可能性

吉川 今、アメリカで最も伸びているといわれるのは音声市場で、30～40％の成長を記録しています。イギリスではポッドキャストが伸びていますし、日本でもradikoのデータから日々の聴取状況を推測する「ラジオ365データ」の提供が開始されるなど、音声メディアに再び注目が集まっています。

永松 ただ、海外に比べて日本の音声プラットフォーマーはまだ弱い。アメリカであればSpotifyや各新聞社などがポッドキャストに対応するなど、新興の音声メディアがプラットフォーマー化したり、既存のプレイヤーが音声に対応したりということがありますが、日本はVoicyが出てきた程度で、海外ほど伸びているところはまだないですね。

吉川 アメリカでは、ポッドキャストがきっかけで有名になる人が出てきているようですよ。今後は音声からもYouTuberのような存在が出てくるのではないでしょうか。

原田 ヒップホップグループ「ライムスター」の宇多丸さんや、音楽誌「snoozer」の田中宗一郎さんなど、すでにSpotifyで番組を持っている人はいますね。「Spotifyで田中さんを

知った」という人の話を聞いて、プラットフォームとして機能しはじめているんだなと感じています。

吉川 エッジのあるコンテンツでコミュニティをつくって1人あたりのエンゲージメントを上げるのが得意、つまりコンテンツとしての深度が深いメディアは、ラジオや雑誌ですよね。もともと雑誌はデジタルと相性がいいといわれていましたが、音声も非常に掘りがいがあります。ブランドと生活者がダイレクトにつながる時代に、例えばチャットでのコミュニケーションが、音声に代わってもいいわけですからね。

原田 先日タイに行ったのですが、地元のGrab運転手さんたちが声のSNSをやっていたんです。タイムラインを押すと誰かがつぶやいた声が再生でき、それに対して自分も声でリプライができるというもので、運転しながらできるSNSなんですよ。似たようなサービスが日本で流行るかはわかりませんが、僕も音声は追究しがいがあると感じています。

激変するネット動画メディア
新たな短尺動画サービスも登場

吉川 2019年11月にディズニーの動画サービス「Disney+（ディズニー・プラス）」がアメリカやカナダなどでリリースされ、登録者が初日で1,000万人を超えました。またネットフリックスは日本での会員数が300万人に、Huluは200万人を超えました。ネットフリックスは、通常のテレビドラマの何倍ものお金をかけてコンテンツをつくっているといいます。

原田 それでも採算がとれることがわかったのでしょうね。

吉川 そうなると、テレビのドラマコンテンツは厳しい状況になっていくのかもしれません。

永松 日本はまだネットの動画に偏ってはいませんが、海外の状況を見ていると、今後はネットの動画がどんどん台頭してくるのかなと感じます。

吉川 映画館は「IMAX（アイマックス）」に代表されるように、どんどん体験化しています。昔は映像コンテンツの中心にテレビがありましたが、お金をかけたドラマコンテンツや体験型のコンテンツがもっと出てくれば、そちらに流れていってしまうかもしれません。それから2020年4月には、ハリウッドがスマホ向けに短編動画を配信するサービス「Quibi（クイビ）」もリリースされます。

原田 ローンチ前から広告が売り切れているんですよね。

吉川 スティーブン・スピルバーグ監督も携わるそうですし期待が高まっています。Snapchatにはじまり、TikTok、Instagramのストーリーズときて、短尺動画が浸透していく中で、クイビは破壊者になりそうだと感じます。

原田 SnapchatもTikTokもストーリーズも、UIが非常に良い。クイビは、そういった最新のUIにプロのコンテンツを乗せることになるので、大きく伸びそうですね。

吉川 スティーブン・スピルバーグ監督が短尺

[Profile]
吉川昌孝
Masataka Yoshikawa

メディア環境研究所 所長。1989年博報堂入社。マーケティングプランナー、博報堂フォーサイトコンサルタントを経て、2004年博報堂生活総合研究所に着任。未来予測プロジェクトのリーダーとして、生活者とマーケティングの未来像を発表。2015年メディア環境研究所所長代理、2016年より現職。

で何を撮るのか、どんなコンテンツになるのかが想像できないですね。未知の可能性に期待をするから、広告が全部売り切れたのでしょう。クイビはディズニー・プラスやネットフリックス、Apple TVなどとも違う動きなので、この先何が起こるのかをしっかりとみておかなければと思っています。

原田 日本ではAbemaTVが戦略的な考えを持っています。

吉川 月間アクティブユーザー数（MAU）だけでなく、有料会員の人数に言及するようになった点に注目したいですね。AbemaTVは赤字事業ではあるものの、有料会員が50万人を超え、収益性を高めるフェーズに来たという感覚を持ちはじめているようです。

原田 テレビの収益も、広告収入だけに限らず、有料会員によるサブスクリプション型に移行していく選択肢もあり得るでしょう。またコンテンツのつくり手も、元来のテレビのプロだけでなく、インフルエンサーのような人もいれば、スピルバーグ監督のように映画出身の人がいたっていいはず。一方でテレビのつくり手が、動画という手段で稼ぐのに効率がいい媒体としてネット動画を選ぶケースも出てくるでしょう。

永松 コンテンツ制作のリスクマネーが、日本にはない印象です。それこそネットフリックスのような大手プラットフォーマーが資金を投入しなければ、なかなか冒険できない。

原田 あまりいい状況とはいえないですね。

吉川 ネットの動画プラットフォーマーのオリジナルドラマは、これまでどちらかといえばテレビドラマに対してオルタナティブなものとしてとらえられてきました。でも、お金をかけることで既存のドラマ以上のコンテンツになっているものもあり、メジャーになりつつあります。動画はフォーマット自体もまだ定まっていないので、これからまだまだ変化していきそうです。

永松 だからこそチャンスがあるともいえます。

原田 YouTuberになりたいといっている子どもたちの、デジタルネイティブならではのクリエイティビティにも期待したいところです。

吉川 クリエイターの取り合いがはじまっているという話も聞かれますね。文章などの作品投稿プラットフォーム「note（ノート）」が、MAUを8ヶ月で1,000万から2,000万に伸ばしているのですが、テレビ局や出版社などがnoteと組み、noteから生まれたクリエイターとドラマや書籍などの新しい作品を生み出しています。noteを運営しているピースオブケイクの代表である加藤貞顕さんは、「もしドラ（もし高校野球の女子マネージャーがドラッカーの『マネジメント』を読んだら）」を成功させた編集者。出版社で大量に刷ることを前提にした環境でしかクリエイターが育まれないことに危機感を抱いて、もっとたくさんのクリエイターが生まれるプラットフォームをつくりたいとnoteを立ち上げたといいます。最初に行ったのはnoteの投稿された作品の書籍化で、その際は出版社の方から話が来たようです。今はそれがテレビドラマにも拡大しています。

原田 noteのようなところから、才能ある人を見つけることはできるわけですよね。

吉川 2020年2月からはnoteでクリエイターが月額課金のコミュニティをつくれる「サークル機能」がスタートしていて、これはプラットフォームに対して信頼性が生まれる仕掛けの1つだと思います。オンラインサロンにお金を払うよりも、きちんとした作品が生まれているプラットフォームのコミュニティに入りたいというふうに判断されていく気がしますよね。

テクノロジーを使った
新たな広告の糸口

吉川　AR（拡張現実）やMR（複合現実）を使った広告など、新しい広告の端緒も生まれてきています。日経新聞は、新聞紙面にアプリをかざすと映像や音楽などが再生される「日経AR」を2018年11月にリリースしました。それを使い、YOSHIKIさんや松任谷由実さんら著名なミュージシャンが日経ARで応援メッセージを送る広告企画などを行っています。日本テレビも、実験段階ですが、CMキャラクターがホログラムとしてテレビから飛び出る「MR CM」を開発しています。海外ではどのような動きがありますか。

永松　ARは、5Gのスタートに伴って期待が高まっていて、活用例も出てきていますが、まだ恒常的に使用される段階には至っていません。

原田　ただ、IABが新しい広告フォーマットの基準を定めた「ニュー・アド・ポートフォリオ」には、VR広告の話も入ってきています。

吉川　マスメディアからテクノロジーの話が聞かれるというのは、メディアビジネスが変革している表れですよね。アウトドアの領域も、いかにデジタルと融合するかが話題になっています。今はラジオや雑誌、インフルエンサーなどの狭く深いコンテンツが、デジタルの力を借りてスモールマスとも呼べるコミュニティをつくっていますが、デジタルに閉じるのではなく、アウトドアのイベントなどともっと融合するようになれば、さら

に盛り上がり、スポンサーも集まるようになるでしょう。今まではそういった事例が生まれること自体に注目が集まっていましたが、今の若い世代にとっては当たり前のことになってきています。

原田　狭くて深いコンテンツやコミュニティは、D2C（Direct to Consumer）につながっていきますね。

広告とコマースの統合で
エージェンシーに求められる変化

永松　広告とコマースの統合も進んでおり、Amazonは広告媒体になっていますし、GoogleやFacebook、Instagramも続々とショッピング機能を持っています。

吉川　広告から購入まで直結する時代になってきているので、海外ではそれを見据えた新たなサービスやパートナーシップが広がっています。プラットフォーマーによる広告から購入へと直結させる動きに、日本のメディアもついていかなければならなくなるでしょう。特に濃いファンが集まるコミュニティにおいては、気分が上がればアクションまで直結しやすいものです。気持ちを盛り上げることができるメディアの強みを生かして、盛り上がった時点ですぐに買える、行動できる仕組みをどう設計するかが重要になりそうです。

原田　エージェンシーもまた、従来の広告領域以外のところにも目端を利かせなければいけな

くなってきているなと思います。

吉川 2020年に5Gが開始すれば、今よりももっと情報が届けやすくなったり、アクションがしやすくなったりと進化していきます。購買行動モデルのAISASやAIDMAには、生活者が記憶、検索をする過程がありますが、これからの時代はそれらが必要なくなり、興味喚起から流れるようにアクションにつながる、ということがあらゆるところで起きていくでしょう。

原田 5Gによってフルコネクテッド、つまり常時接続で絶えずデータが取られているという状態が実現されれば、どこで興味が変わったか、ニーズが発生したかということまでも明らかにできるようになります。今はデータの取得ポイントがお店の中などに偏在していますが、5Gの通信を束ねる存在が出てくれば、横断的なデータも取れるようになるでしょう。5Gは動画などのエンタメコンテンツがもっとスムーズに観られるようになると思っている人が多いのですが、それだけではなく、自動運転や遠隔操作など社会インフラ全体が変わります。

吉川 東京オリンピックではトヨタの「e-Palette」が街中を走っているかもしれませんが、中長期的にみれば、自分のスマホも社会の一構成要素になるという、まさにフルコネクテッドの環境に向かっていかなければならないという気がしますね。

原田 デジタルに必ずしもスクリーンが関係しなくなりますよね。

吉川 ロボットやホログラムかもしれませんし

ね。2019年はAIで再現した美空ひばりが紅白に出ました。あれはホログラムですよね。そういったことが普段の生活にも浸透し、例えばカラオケで「今日は美空ひばりとデュエットしよう」ということが起こっていくのでしょう。そうした技術をつかってスポーツにおいても、会場にいるかのような臨場感が味わえるようになるかもしれません。日本テレビでは、東京ドームに用意されたAR撮影ブースに行くと、スマホの画面上でジャイアンツの人気選手と並んで写真が撮れるというイベントを開催していましたね。メディアで気分を高めてアクションを起こす、その際にARやホログラムといった疑似的なアクションも含まれてくるのでしょう。

原田 エージェンシーは、メディアとクリエイティブの部門が分かれ、さらにメディアの中でも4マスとデジタルが分かれていてサイロ化していますが、広告から購買までが直結し、あらゆる広告が運用型になっていくにつれ、それらの境はなくなっていくべきです。

永松 海外のエージェンシーでは、メディアとクリエイティブをもっと統合していこうという話がかなり進んでいます。

原田 それに加え、エージェンシーの領域はプロモーションで、店舗運営はエージェンシーの仕事ではないと考えられてきました。しかし近年は、Amazonのように広告からコンテンツ、購買までが一つに集約されているようなメディアにどう向き合っていくかという課題が出てきています。

永松 それこそAmazonにおけるセールス支援では、サプライチェーンや在庫管理というところまで、ある程度エージェンシー側がわからなければ対応しきれないというところがあります。

吉川 今後はAmazonだけでなく、あらゆる接点で認知から購買が直結するようになってくるでしょうから、対応全体を変えていかなければダメですよね。

原田 エージェンシーの体制が固定されているので、世の中の動きに対応できないという状況は良くないですよね。広告主による広告事業のインハウス化も進んでいます。広告主側でプラットフォームを操作し、クリエイティブもつくれるから、わざわざエージェンシーを使うという選択肢を取らない会社も出てきています。それであれば、エージェンシーは、広告主側に人を常駐させてもっと密にコミュニケーションするとか、広告の運用をインハウス化できるように支援するといったことができるはずです。極めてコンサル的ですが、広告主が自立できるようサポートするということも考えていくべきだと思います。

吉川 そうなれば、エージェンシーがマーケティング全体を知らなければならなくなります。

原田 エージェンシーに求められる役割が、変わってきているのだと思います。クリエイティブ制作やメディア取引をバラバラにしているだけでは、ブランディングやサービスグロースを目指している広告主のパートナーとして成り立たなくなっていきます。Amazonやそのほかのプラットフォーマーのような新しいメディア環境への対応

はもちろん、広告主の求めるリアルタイムマーケティングやデータ活用の高度化への対応必要性を考えれば、エージェンシー全体は変わらなければならないということを、声を大にしていいたいですね。

吉川 ポジティブにいえば、そこまで全部できるのがエージェンシーだということですよね。ただ、データによって生活者の行動がすべてわかるとなると、これからはPDCAを回して戦略を練るだけでなく、膨大なデータから次の変化の兆しをくみ取る力が大事になります。それをみつけるためには仮説がなければいけません。メディア環境研究所では、実際に現場に行って調査、体験することを大切にしていますが、リアリティを持たなければ仮説はできないし、広告主にもおもしろがってもらえない。今後は、変化の兆しをくみ取る、仮説が立てられる力がより大切になっていくのではないでしょうか。

1 メディア環境研究所が読み解くメディア環境のこれから

「これからの「多接点時代」における
生活者とのつながり方とは」

「多接点時代」がやってくる

メディア環境研究所では、ここ数年間、こんな問いを持って、研究にあたってきました。
「私たちの生活を変えるサービスは何か」「次のメディア環境はどのようなものになるのか」
そうした視点で、この1年ほど数百社以上に上るサービスやプロダクト、企業取材を行ってきた中で、私たちが今強く感じていることは「多接点時代」がやってくるということです。
「多接点時代」とは何でしょうか。これまでの過去20数年間にわたって進んできたデジタル化は、情報という世界の中での出来事でした。パソコン、スマートフォン、テレビなどの限定的なスクリーンが接点となっている時代だったといえます。一方で、これから進んでいく生活のデジタル化では、自律走行のクルマ、スマート家電など多様なデジタルデバイスが、生活者をとりまく接点となっていき、情報だけでなく、生活空間全体のデジタル化が進んでいきます。

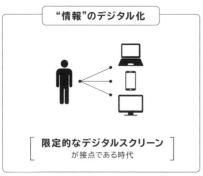

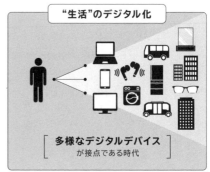

これまでの限定的なデジタルスクリーンが接点である時代では、生活者はメディアを通じて情報を知り、それを記憶し、調べるといった行動をし、そのあと、実際に買う、使うといったアクションをしていました。昔からいわれているAIDMAというプロセスがまさにそうです。生活者がひとつひとつのアクションを行い、ステップを進めてきた訳です。
ところが、これからの「多接点時代」では、生活者をとりまくデバイスなどの接点が拡大し、さらに身近になっていきます。例えば、移動中という生活シーンに情報が入り込むとしたら、どうでしょう。自分でいちいち調べることなく、ロケーションに応じた情報が、自律走行のモビリティの中に届くような暮らしを想像してみてください。現在の私たちは、毎回、スマートフォンを持ち上げ、ロックをはずし、アプリを立ち上げて、何らかのアクションをするという作業を繰り返していますが、多

接点時代では、行動しているさなかに情報が生活の中に入り込んできます。そして、憶えたり調べたりもせずに、即、何らかのアクションをすることが可能になります。そんな未来をあらためてイメージしますと、こんな疑問がわいてきました。

「多接点時代の生活者とのつながり方はどうあるべきなのだろうか」、
「企業はそのたくさん生まれてくる接点において、どんなふるまいをすべきだろうか」

かつて、10年ほど前に、スマートフォンの普及がキャズムを超えたときに、広告やメディア業界で「モバイルシフト」「モバイルファースト」という掛け声がかかった時代がありました。そんなモバイル時代と同じように、これから生まれる新しい多接点のデバイスにどんどん情報を出していくだけでは、事足りないのではないか、と私たちは考えました。

「Direct＝生活に直接的に作用する」つながり方とは

この「多接点時代のつながり方とは」という問いの答えとなるのが、「Direct」という概念です。直接的に、という意味ですが、マーケティングに関わっている皆さんの中ではDirect marketing、通販のことと思われる方もいらっしゃるかもしれません。今回、私たちメディア環境研究所がとらえている「Direct」という概念は、そうした売り方だけでなく、多接点時代の生活者とのつながり方全般を示す大きなキーワードとしてとらえています。

メディア環境研究所は、この一年あまりの取材を通じて、こうした新しいつながり方に、いち早く取り組んでいる企業を、多数発見しました。彼らは、多接点のデバイスに、とにかくどんどん情報を出すということだけでなく、生活に直接的に作用するような、生活者とのつながり方をはじめていたのです。

この新しい「Direct」という概念は、これまで私たちにとってなじみの深かった、会話、コンテンツ、コミュニティといった、企業が生活者とつながる3つのすべを、大きくアップデートしています。

あらためて、会話、コンテンツ、コミュニティと聞くと、既に耳になじんだ言葉ですが、その実態と意義は、多接点時代に向けて大きく変わろうとしている様子がみえてきました。では、順番にご紹介します。

メディア環境研究所が読み解くメディア環境のこれからと今

DirectなConversation
生活者の欲や悩みを引き出し解決する会話

まず、1つ目の会話について、みていきましょう。会話ときくと、SNSでのおしゃべりなのかな、などと素朴な印象をもたれる方もいるかもしれませんが、今、会話の概念が変わりつつあります。昨年あたりからConversational economyという概念も注目されはじめています。会話が実体経済につながり、既に大きな市場を生み出している、というニュースも増えてきました。

象徴的な例として、米国企業のケースをご紹介します。米国では数年前から、D2Cと呼ばれるモノづくりをするメーカーが、小売りを介さず直接生活者に販売を行う業態が台頭し、急拡大しています。その中でも複数のブランドが、「会話」を通じて、顧客のあいまいな欲求を引き出すことに成功しています。例えば、「DIRTYLEMON」という名前の清涼飲料水メーカー。500mlで1000円ほどの高級栄養飲料のD2Cブランドなのですが、この企業はSNSではなくSMS、電話番号に直接メッセージを送るショートメッセージサービスで顧客とつながることを重要視しています。ユーザーにさまざまなアプリをダウンロードさせたり開かせたりする手間なく、簡単に会話をはじめることができます。私たちも実際にSMSで会話してみました。「今、疲れているんだけど、おすすめありますか?」と相談すると、「ターメリック(ウコン)の飲料はいかがですか」という回答がありました。少しタイムラグがあることが、向こう側で人が対応している様子を感じさせます。「それ、買います」と伝えると、該当商品がカートに入った状態のURLが届きます。そこに必要情報をインプットすればすぐ購入完了という流れです。

するとターメリック(ウコン)をおすすめしてくれた

この企業以外にも、スキンケアブランドが顧客の肌の改善のために実施したり、大手流通のコンシェルジュサービスが買い物選択に迷う顧客のために商品を絞りこんだ提案をしたりするなど、さまざまな業態で「生活に作用するような会話」が、既に行われています。中には、売上のうち1割が「会話」経由でなされているというブランドもでてきています。「会話」が企業と生活者とのつながりのみならず、利益にも貢献しているのです。

注目したい点は、生活に作用するために、会話を通じて、人と直接向き合い、欲や悩みを引き出し解決する、という新しいつながり方が行われていることです。この新しい会話は、現在行われている、レコメンドなどのアルゴリズムだけでなく、会話を通じて、生活者の言語化できない欲や悩みを引き出していきます。そして、会話から自然に、その欲や悩みの解決までを導いていくのです。そこでは、企業と生活者はきわめてフラットな関係です。サービス提供者側が、ことさらにへりくだるわけでもなく、かつ、上から目線でもなく、常時つながっているからこそ、友人のような親しさで、生活者と向き合っています。

これまでは、こうした役割は、カリスマ店員といわれる方や、SNSでの企業アカウントの中の人など、限定的な役割の方々が担っていました。多接点時代の会話では、生活者と企業のあいだで、同時多発的に、たくさんのよい会話が可能になります。そして今後、スマートフォン以外のデバイスでも、チャットやボイスを通じて、生活者の欲や悩みをその場で解決に導くようなつながり方が可能になってゆくといえるでしょう。

DirectなContent
生活者の願望を後押しし、かなえるコンテンツ

続いて、コンテンツについて、です。メディア企業の方は、自社が読者や視聴者にみせるコンテンツ、という意味合いでとらえているでしょうし、広告主の方は、コンテンツマーケティング、など、マーケティングの手法の一環でとらえている方も多いと思います。これからご紹介するのは、そのどちらでもない、コンテンツです。生活に直接的に作用する、Directなコンテンツ、とは、いったいどういうものでしょうか。

中国のテックジャイアント、アリババの杭州本社横の商業施設で展開しているスマートミラーについてご紹介します。「新しい服にチャレンジしたい」という願望を、スマートミラー上のファッション診断コンテンツで後押しするものです。

鏡で似合う服を提案してくれる
診断コンテンツ@杭州

メディア環境研究所が読み解くメディア環境のこれからと今

メディア環境研究所が読み解くメディア環境のこれからと今

メディア環境研究所の研究員も実際に試してみました。洋服店店頭のスマートミラーの3Dカメラに顔と全身を映し出すと、体の厚みも読み取った上で、その人に合う洋服一式を提案してくれます。

人によって提案してくる服がかなり異なっています。体験する人の容姿や雰囲気をきちんと読み取った提案をしてくれており、みていて納得度がありました。そしてこの提案されたファッションは洋服店でも、ECでも直接購入することが可能です。このようにただ診断コンテンツで気持ちを高めるだけでなく、その場で生活に直接作用するような関係がここでも生まれているのです。

この診断ソフトウェアが将来的に、家の鏡に搭載される未来もありうるでしょう。そう考えると現在のような、幅広く告知をし、お店に送客し、試着してもらい、何着も取り換えて、購買の意思決定をしてもらって…という段取りは減っていきます。ファッションにまつわるコンテンツが、紙やスマートフォンの中だけでなく、鏡の中で「こんな服にチャレンジしてみようかな」というように、生活者の願望を直接後押しすることが可能になります。

また、米国のフィットネス業界で注目されている「Peloton」という企業の取り組みもご紹介します。通常フィットネス器具は1回売ってしまえばそれまで、ですが、この企業ではエアロバイクに付属したデバイスに日々ダイレクトにフィットネス動画を配信。ユーザーの「運動したい」願望を日々刺激し、エアロバイクで実現しつづけています。毎時間、スタジオから配信される動画からは、インストラクターが運動するモチベーションを高めるメッセージを語りながら、家でエアロバイクをこぐユーザーの気持ちを高めていきます。ユーザーは、家で1人の状況で運動しているわけですが、画面の右端には一緒にこの動画を見ながら運動しているほかのユーザーとその運動量も表示されています。トレーナーにはげまされながら「よし！友達の〇〇には負けないぞ!!」と競争心もあおられ、さらに運動したい気持ちを高めていくのです。まさに、動画というコンテンツで運動したい願望を継続的に高め、実現し、生活に直接作用しつづけるサービスになっているのです。

このような新しいコンテンツは、見せておわり、楽しませておわり、ではありません。コンテンツを通じて、人がもともと持っている「こんな生活をしたい」という願望を高めてくれます。そして、コンテンツから自然に、その願望の達成までを導いていきます。また、多接点の身近なデバイスに直接届く点にも注目したいと思います。現在のコンテンツでは、例えば「きれいになりたい」「運動したい」という欲求を高めたあと、それを実行するのは、生活者一人ひとりにゆだねられます。スクリーンを消したら、やっぱり他人事になってしまう、そうした場面が多くみられますが、Directなコンテンツでは、見ることと、できることが、スムーズに地続きになっているのです。そして、継続的である点も重要です。一回かぎりの放送や配信、またはコンテンツマーケティング施策ということではないのです。メディアでも広告でもない場所で、企業活動の根幹にコンテンツが据えられている、新しい動きであるともいえます。

DirectなCommunity
人々の生活や社会を、よりよくするコミュニティ

近年、エシカル（倫理的）であることを大きく打ち出すD2Cブランドも増えてきました。
ある米国のスニーカーブランドでは、自然素材から地球環境に対しポジティブな靴づくりをしていて、生活者が購入するだけで環境改善へのアクションにつながることを大きくアピールしています。ニューヨークにある実店舗を訪れたところ、店内は試着する場所もないくらいの大混雑でした。環境にやさしく、モノもいい、価格も手ごろということで、「どうせ買うなら環境にやさしいこのスニーカー」と現地の生活者から大人気になっています。まさに、環境に対してポジティブなアクションを企業と生活者がともに実現し、社会に直接作用するコミュニティになっているのです。
また、米国の別のアパレルブランドでは、徹底的な透明性を宣言。原材料から人件費まで商品の原価をすべて開示しています。倫理的な姿勢を追究し、いまは600万本の再生プラスチックから作ったコートも売りだし中です。毎年、全米最大の買い物のお祭りブラックフライデーに値引きしないかわりに、「社会を良くする目標」を掲げ生活者を巻き込みます。2019年では、使い捨てプラスチックを全廃するための運動に資金を投じるため、1商品の購入につき10ドルの寄付を約束、生活者に購入を呼び掛けています。2018年は海のゴミ汚染を止めるため活動するビーチクリーン団体が9000トンのゴミを回収するために必要な資金、26万ドルの売り上げが必要だと呼びかけて、目標を達成しています。このような社会を良くするための企業の直接的な行動に、「消費」を通して生活者を巻き込んでいるのです。
環境によい生活をしたい、といったことは、生活者が自分ひとりで達成しようとすると、なかなかハードルが高い作業でした。ところが、多接点時代のコミュニティでは、簡単に参加し、つながることが、可能になっていきます。マンション、学校、会社、店舗などの暮らしの中の身近な接点を訪れるだけ、または、ある種の目的を明確に打ち出したD2Cブランドを買うだけで、生活をよくすることができるようになります。特に、D2Cブランドにおいては、これまでなかなかスケールしづらかった社内変革の活動を、買うことで参加できる、と位置付けることによって、直接的に社会をよくする、という仕組みづくりが行われています。企業が考える「よりよい生活」「よりよい社会」を、コミュニティを通じて実現していくという、つながり方がうまれていくことでしょう。

メディア環境研究所が読み解くメディア環境のこれからと今

多接点時代、企業はどうあるべきか

生活者をとりまくスクリーンや接点は、今後、指数関数的に増えていきます。そんな多接点時代の
メディア環境においては、「見る」「知る」だけでは生活者はもはや満足しません。

今後、メディア企業が提供するメディア体験は、「直接、生活に作用する」必要があります。メディア
企業には、これまでつちかってきた、会話、コンテンツ、コミュニティといった生活者とのエモー
ショナルなつながりがあります。会話をつくるノウハウはラジオ局の皆さんはたくさんの知見をお
持ちでしょう。テレビ局や出版社の皆さんは、やってみたくなるコンテンツづくりは最も得意とさ
れているかと思います。またコミュニティや社会がかかえる課題の設定は、新聞社の皆さんや、報
道に関わる方が今まさに行ってらっしゃることです。しかし、多接点時代は、その先が必要なので
す。会話や、コンテンツや、コミュニティでつながった先の出口が「生活に作用するかどうか」、そこ
をこれから設計する必要があります。
また、広告においては、売るためのチャット、目を引き付けるだけのコンテンツ、囲い込むコミュニ
ティ、そうしたやり方だけでは、生活者とつながれない時代がやってきます。会話、コンテンツ、コ
ミュニティでつながった先に、生活者の「よりよい生活の実現」まで導く必要があります。生活者が
自身ではできないことを直接的に、企業が後押しすることが求められるのです。
テクノロジーで、これからの生活は間違いなく、変わっていきます。よく「日本は別だ」ですとか、
「うちの業界は別だ」とおっしゃる方がいらっしゃいますが、今、世界で起こりつつある生活のデジ
タル化という大きな波は、間違いなく私たちの生活とビジネスにインパクトをもたらします。今後、
企業と生活者の間がどれだけ多接点になっても、そして多接点のデバイスからどれだけデータが集
まったとしても、まずは、その中で「生活に直接的に作用する関係」をつくることが生活者との継
続的なつながりの起点になります。未来のメディア環境の中で、自社が提供できる「会話」「コンテ
ンツ」「コミュニティ」のあり方を、「Direct」という視点で考えてみてはいかがでしょうか。それ
こそが、多接点時代の企業の強さの源泉となると、考えています。

メディア環境研究所　グループマネージャー　兼　主席研究員

加藤　薫 Kaoru Kato

[profile]
1999年博報堂入社。
菓子メーカー・ゲームメーカーの担当営業を経て、2008年より現職。生
活者調査、テクノロジー系カンファレンス取材、メディアビジネスプレイヤー
へのヒアリングなどの活動をベースに、これから先のメディア環境についての洞察と発信を行っている。

2　メディア環境研究所が読み解くメディア環境の今

「新しいメディア満足のつくり方」

● 接触400分時代の到来

メディア環境が新たなステージに入りました。「メディア定点調査2019」によると、2019年のメディア総接触時間（東京）は411.6分。2006年の調査開始以来300分台で推移してきたメディア総接触時間ははじめて400分台に到達しました。著しく伸長したのは携帯電話・スマートフォンで、接触時間は2006年から10倍以上になりました。年々接触時間が長くなり、いまや私たちの生活になくてはならないものとなった携帯電話・スマートフォンは生活者の情報行動や意識にも影響を及ぼしています。一例を挙げると、いまや生活者の2人に1人が「世の中の情報量は多すぎる」と考えています。生活者が情報量が多いと感じているメディア環境において、情報の送り手である私たちは、どのように情報を届ければよいのでしょうか。

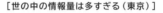
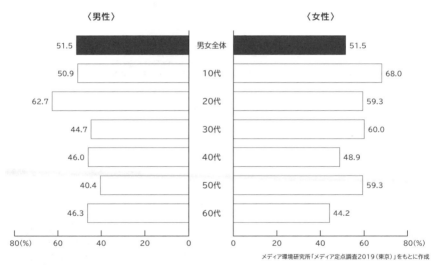

[世の中の情報量は多すぎる（東京）]

メディア環境研究所「メディア定点調査2019（東京）」をもとに作成

メディア定点調査や生活者インタビュー調査などメディア環境研究所が実施した調査からは、無意識に触れていたスマートフォンの接触時間を自覚したことをきっかけに、あらゆるメディアに触れる時間を少しでも満足できる時間にしたいという生活者の意識の高まりがみえてきました。生活者が自らのメディア接触を見直しはじめたときに大切になるのが「メディア満足」です。メディア環境研究所では情報過多時代のメディア満足を「新しいメディア満足」ととらえました。定量調査や生活者インタビューを読み解きながら、生活者の情報行動の実態と欲求を明らかにしていきます。

生活者を取り巻くメディア環境の変化 ①メディア接触実態

2019年のメディア総接触時間（東京）は前年から15.6分増加し、411.6分と過去最高となりました。大きく増加したのは携帯電話・スマートフォンとテレビです。携帯電話・スマートフォンの接触時間は117.6分と、はじめて100分を超えた前年から14.5分増加し、120分に近づきつつあります。また、減少傾向にあったテレビが前年より9.9分増加したことは注目に値します。パソコン、携帯電話・スマートフォン、タブレット端末の「デジタルメディア」がメディア総接触時間に占めるシェアは約半数（49.9%）。また、携帯電話・スマートフォンとタブレット端末の「モバイル」のシェアは35.6%と前年より2ポイント上昇し、モバイルシフトが継続していることがわかります。

[メディア総接触時間の時系列推移（東京）]

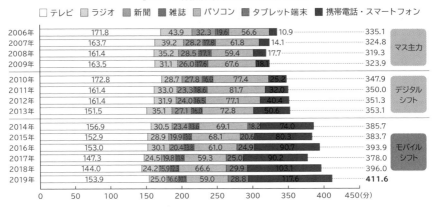

[メディア総接触時間の時系列推移／シェア（東京）]

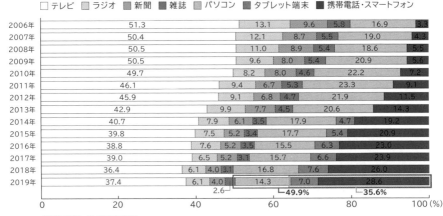

（注）週平均（月～日）の平均接触時間
（注）「携帯電話・スマートフォン」は2011年まで「携帯電話」として調査
（注）2014年より「タブレット端末」を追加
（注）「パソコンからのインターネット」を「パソコン」に、「携帯電話（スマートフォン含む）からのインターネット」を「携帯電話（スマートフォン含む）」に表記を変更
（注）メディア総接触時間は、各メディア接触者の接触時間の合計

メディア環境研究所「メディア定点調査2006～2019（東京）」をもとに作成

性・年代別のメディア総接触時間をみると、10代・20代の若年層は男女ともに携帯電話・スマートフォンの時間がほかの年代に比べて高くなっています。10代は男女ともに全体の半数以上が携帯電話・スマートフォンと若年層ほど携帯電話・スマートフォンのシェアが高くなっています。

[性・年代別 メディア総接触時間（東京）]

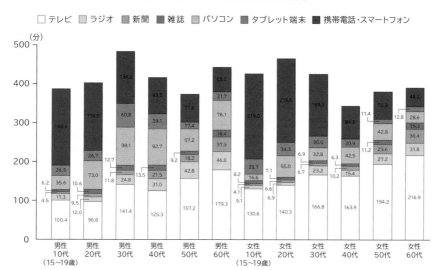

[性・年代別 メディア総接触時間／シェア（東京）]

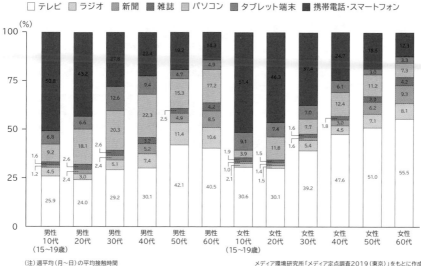

（注）週平均（月～日）の平均接触時間

メディア環境研究所「メディア定点調査2019（東京）」をもとに作成

メディア環境研究所が読み解くメディア環境のこれからと今

生活者を取り巻くメディア環境の変化 ②メディアイメージの変化

メディア定点調査では、タブレット端末を除くテレビ、ラジオ、新聞、雑誌、パソコン、携帯電話・スマートフォンの6メディアについてメディアイメージを聞いています。メディアイメージは生活者がメディアに対して抱いている価値であるとメディア環境研究所ではとらえており、全部で42項目あります。2019年、6メディア中メディアイメージが首位になった項目数が最も多いのは携帯電話・スマートフォンで42項目中21項目と全体の半分を占めました。携帯電話・スマートフォンにメディアイメージが集中していることがわかります。

[メディアイメージ 全42項目]

1	情報が信頼できる		25	癒される
2	情報が早くて新しい		26	気分転換になる
3	情報が幅広い		27	すばやく情報に触れることができる
4	分かりやすく伝えてくれる		28	情報が手早く分かる
5	知りたい情報が詳しく分かる		29	質の高い情報が多い
6	斬新な情報が多い		30	世の中の出来事が分かる
7	身近な内容の情報が多い		31	自分にあった情報に出会える
8	感動や興奮を覚える情報が多い		32	新しい何かに出会える
9	役立つ情報が多い		33	新しい情報を仕入れるのに使う
10	楽しい情報が多い		34	すぐにやってみたくなるような情報を入手できる
11	気持ちが落ち着く情報が多い		35	すきま時間に、見たり聞いたり読んだり利用したりする
12	自分にとってなくてはならない		36	リラックスして、見たり聞いたり読んだり利用したりする
13	仲間との話題に必要		37	なんとなくだらだらと、見たり聞いたり読んだり利用したりする
14	おもしろい		38	利用する時間を増やしたい
15	ポリシーやメッセージを感じる		39	利用する時間を減らしたい
16	明確な個性や特徴を持つ		40	社会に提言する役割がある
17	定評や人気がある		41	習慣になっている
18	センスがいい・カッコいい		42	自分も参加した気持ちになる
19	活気や勢いを感じる			
20	時代を切り開いていく感じがする			
21	生活者の声に耳を傾けてくれる感じ			
22	好感が持てる			
23	勉強になる			
24	ゆっくり楽しめる			

(注)■ 携帯電話・スマートフォンが首位のメディアイメージ

【調査設計】
調査地域：東京都・大阪府・愛知県・高知県
調査時期：2006年より毎年1月～2月
調査対象：15歳～69歳の男女
標本抽出方法：RDD（Random Digit Dialing）
調査方法：郵送調査法
サンプル数（2019年調査）：2,507人
（東京614、大阪616、愛知643、高知634）

メディア環境研究所「メディア定点調査2019（東京）」をもとに作成

● 携帯電話・スマートフォンが首位のメディアイメージ

携帯電話・スマートフォンが首位のメディアイメージ21項目の内、「自分にとってなくてはならない」
「利用する時間を減らしたい」の2つの項目に着目してみましょう。携帯電話・スマートフォンが
「自分にとってなくてはならない」人は全体で約7割です。性年代別にみると、10〜20代男女や30
代女性など、若年層に高い傾向があります。また、携帯電話・スマートフォンの「利用する時間を減らし
たい」人は全体で約4割で、10〜20代男女が高い傾向にあります。これらのデータから、携帯電話・
スマートフォンはなくてはならないものだけれど利用する時間は減らしたいという相反する意識が生活
者に芽生えている様子がみえてきます。

[自分にとってなくてはならない（東京）]

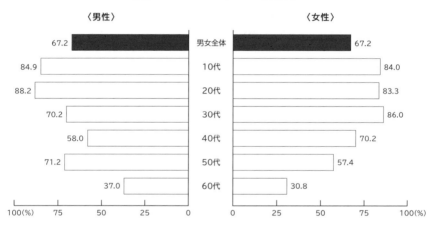

[利用する時間を減らしたい（東京）]

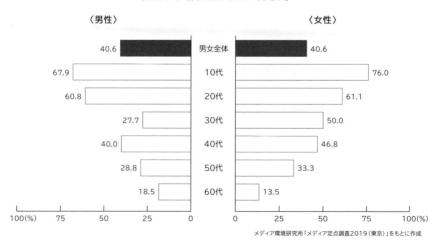

メディア環境研究所「メディア定点調査2019（東京）」をもとに作成

生活者を取り巻くメディア環境の変化 ③メディア意識・態度

メディア定点調査ではメディア生活全般を把握するために、2016年にメディア意識・態度に関する項目を拡充しました。2016年から2019年にかけて生活者のメディアに対する意識や態度はどのように変わったのでしょうか。どのくらい変化したのか差分に着目して上位5位までの項目をみてみましょう。最も変化した項目は、「情報やコンテンツは無料で手に入るものだけで十分だ」でした。2016年から17.3ポイント減少しています。減少したということは、すなわち「情報やコンテンツは無料で手に入るものだけでは十分ではない」という意識が高まったことを意味しています。「スマートフォンを寝床に持ち込むことがある」「スマートフォンで映画やテレビ番組を見ることが増えた」といったスマートフォンに関する行動の変化が目立ち、特に若年層に顕著にみられます。また、「世の中の情報量は多すぎる」という意識も高まっています。スマートフォンの普及によって、生活者は情報やコンテンツに手軽に接触できるようになりました。情報が常に手元にあるために情報量の多さを感じる一方で、無料の情報だけでは飽き足らなくなっているようです。メディア意識・態度においても生活者の相反する意識が感じられます。携帯電話・スマートフォンはなくてはならないけれど利用する時間は減らしたい、情報量は多すぎるけれど無料の情報だけでは十分ではないという生活者の揺れ動く意識をメディア環境研究所では「生活者は自らのメディア生活を再考しようとしているのではないか」ととらえました。

[メディアや情報に関する意識・行動の変化（2016年と2019年の増減トップ5（東京）]

		2016年		2019年	2016年・2019年の増減
1	情報やコンテンツは無料で手に入るものだけで十分だ	46.0	➡	28.7	-17.3
2	SNSは自分の暮らしに必要だ	30.1	➡	41.8	11.7
3	スマートフォンを寝床に持ち込むことがある	49.4	➡	60.4	11.0
4	スマートフォンで映画やテレビ番組を見ることが増えた	8.1	➡	17.7	9.6
5	世の中の情報量は多すぎる	42.1	➡	51.5	9.4

メディア環境研究所「メディア定点調査2016・2019（東京）」をもとに作成

[スマートフォンを寝床に持ち込むことがある（東京）]

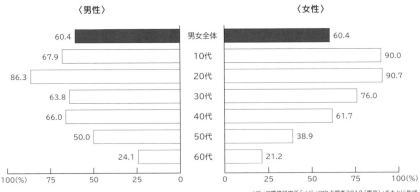

	〈男性〉		〈女性〉
男女全体	60.4		60.4
10代	67.9		90.0
20代	86.3		90.7
30代	63.8		76.0
40代	66.0		61.7
50代	50.0		38.9
60代	24.1		21.2

メディア環境研究所「メディア定点調査2019（東京）」をもとに作成

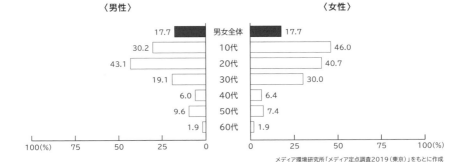

［スマートフォンで映画やテレビ番組を見ることが増えた（東京）］

〈男性〉　　　　　　　　　　　　　　　　　　　〈女性〉

	男性		女性
男女全体	17.7		17.7
10代	30.2		46.0
20代	43.1		40.7
30代	19.1		30.0
40代	6.0		6.4
50代	9.6		7.4
60代	1.9		1.9

100(%) 75 50 25 0　　　0 25 50 75 100(%)

メディア環境研究所「メディア定点調査2019（東京）」をもとに作成

「メディア生活再考」の動きと生活者が求める「新しいメディア満足」

生活者がメディア生活を再考しようとしているのかどうかを明らかにするために、2つのステップで定性調査を実施しました。はじめに、メディア接触や情報行動の新しい兆しを探ることを目的として20〜40代の男女20人に対して「メディア接触・情報行動インタビュー調査」を行いました。次に、その中から新しい兆しがみえた男女3人の家庭を訪問し生活に密着する「メディアライフ密着調査」を実施し、メディア行動の観察とインタビューを行いました。これらの定性調査からは、彼らがメディア生活を再考しようとしている様子がみてとれました。そのきっかけとなったのが、スマートフォンの利用時間やアプリの利用内容を把握できるiPhoneのスクリーンタイム機能です。「メディア接触・情報行動インタビュー調査」からは、無意識に触れていたスマートフォンの利用時間をスクリーンタイム機能で自覚したことによる生活者の意識の変化が確認できました。1週間の利用時間をみて反省してもスマートフォンに触れたい気持ちを抑えられなかったり、スマートフォンの利用時間に制限をかけてみるもののすぐに解除してしまうといった生活者の葛藤から芽生えたのは、「せっかくなら、メディアに触れる時間をいい時間にしたい」という意識でした。きっかけはスマートフォンですが、あらゆるメディアに触れる時間に対して、時間に見合った満足を求める生活者の意識をメディア環境研究所では「メディア満足」と表し、生活者のメディア行動において、今、最も大切であると考えました。メディア行動が人それぞれ異なるように、求める「メディア満足」も異なりますが、「メディアライフ密着調査」を行った3人のメディア行動の観察とインタビューからは、情報過多時代における「新しいメディア満足」のつくり方に共通する3つのポイントがみえてきました。

●「新しいメディア満足」のつくり方 3つのポイント

キーワード	「新しいメディア満足」のつくり方	
①リスクには保険	見たことのないコンテンツは、時間を無駄にするリスクがある。	→ リスクを回避するために、確実に満足できるコンテンツを保険として確保する。
②衝動には没入	自分の興味や欲求の赴くままにスマートフォンに触れたい衝動に駆られる。	→ じっくりコンテンツに没入する時間を確保する。
③受け身には主導権	スマートフォンには四六時中SNSのプッシュ通知などが来て受け身になりがちである。	→ 自分のペースや気分に合わせて生活の主導権を持って時を過ごす。

メディア環境研究所が読み解くメディア環境のこれからと今

情報過多時代におけるメディア生活再設計の動き

ここ数年、メディア環境研究所では、溢れる情報の中でメディア生活を再設計しようとする生活者の動きを追ってきました。2017年、フェイクニュースなどのメディア環境を背景に、必要のない情報をノイズとして排除したり、さまざまな情報源を駆使して、生活者は自分なりに情報の「たしからしさ」を求めていました。情報に翻弄されないように自分なりの戦略を持とうとする生活者はマイナスの状況にいたととらえられます。2018年、自分にとって有益な情報は、わざわざ検索して調べるのではなく、SNSなどのアルゴリズムをうまく活用して常に最新の情報が手元のスマートフォンにあるように、情報を引き寄せる生活者が出現しました。アルゴリズムを逆手にとって効率的な情報収集をするようになった生活者は、マイナスの状況を脱したととらえられます。そして2019年、生活者はスマートフォンをはじめとするあらゆるメディアに触れる時間を「いい時間にしたい」と考えるようになり、時間に見合った満足を求めはじめました。メディア総接触時間が伸長して411.6分と400分時代を迎えた中、メディア接触時間をよくすることが1日をよくする近道であることに生活者は気が付きはじめているようです。

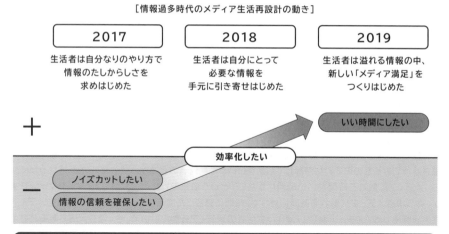

[情報過多時代のメディア生活再設計の動き]

2017	2018	2019
生活者は自分なりのやり方で情報のたしからしさを求めはじめた	生活者は自分にとって必要な情報を手元に引き寄せはじめた	生活者は溢れる情報の中、新しい「メディア満足」をつくりはじめた

いい時間にしたい

効率化したい

ノイズカットしたい

情報の信頼を確保したい

「メディア接触時間をよくすることが、いい一日にする近道」

多様化するメディア接触実態

「メディアライフ密着調査」によるメディア行動の観察とインタビューからは、さまざまなサービスやデバイスを活用している様子が確認できましたが、生活者の多様化するメディア接触実態を定量的にとらえるために「メディア接触スタイル把握調査」を行いました。調査は、テレビ・ラジオ・新聞・雑誌のマスメディア発コンテンツにどのようなサービスやデバイスで接触しているのか把握することを目的として、東京の15～69歳の男女1,236人に対して、2018年11～12月にインターネット調査で実施しました。マスメディア発のコンテンツ接触をどのようにとらえたかを次ページに紹介します。

● マスメディア発コンテンツの接触スタイルのとらえ方

デジタル化以前のマスメディア発コンテンツの接触スタイルを「従来」としました。テレビ受像機で見るリアルタイムや録画のテレビコンテンツ、ラジオ受信機で聴くラジオコンテンツ、紙で読む新聞コンテンツ、紙で読む雑誌コンテンツが「従来」に該当します。デジタル化によってさまざまなデバイスが登場しサービスが生まれましたが、それを「デジタル」としました。生活者がマスメディア発コンテンツに接触するあらゆる手段を「デジタル」としてとらえ、有料・無料を問わずテレビ局や新聞社などの正規のサービスだけではなく、SNS上でシェアされていたり動画共有サイト上にアップされているマスメディア発のコンテンツのような非正規のサービスも該当します。

[マスメディア発コンテンツの接触スタイル（「従来」「デジタル」）]

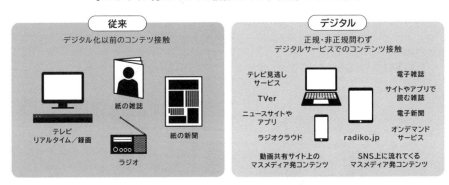

[マスメディア発コンテンツ接触スタイルの調査項目]

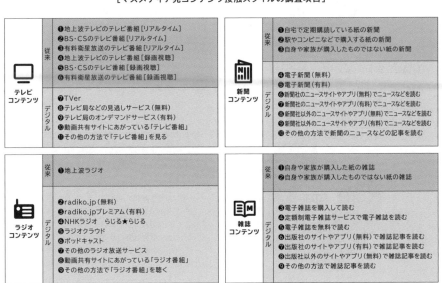

メディア環境研究所が読み解くメディア環境のこれからと今

メディア環境研究所が読み解くメディア環境のこれからと今

● スタイル別マスメディアコンテンツ接触実態

「従来」と「デジタル」という観点からみると、生活者のマスメディア発コンテンツの接触は「従来のみ」の人、「従来・デジタル両方」の人、「デジタルのみ」の人の3つのスタイルに分けられます。実際に生活者がマスメディア発コンテンツにどのように接触しているのかをメディアごとにみたものが下記になります。各マスメディア発コンテンツの接触者を100%としたときに3つのスタイルがどのような構成になっているかを円グラフで表しました。接触スタイルのシェアをみると、「従来のみ」の人が多いテレビコンテンツと雑誌コンテンツ、3つのスタイルが拮抗しているラジオコンテンツと新聞コンテンツに大別されることがわかります。

[接触スタイル別シェア]

○「従来のみ」の人が多いテレビコンテンツと雑誌コンテンツ

・テレビコンテンツ(シェア)
「従来のみ」の人が最も多く、約7割を占めています。「デジタルのみ」の人が少なく、僅か2%程度です。

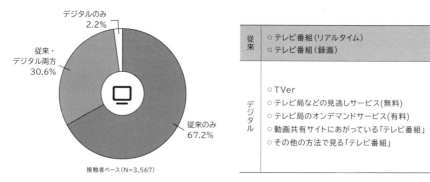

接触者ベース(N=3,567)

従来	○ テレビ番組(リアルタイム) ○ テレビ番組(録画)
デジタル	○ TVer ○ テレビ局などの見逃しサービス(無料) ○ テレビ局のオンデマンドサービス(有料) ○ 動画共有サイトにあがっている「テレビ番組」 ○ その他の方法で見る「テレビ番組」

・雑誌コンテンツ(シェア)
テレビ同様、「従来のみ」の人が最も多く、約7割を占めています。テレビと異なる点としては、「デジタルのみ」の人も約2割いることです。

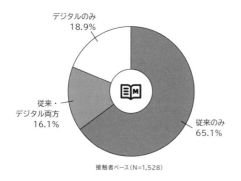

接触者ベース(N=1,528)

従来	○ 紙の雑誌
デジタル	○ 電子雑誌 ○ 定額制電子雑誌サービス ○ 出版社のサイトやアプリ ○ 出版社以外のサイトやアプリ ○ その他の方法で読む「雑誌記事」

○3つのスタイルが拮抗しているラジオコンテンツと新聞コンテンツ

・ラジオコンテンツ（シェア）
「従来のみ」の人が最も多く、約4割を占めています。「従来・デジタル両方」の人と「デジタルのみ」
の人は3割前後です。

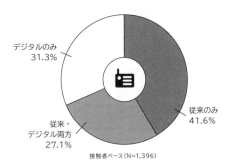

従来	○地上波ラジオ
デジタル	○radiko.jp ○NHKラジオ らじる★らじる ○ラジオクラウド ○ポッドキャスト ○その他のラジオ放送サービス ○動画共有サイトにあがっている「ラジオ番組」 ○その他の方法で聴く「ラジオ番組」

接触者ベース（N=1,396）

・新聞コンテンツ（シェア）
「デジタルのみ」の人が4割以上と最も多くなっています。「従来・デジタル両方」の人と合わせると、
デジタル経由での接触は7割以上です。「従来のみ」の人は全体の1／4程度です。

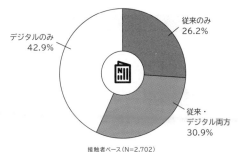

従来	○紙の新聞
デジタル	○電子新聞 ○新聞社のニュースサイトやアプリ ○新聞社以外のニュースサイトやアプリ ○その他の方法で読む 　「新聞のニュースなどの記事」

接触者ベース（N=2,702）

メディア環境研究所「メディア接触スタイル把握調査」をもとに作成

メディア環境研究所が読み解くメディア環境のこれからと今

●「デジタル」は「従来」のメディア接触時間を侵食していない

次に、各マスメディア発コンテンツの接触時間をスタイル別にみてみます。参考までに「メディア定点調査」との接触時間の違いを述べると、「メディア定点調査」では「テレビ」「ラジオ」「新聞」「雑誌」とメディアを大きくとらえているのに対し、「メディア接触スタイル把握調査」では、マスメディア発コンテンツに限定してサービスごとに細かくとらえており、調査手法や調査の実施時期が異なります。マスメディア発コンテンツの接触時間はすべてのメディアで「従来・デジタル両方」の人が最もメディア接触時間が長いことがわかります。さまざまなサービスの登場によって、マスメディアコンテンツに接触する機会が増えたり、繰り返し接触できるようになったことや生活のあらゆるシーンで新たなメディア時間が生まれることによって「従来・デジタル両方」の人の接触時間が長くなっているのではないかということが想像できます。

「従来・デジタル両方」の人の時間が長いことは「従来」の時間が「デジタル」の時間に奪われていることを意味するのでしょうか。「従来・デジタル両方」の人の「従来」の時間に注目して、その内訳をみてみましょう。全メディアに共通しているのは、「従来・デジタル両方」の人の「従来」の時間が「従来のみ」の人と同程度あるいはそれ以上あることです。すなわち「従来」の時間に「デジタル」の時間が上乗せされていることになります。この調査の結果からいえることは、「デジタル」は「従来」の時間を侵食しているわけではないということです。

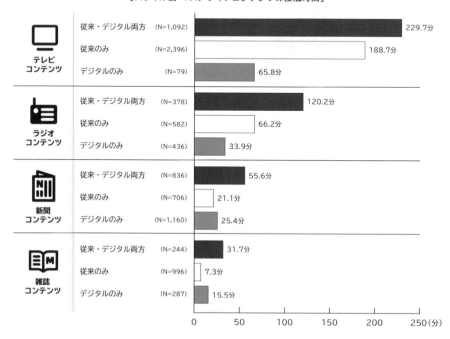

[スタイル別 マスメディアコンテンツの接触時間]

テレビコンテンツ
- 従来・デジタル両方　(N=1,092)　229.7分
- 従来のみ　(N=2,396)　188.7分
- デジタルのみ　(N=79)　65.8分

ラジオコンテンツ
- 従来・デジタル両方　(N=378)　120.2分
- 従来のみ　(N=582)　66.2分
- デジタルのみ　(N=436)　33.9分

新聞コンテンツ
- 従来・デジタル両方　(N=836)　55.6分
- 従来のみ　(N=706)　21.1分
- デジタルのみ　(N=1,160)　25.4分

雑誌コンテンツ
- 従来・デジタル両方　(N=244)　31.7分
- 従来のみ　(N=996)　7.3分
- デジタルのみ　(N=287)　15.5分

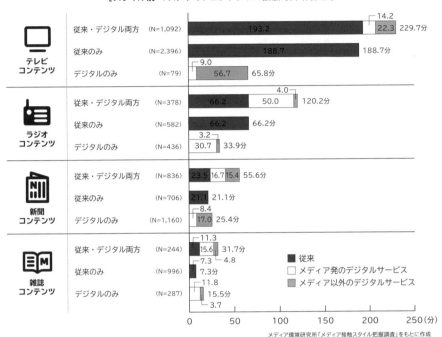

［スタイル別 マスメディアコンテンツの接触時間（内訳）］

テレビ
コンテンツ
- 従来・デジタル両方　（N=1,092）　193.2　22.3　14.2　229.7分
- 従来のみ　（N=2,396）　188.7　188.7分
- デジタルのみ　（N=79）　9.0　56.7　65.8分

ラジオ
コンテンツ
- 従来・デジタル両方　（N=378）　66.2　50.0　4.0　120.2分
- 従来のみ　（N=582）　66.2　66.2分
- デジタルのみ　（N=436）　3.2　30.7　33.9分

新聞
コンテンツ
- 従来・デジタル両方　（N=836）　23.5　16.7　15.4　55.6分
- 従来のみ　（N=706）　21.1　21.1分
- デジタルのみ　（N=1,160）　8.4　17.0　25.4分

雑誌
コンテンツ
- 従来・デジタル両方　（N=244）　11.3　15.6　4.8　31.7分
- 従来のみ　（N=996）　7.3　7.3分
- デジタルのみ　（N=287）　11.8　15.5　3.7

■ 従来
□ メディア発のデジタルサービス
▨ メディア以外のデジタルサービス

0　50　100　150　200　250（分）

メディア環境研究所「メディア接触スタイル把握調査」をもとに作成

メディア環境研究所が読み解くメディア環境のこれからと今

接触400分時代の生活者の欲求

定量的アプローチと定性的アプローチの両面から生活者のメディア接触の実態と兆しをとらえてきました。「メディア定点調査」からは、生活者がメディア生活を再考しようとする意識が浮かび上がってきました。また、「メディア接触・情報行動インタビュー調査」「メディアライフ密着調査」の2つの定性調査からは「メディア満足」を求めてメディア生活を再設計しようとする生活者の姿がみえてきました。生活者の多様化したメディア接触実態を定量的にとらえるためにマスメディア発のコンテンツにフォーカスして行った「メディア接触スタイル把握調査」からは、さまざまなサービスが登場した「デジタル」での接触が、リアルタイムや録画のテレビコンテンツをテレビ受像機で見る、ラジオコンテンツをラジオ受信機で聴く、新聞コンテンツや雑誌コンテンツを紙で読むといった「従来」のメディア接触を侵食しているわけではないということが明らかになりました。ここで忘れてはならないことは、メディア接触400分時代が到来し、生活者はこれ以上メディア接触時間を増やしたいわけではないということです。「世の中の情報量は多すぎる」と感じている生活者は過半数を超えています。生活者の欲求はメディア接触時間を増やしたいということではなく、1日の中での「いい時間」を増やしたいということなのです。さまざまなサービスやデバイスが登場した今だからこそ、生活者が求める「メディア満足」にどのように応え、メディア生活を充実させていくのか、私達情報の送り手は真剣に向き合っていく必要があるのではないでしょうか。

「メディア定点調査」

メディア生活やメディアサービス市場の現状・変化・兆しをとらえるために、メディア環境研究所が2006年から毎年1〜2月に実施している定点調査です。東京・大阪・愛知・高知の4地区で15〜69歳の男女約2,500人（2019年は2,507人）を対象に行っています。

「メディア接触スタイル把握調査」

生活者のメディア接触スタイルが多様化する中、メディア発のコンテンツにどのようなサービスやデバイスで接触しているのかをとらえることを目的として2018年11〜12月に東京の15〜69歳の男女1,236人を対象にインターネットによる調査を実施しました。

メディア環境研究所が読み解くメディア環境のこれからと今

メディア環境研究所　上席研究員
新美 妙子 Taeko Niimi

[profile]
1989年博報堂入社。メディアプランナー、メディアマーケターとしてメディアの価値研究、新聞広告効果測定の業界標準プラットフォーム構築などに従事。2013年4月より現職。メディア定点調査や各種定性調査など生活者のメディア行動を研究している。「広告ビジネスに関わる人のメディアガイド2015」編集長。

メディア環境研究所
https://mekanken.com/

2004年4月設立。メディア環境研究所の特徴は、「生活者」「テクノロジー」「ビジネス」のトライアングル・アプローチ。メディア環境を中心に据えて「生活者」の動向を把握し、「テクノロジー」の発展と受容の姿を考え、「ビジネス」の方向性を探る。急速なスピードで変化し、従来の枠組みではとらえきれないダイナミックなメディア環境の変化を俊敏に把握し、深い洞察による前向きの「見立て」で、建設的な「打ち手」を考えていくことがメディア環境研究所のミッションである。

1章ーメディア概況
Overview

メディア概況 .... Overview

生活・社会		テレビ P063〜P114	ラジオ P115〜P152
総人口3年ぶり減 少子高齢化進展 バンクーバー五輪	2010年	3Dテレビ	ラジコ設立運用開始
東日本大震災 なでしこジャパン活躍	2011年	アナログ放送停波 地デジ化完了 （岩手・福島・宮城以外）	
ロンドン五輪 総選挙 自民党圧勝	2012年	地上波デジタル放送完全移行	
2020年五輪 東京開催決定	2013年	ハイブリッドキャスト開始	ラジコアプリ
ソチ五輪 消費税8%に	2014年	Hulu 日本テレビ傘下で 日本向けサービス開始	ラジコプレミアム開始
北陸新幹線開業 マイナンバー通知	2015年	TVer サービス開始	ワイドFM（FM補完放送）
リオ五輪 ポケモンGO	2016年	リアルタイム・タイムシフト の視聴率調査統合（関東）	ラジコ タイムフリーサービス
トランプ大統領就任 総選挙 自民党圧勝	2017年	視聴ログの活用推進 AbemaTV 「72時間ホンネテレビ」	ラジオクラウド開始
平昌五輪で羽生結弦連覇 大坂なおみ 全米オープン優勝	2018年	新4K8K衛星放送スタート 関東スポット新指標取引開始 阪名タイムシフト調査開始	ラジコオーディオアド開始
令和に元号改変	2019年	阪名スポット新指標取引開始 北部九州視聴率調査拡大PM化 野球中継リリーフドラマ放送	オーディオアドのDSPを活用 したプログラマティック広告 配信開始

新聞 P153~P204	雑誌 P205~P246	インターネット P247~P296	アウトドアメディア P297~P326
日経電子版開始		iPad 日本発売	
読売 KODOMO 新聞創刊 朝日新聞 有料電子版開始	X BRAND STORE 本格始動	LINE 開始	
	Domani バッグサイズ登場 SPUR.JP（ウェブ）	Facebook 10 億人突破	東京スカイツリー開業
ハフィントンポスト日本版 開設	DRESS 創刊	LINE 登録者 2 億人突破	グランフロント大阪開業
	ウェブコミック配信サイト・ アプリ「少年ジャンプ＋」 開始	Gunosy、Antenna などの キュレーションメディア急成長	
日本経済新聞社が 英フィナンシャル・タイムズ・ グループを買収	週刊文春が業界初の元旦発売	Windows10 リリース Apple Watch 発売	JR 山手線 E235 系導入 4K サイネージ登場
創客支援プラットフォーム 「日経 ID ブランドコネクト」 開始	電子雑誌の読み放題サービス 本格化	iPhone 7 発売 VR(Virtual Reality)商品化 Amazon プライム 躍進	北海道新幹線開通
中央 3 紙がブランドスタジオ 設立	小学館と DeNA が 共同出資会社「MERY」設立	スマートスピーカー発売 iPhone 8、iPhone X 発売 インスタ映え流行	山手線 E235 系通勤型車両の 運転開始
朝日新聞 「バーティカルメディア」 本格始動	日本 ABC 協会「雑誌ブランド 指標ガイドラインの改定」 雑誌読み放題サービス活況	TikTok 流行 欧州連合 GDPR 適用開始	東京ミッドタウン日比谷開業
日本経済新聞 新聞広告 IoT 宣言	CCC グループの T マガジンが 小学館、博報堂 D Y メディア パートナーズと資本業務提携	経産省の消費者還元事業で キャッシュレス決済が活況 MaaS の地域実証実験開始	渋谷スクランブルスクエアや 渋谷フクラスの開業など、 渋谷駅周辺の大規模再開発

メディア概況 .... Overview

メディア別の広告イメージ

下図はメディア別にみた広告のイメージマップです。広告に対する印象が「あてはまる媒体」で集計、コレスポンデンス分析を利用してマッピングしました。印象の似かよった広告は近くに、また印象の異なる広告は離れて位置づけられます。テレビやラジオ、交通広告や屋外広告はフリークエンシー（複数回接触）による認知メディアとして、新聞広告は信頼性、雑誌広告はイメージ醸成、インターネット広告は比較検討や詳細情報といった点が評価されていることがわかります。

[メディア別にみた広告イメージ]

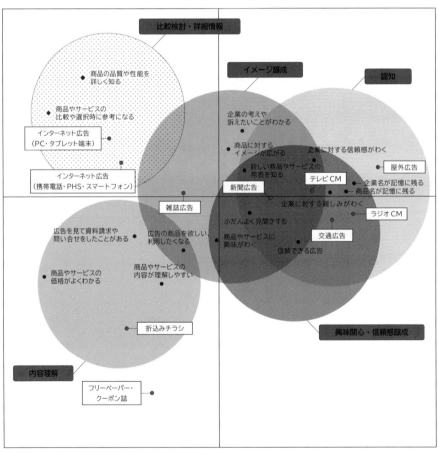

(注)「広告に対する媒体別の印象」が「あてはまる媒体」の回答者

ビデオリサーチ「J-READ（全国新聞総合調査）2018」をもとに作成

メディア接触リーチ

生活行動記録調査により1週間のメディア別接触状況を明らかにします。具体的には、特定1週間について日記式生活行動記録（15分単位、5分以上行動を記録）からメディア別の接触状況を抜き出すことで1週間のメディア接触リーチや時間帯別メディア接触率を算出しています。

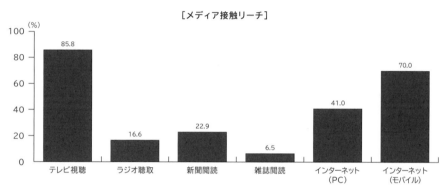

［メディア接触リーチ］

(注)「テレビ視聴」は、地上波・BS・CS・CATVの視聴。「ラジオ聴取」は、AM局・FM局・その他の聴取。「新聞閲読」は、朝刊・夕刊の閲読。
「インターネット（PC）」はパソコンまたはタブレット端末でインターネット・動画・メール・SNSに接触。
「インターネット（モバイル）」はスマートフォン・携帯電話・PHSでインターネット・動画・メール・SNSに接触

ビデオリサーチ「MCR／ex2019」をもとに作成

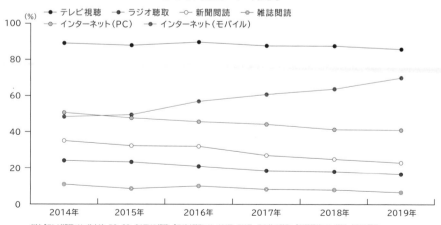

［メディア接触リーチ 年推移］

(注)「テレビ視聴」は、地上波・BS・CS・CATVの視聴。「ラジオ聴取」は、AM局・FM局・その他の聴取。「新聞閲読」は、朝刊・夕刊の閲読。
「インターネット（PC）」はパソコンまたはタブレット端末でインターネット・動画・メール・SNSに接触。
「インターネット（モバイル）」はスマートフォン・携帯電話・PHSでインターネット・動画・メール・SNSに接触
(注)2014年〜2016年は「インターネット（PC）」及び「インターネット（モバイル）」は「インターネット・メール・SNSに接触」で調査

ビデオリサーチ「MCR／ex2014〜2019」をもとに作成

メディア概況 ……………… Overview

● 性・年代別のメディア接触リーチ

[メディア接触リーチ 男性]

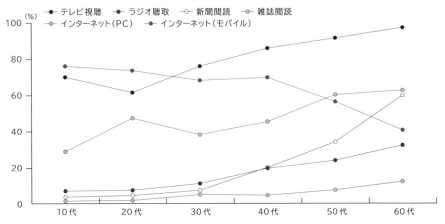

[メディア接触リーチ 女性]

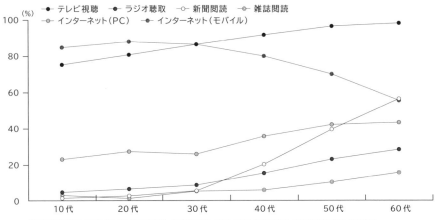

(注)「テレビ視聴」は、地上波・BS・CS・CATVの視聴。「ラジオ聴取」は、AM局・FM局・その他の聴取。「新聞閲読」は、朝刊・夕刊の閲読。
「インターネット（PC）」はパソコンまたはタブレット端末でインターネット・動画・メール・SNSに接触。
「インターネット（モバイル）」はスマートフォン・携帯電話・PHSでインターネット・動画・メール・SNSに接触。

ビデオリサーチ「MCR／ex2019」をもとに作成

メディア概況 Overview

1日のメディア接触

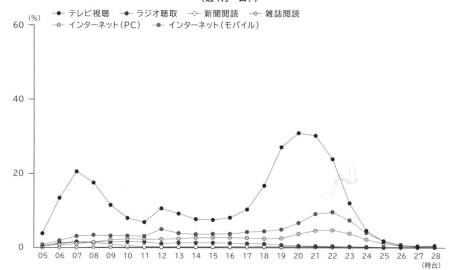

［時間帯別メディア接触率 全体］
〈週（月〜日）〉

メディア概況 ………………… Overview

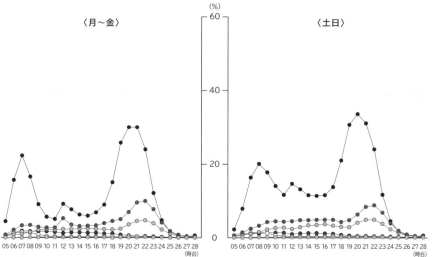

→テレビ視聴　→ラジオ聴取　→新聞閲読　→雑誌閲読　→インターネット（PC）　→インターネット（モバイル）

〈月〜金〉　　　　　　　　　　　　　　〈土日〉

（注）調査対象者全体（12〜69歳男女）、1週間平均
（注）「テレビ視聴」は、地上波・BS・CS・CATVの視聴。「ラジオ聴取」は、AM局・FM局・その他の聴取。「新聞閲読」は、朝刊・夕刊の閲読。
　　　「インターネット（PC）」はパソコンまたはタブレット端末でインターネット・動画・メール・SNSに接触。
　　　「インターネット（モバイル）」はスマートフォン・携帯電話・PHSでインターネット・動画・メール・SNSに接触　　　ビデオリサーチ「MCR／ex2019」をもとに作成

メディア概況 ………… Overview

● 1日のメディア接触 ターゲット別

メディア接触の時間帯は性・年代、未既婚、有職無職、曜日によって傾向が異なります。

[時間帯別メディア接触率 男性計]

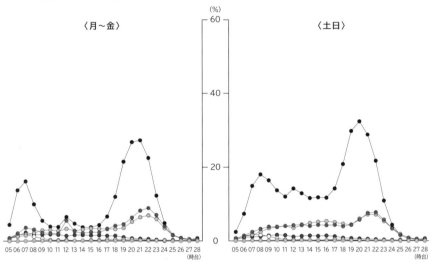

[時間帯別メディア接触率 女性計]

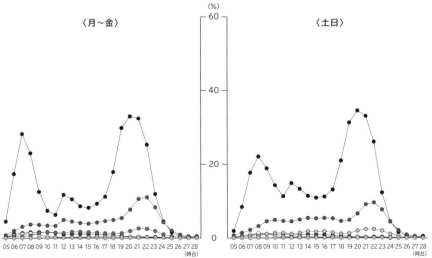

(注) 男性計（12〜69歳男性）、女性計（12〜69歳女性）
(注) 「テレビ視聴」は、地上波・BS・CS・CATVの視聴。「ラジオ聴取」は、AM局・FM局・その他の聴取。「新聞閲読」は、朝刊・夕刊の閲読。
　　 「インターネット（PC）」はパソコンまたはタブレット端末でインターネット・動画・メール・SNSに接触。
　　 「インターネット（モバイル）」はスマートフォン・携帯電話・PHSでインターネット・動画・メール・SNSに接触　　ビデオリサーチ「MCR／ex2019」をもとに作成

メディア概況 .... Overview

［時間帯別メディア接触率 10代（男性）］

-●- テレビ視聴　-●- ラジオ聴取　-○- 新聞閲読　-◎- 雑誌閲読　-○- インターネット(PC)　-●- インターネット(モバイル)

〈月～金〉　　　　　　　　　　　　　　　　　　〈土日〉

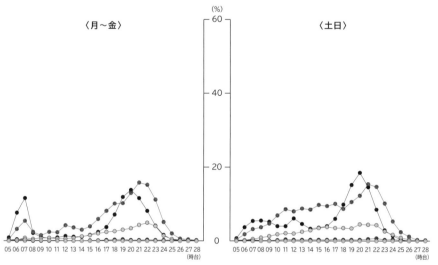

［時間帯別メディア接触率 10代（女性）］

-●- テレビ視聴　-●- ラジオ聴取　-○- 新聞閲読　-◎- 雑誌閲読　-○- インターネット(PC)　-●- インターネット(モバイル)

〈月～金〉　　　　　　　　　　　　　　　　　　〈土日〉

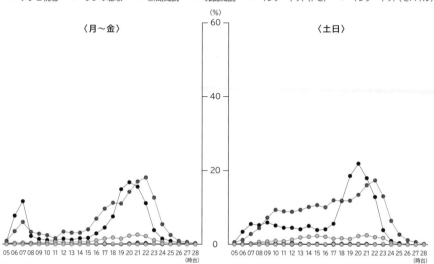

（注）10代（12～19歳）
（注）「テレビ視聴」は、地上波・BS・CS・CATVの視聴。「ラジオ聴取」は、AM局・FM局・その他の聴取。「新聞閲読」は、朝刊・夕刊の閲読。
「インターネット（PC）」はパソコンまたはタブレット端末でインターネット・動画・メール・SNSに接触。
「インターネット（モバイル）」はスマートフォン・携帯電話・PHSでインターネット・動画・メール・SNSに接触　　ビデオリサーチ「MCR／ex2019」をもとに作成

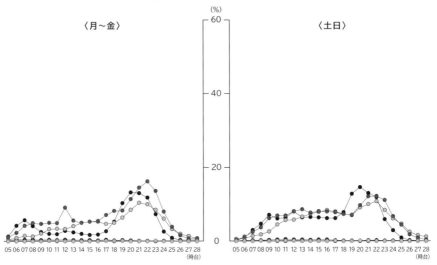

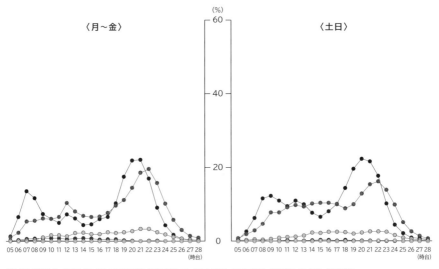

(注)「テレビ視聴」は、地上波・BS・CS・CATVの視聴。「ラジオ聴取」は、AM局・FM局・その他の聴取。「新聞閲読」は、朝刊・夕刊の閲読。
　　「インターネット（PC）」はパソコンまたはタブレット端末でインターネット・動画・メール・SNSに接触。
　　「インターネット（モバイル）」はスマートフォン・携帯電話・PHSでインターネット・動画・メール・SNSに接触

ビデオリサーチ「MCR／ex2019」をもとに作成

メディア概況

Overview

[時間帯別メディア接触率 30代（男性）]

━●━ テレビ視聴　　━●━ ラジオ聴取　　━○━ 新聞閲読　　━◍━ 雑誌閲読　　━◉━ インターネット（PC）　　━●━ インターネット（モバイル）

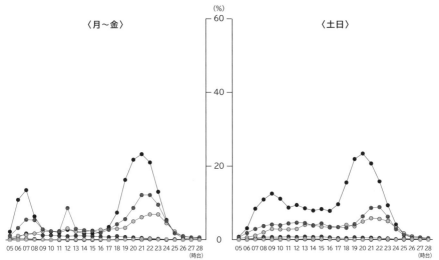

〈月～金〉　　　　　　　　〈土日〉

[時間帯別メディア接触率 30代（女性）]

━●━ テレビ視聴　　━●━ ラジオ聴取　　━○━ 新聞閲読　　━◍━ 雑誌閲読　　━◉━ インターネット（PC）　　━●━ インターネット（モバイル）

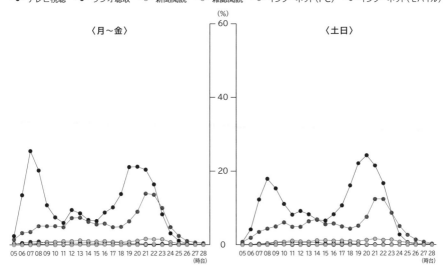

〈月～金〉　　　　　　　　〈土日〉

（注）「テレビ視聴」は、地上波・BS・CS・CATVの視聴。「ラジオ聴取」は、AM局・FM局・その他の聴取。「新聞閲読」は、朝刊・夕刊の閲読。
　　　「インターネット（PC）」はパソコンまたはタブレット端末でインターネット・動画・メール・SNSに接触。
　　　「インターネット（モバイル）」はスマートフォン・携帯電話・PHSでインターネット・動画・メール・SNSに接触

ビデオリサーチ「MCR／ex2019」をもとに作成

メディア概況 ……………… Overview

メディア概況

Overview

［時間帯別メディア接触率 40代（男性）］

─●─ テレビ視聴　─●─ ラジオ聴取　─○─ 新聞閲読　─◎─ 雑誌閲読　─○─ インターネット（PC）　─●─ インターネット（モバイル）

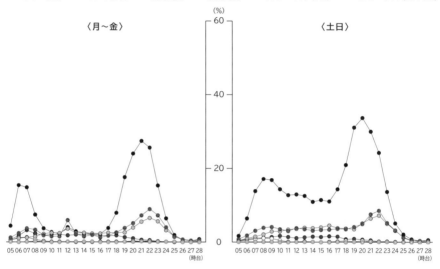

〈月～金〉　　　　〈土日〉

［時間帯別メディア接触率 40代（女性）］

─●─ テレビ視聴　─●─ ラジオ聴取　─○─ 新聞閲読　─◎─ 雑誌閲読　─○─ インターネット（PC）　─●─ インターネット（モバイル）

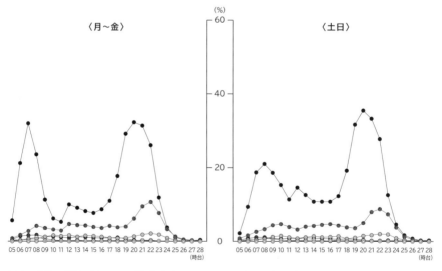

〈月～金〉　　　　〈土日〉

（注）「テレビ視聴」は、地上波・BS・CS・CATVの視聴。「ラジオ聴取」は、AM局・FM局・その他の聴取。「新聞閲読」は、朝刊・夕刊の閲読。
　　　「インターネット（PC）」はパソコンまたはタブレット端末でインターネット・動画・メール・SNSに接触。
　　　「インターネット（モバイル）」はスマートフォン・携帯電話・PHSでインターネット・動画・メール・SNSに接触

ビデオリサーチ「MCR／ex2019」をもとに作成

[時間帯別メディア接触率 50代（男性）]

--●-- テレビ視聴　--●-- ラジオ聴取　--○-- 新聞閲読　--✻-- 雑誌閲読　--○-- インターネット（PC）　--●-- インターネット（モバイル）

〈月～金〉　　　〈土日〉

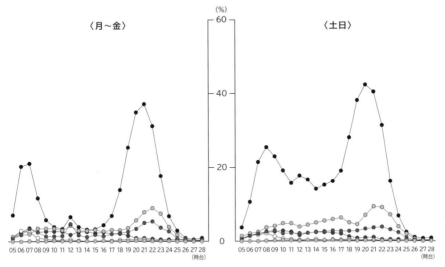

[時間帯別メディア接触率 50代（女性）]

--●-- テレビ視聴　--●-- ラジオ聴取　--○-- 新聞閲読　--✻-- 雑誌閲読　--○-- インターネット（PC）　--●-- インターネット（モバイル）

〈月～金〉　　　〈土日〉

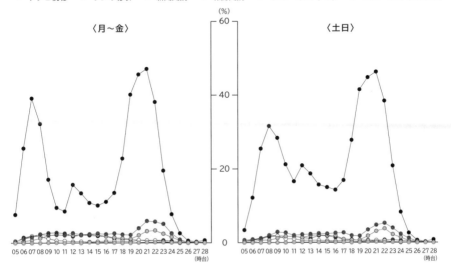

（注）「テレビ視聴」は、地上波・BS・CS・CATVの視聴。「ラジオ聴取」は、AM局・FM局・その他の聴取。「新聞閲読」は、朝刊・夕刊の閲読。
　　　「インターネット（PC）」はパソコンまたはタブレット端末でインターネット・動画・メール・SNSに接続。
　　　「インターネット（モバイル）」はスマートフォン・携帯電話・PHSでインターネット・動画・メール・SNSに接続

ビデオリサーチ「MCR／ex2019」をもとに作成

メディア概況 .... Overview

[時間帯別メディア接触率 60代（男性）]

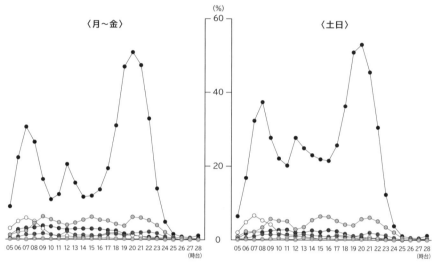

[時間帯別メディア接触率 60代（女性）]

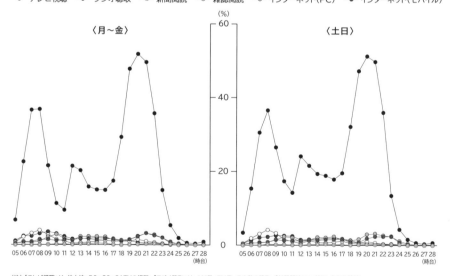

(注)「テレビ視聴」は、地上波・BS・CS・CATVの視聴。「ラジオ聴取」は、AM局・FM局・その他の聴取。「新聞閲読」は、朝刊・夕刊の閲読。
　　「インターネット（PC）」はパソコンまたはタブレット端末でインターネット・動画・メール・SNSに接続。
　　「インターネット（モバイル）」はスマートフォン・携帯電話・PHSでインターネット・動画・メール・SNSに接触

ビデオリサーチ「MCR／ex2019」をもとに作成

[時間帯別メディア接触率 世帯主]

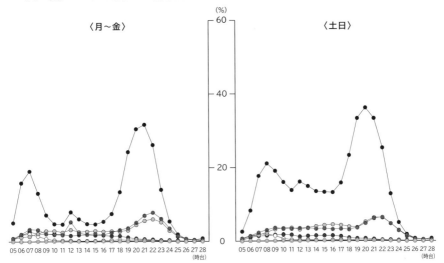

〈月～金〉　　　　　　　〈土日〉

［時間帯別メディア接触率 主婦］

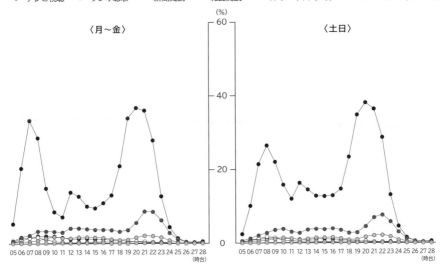

〈月～金〉　　　　　　　〈土日〉

（注）「主婦」は、女性、既婚、16歳以上、家事・買い物担当者
（注）「テレビ視聴」は、地上波・BS・CS・CATVの視聴。「ラジオ聴取」は、AM局・FM局・その他の聴取。「新聞閲読」は、朝刊・夕刊の閲読。
　　「インターネット（PC）」はパソコンまたはタブレット端末でインターネット・動画・メール・SNSに接触。
　　「インターネット（モバイル）」はスマートフォン・携帯電話・PHSでインターネット・動画・メール・SNSに接触

ビデオリサーチ「MCR／ex2019」をもとに作成

メディア概況 …………… Overview

メディア概況
....
Overview

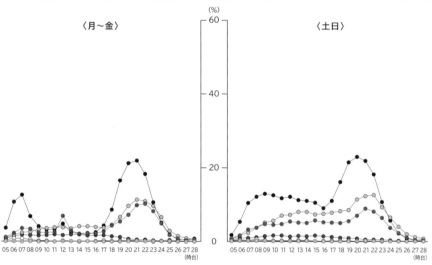

[時間帯別メディア接触率 20〜60代（男性）・有職〈未婚〉]

●─テレビ視聴　●─ラジオ聴取　○─新聞閲読　○─雑誌閲読　○─インターネット（PC）　●─インターネット（モバイル）

〈月〜金〉　　　〈土日〉

[時間帯別メディア接触率 20〜60代（男性）・有職〈既婚〉]

●─テレビ視聴　●─ラジオ聴取　○─新聞閲読　○─雑誌閲読　○─インターネット（PC）　●─インターネット（モバイル）

〈月〜金〉　　　〈土日〉

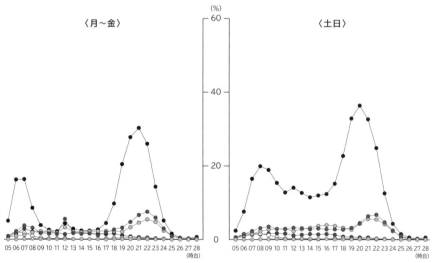

（注）「未婚」は、離死別した既婚者を含む
（注）「有職」は、「給料事務・研究職」「給料労務・作業職」「販売・サービス職」「経営・管理職」「専門職・自由業」「商店、工場、サービス業の自営業」「農・漁・林業」の
　　　いずれかの回答者
（注）「テレビ視聴」は、地上波・BS・CS・CATVの視聴。「ラジオ聴取」は、AM局・FM局・その他の聴取。「新聞閲読」は、朝刊・夕刊の閲読。
　　　「インターネット（PC）」はパソコンまたはタブレット端末でインターネット・動画・メール・SNSに接触。
　　　「インターネット（モバイル）」はスマートフォン・携帯電話・PHSでインターネット・動画・メール・SNSに接触　　ビデオリサーチ「MCR／ex2019」をもとに作成

[時間帯別メディア接触率 20〜60代 （女性）・既婚〈無職〉]

● テレビ視聴　● ラジオ聴取　○ 新聞閲読　※ 雑誌閲読　● インターネット（PC）　● インターネット（モバイル）

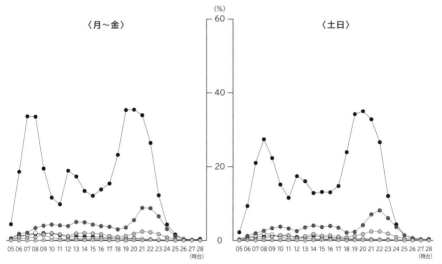

〈月〜金〉　　　〈土日〉

メディア概況 ……………… Overview

[時間帯別メディア接触率 20〜60代 （女性）・既婚〈有職〉]

● テレビ視聴　● ラジオ聴取　○ 新聞閲読　※ 雑誌閲読　● インターネット（PC）　● インターネット（モバイル）

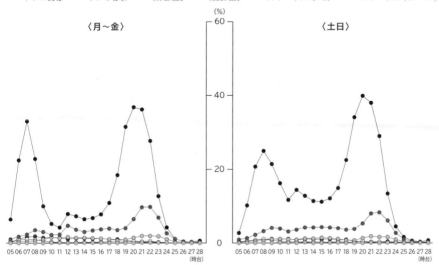

〈月〜金〉　　　〈土日〉

（注）「有職」は、「給料事務・研究職」「給料労務・作業職」「販売・サービス職」「経営・管理職」「専門職・自由業」「商店、工場、サービス業の自営業」「農・漁・林業」の
　　　いずれかの回答者
（注）「無職」は、「主婦（女性、既婚、16歳以上、家事・買い物担当者）」「無職」のいずれかの回答者
（注）「テレビ視聴」は、地上波・BS・CS・CATVの視聴。「ラジオ聴取」は、AM局・FM局・その他の聴取。「新聞閲読」は、朝刊・夕刊の閲読。
　　　「インターネット（PC）」はパソコンまたはタブレット端末でインターネット・動画・メール・SNSに接続。
　　　「インターネット（モバイル）」はスマートフォン・携帯電話・PHSでインターネット・動画・メール・SNSに接続　　ビデオリサーチ「MCR／ex2019」をもとに作成

2019年の総広告費

2019年（1～12月）の日本の総広告費は6兆9,381億円、前年比106.2％でした。総広告費は、国内総生産（GDP）と連動するような伸びをみせ、8年連続でプラス成長をキープしています。

［総広告費の推移］

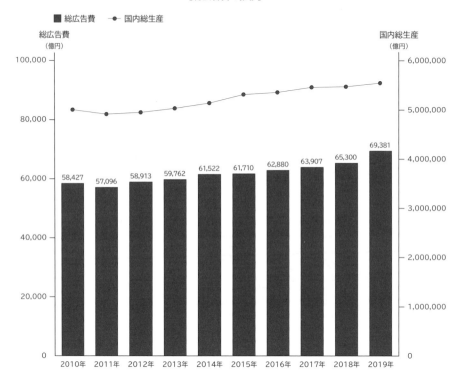

（億円）

	2010年	2011年	2012年	2013年	2014年	2015年	2016年	2017年	2018年	2019年
総広告費	58,427	57,096	58,913	59,762	61,522	61,710	62,880	63,907	65,300	69,381
国内総生産	5,003,539	4,914,085	4,949,572	5,031,756	5,138,760	5,313,198	5,355,372	5,458,974	5,471,255	5,544,629

（注）国内総生産は内閣府「国民経済計算確報」及び「四半期別GDP速報」による

電通「2019年 日本の広告費」をもとに作成

媒体別広告費

マスコミ四媒体広告費は2兆6,094億円、前年比96.6％と前年を下回り、媒体別にみた広告費も四媒体すべてで前年割れをしています。インターネット広告費は2兆1,048億円、前年比は119.7％と6年連続の2ケタ成長ではじめてテレビメディア広告費を超えました。プロモーションメディア広告費は、オリンピックを目前に再開発やスポーツイベントが活況を呈し、イベント領域の拡張推定もあって、トータルで2兆2,239億円で、前年比107.5％となって前年を上回りました。

[媒体別広告費]

媒体＼広告費	広告費（億円） 2018年	広告費（億円） 2019年	前年比（%） 2019年	構成比（%） 2019年
総広告費	65,300	69,381	106.2	100.0
マスコミ四媒体広告費	27,026	26,094	96.6	37.6
新聞	4,784	4,547	95.0	6.6
雑誌	1,841	1,675	91.0	2.4
ラジオ	1,278	1,260	98.6	1.8
テレビメディア	19,123	18,612	97.3	26.8
地上波テレビ	17,848	17,345	97.2	25.0
衛星メディア関連	1,275	1,267	99.4	1.8
インターネット広告費	17,589	21,048	119.7	30.3
内マスコミ四媒体由来のデジタル広告費	582	715	122.9	1.0
新聞デジタル	132	146	110.6	0.2
雑誌デジタル	337	405	120.2	0.6
ラジオデジタル	8	10	125.0	0.0
テレビメディアデジタル	105	154	146.7	0.2
テレビメディア関連動画広告	101	150	148.5	0.2
物販系ECプラットフォーム広告費	－	1,064	－	1.5
プロモーションメディア広告費	20,685	22,239	107.5	32.1
屋外	3,199	3,219	100.6	4.6
交通	2,025	2,062	101.8	3.0
折込	3,911	3,559	91.0	5.1
DM（ダイレクト・メール）	3,678	3,642	99.0	5.3
フリーペーパー・電話帳	2,287	2,110	92.3	3.1
POP	2,000	1,970	98.5	2.8
イベント・展示・映像ほか	3,585	5,677	158.4	8.2

（注）2019年の総広告費は、「日本の広告費」における「物販系ECプラットフォーム広告費」（1,064億円）と「イベント」（1,803億円）を追加推定した。
前年同様の推定方法では、6兆6,514億円（前年比101.9％）となる

電通「2019年 日本の広告費」をもとに作成

メディア概況

.... Overview

● 媒体別広告費の推移

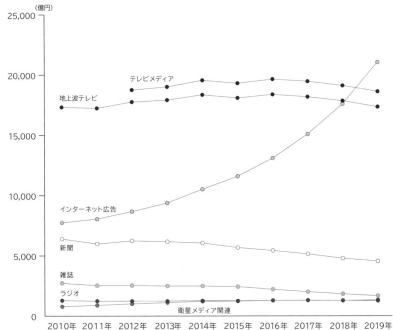

［媒体別広告費の推移］

（億円）

	2010年	2011年	2012年	2013年	2014年	2015年	2016年	2017年	2018年	2019年
新聞	6,396	5,990	6,242	6,170	6,057	5,679	5,431	5,147	4,784	4,547
雑誌	2,733	2,542	2,551	2,499	2,500	2,443	2,223	2,023	1,841	1,675
ラジオ	1,299	1,247	1,246	1,243	1,272	1,254	1,285	1,290	1,278	1,260
テレビメディア	—	—	18,770	19,023	19,564	19,323	19,657	19,478	19,123	18,612
地上波テレビ	17,321	17,237	17,757	17,913	18,347	18,088	18,374	18,178	17,848	17,345
衛星メディア関連	784	891	1,013	1,110	1,217	1,235	1,283	1,300	1,275	1,267
インターネット広告	7,747	8,062	8,680	9,381	10,519	11,594	13,100	15,094	17,589	21,048

（注）2014年より、テレビメディア広告費は「地上波テレビ+衛星メディア関連」と区分し、2012年に遡及して集計
（注）2012年以前は、地上波テレビはテレビ、衛星メディア関連は、衛星メディア関連広告として集計

電通「2019年 日本の広告費」をもとに作成

業種別広告費

マスコミ四媒体（衛星メディア関連は除く）での業種別広告費は、「官公庁・団体」、「エネルギー・素材・機械」など、全21業種の内3業種が前年を超えました。

[業種別広告費 マスコミ四媒体（衛星メディア関連は除く）]

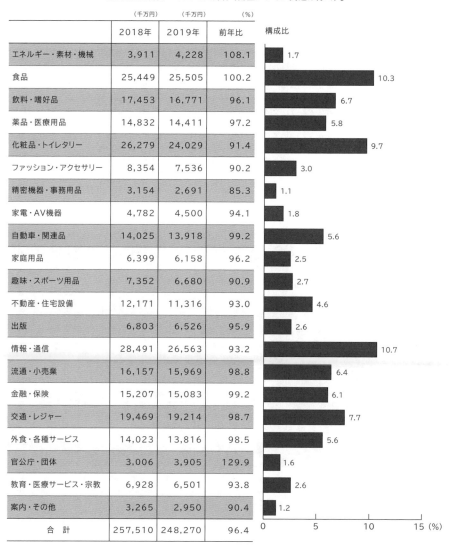

	2018年 （千万円）	2019年 （千万円）	前年比 （％）	構成比
エネルギー・素材・機械	3,911	4,228	108.1	1.7
食品	25,449	25,505	100.2	10.3
飲料・嗜好品	17,453	16,771	96.1	6.7
薬品・医療用品	14,832	14,411	97.2	5.8
化粧品・トイレタリー	26,279	24,029	91.4	9.7
ファッション・アクセサリー	8,354	7,536	90.2	3.0
精密機器・事務用品	3,154	2,691	85.3	1.1
家電・AV機器	4,782	4,500	94.1	1.8
自動車・関連品	14,025	13,918	99.2	5.6
家庭用品	6,399	6,158	96.2	2.5
趣味・スポーツ用品	7,352	6,680	90.9	2.7
不動産・住宅設備	12,171	11,316	93.0	4.6
出版	6,803	6,526	95.9	2.6
情報・通信	28,491	26,563	93.2	10.7
流通・小売業	16,157	15,969	98.8	6.4
金融・保険	15,207	15,083	99.2	6.1
交通・レジャー	19,469	19,214	98.7	7.7
外食・各種サービス	14,023	13,816	98.5	5.6
官公庁・団体	3,006	3,905	129.9	1.6
教育・医療サービス・宗教	6,928	6,501	93.8	2.6
案内・その他	3,265	2,950	90.4	1.2
合　計	257,510	248,270	96.4	

メディア概況　Overview

電通「2019年 日本の広告費」をもとに作成

業種・媒体別広告費

［業種・媒体別広告費（衛星メディア関連は除く）］

媒体／業種	新聞			雑誌			ラジオ			地上波テレビ		
	広告費(千万円)	構成比(%)	前年比(%)	広告費(千万円)	構成比(%)	前年比(%)	広告費(千万円)	構成比(%)	前年比(%)	広告費(千万円)	構成比(%)	前年比(%)
エネルギー・素材・機械	481	1.1	93.6	117	0.7	97.5	261	2.1	91.9	3,369	1.9	112.6
食品	5,312	11.7	100.0	970	5.8	93.5	1,220	9.7	101.7	18,003	10.4	100.6
飲料・嗜好品	1,385	3.0	77.5	617	3.7	96.3	447	3.5	68.7	14,322	8.3	99.6
薬品・医療用品	1,787	3.9	103.4	363	2.2	83.4	992	7.9	99.5	11,269	6.5	96.6
化粧品・トイレタリー	2,235	4.9	84.2	2,238	13.4	89.3	338	2.7	104.6	19,218	11.1	92.4
ファッション・アクセサリー	724	1.6	70.3	4,063	24.3	89.5	57	0.4	103.6	2,692	1.5	98.7
精密機器・事務用品	348	0.8	90.9	811	4.8	96.0	69	0.4	77.5	1,463	0.8	79.6
家電・AV機器	192	0.4	83.8	391	2.3	84.8	79	0.6	70.5	3,838	2.2	96.4
自動車・関連品	753	1.7	95.1	518	3.1	89.5	1,100	8.7	93.1	11,547	6.7	100.7
家庭用品	816	1.8	95.9	465	2.8	95.5	201	1.6	94.4	4,676	2.7	96.5
趣味・スポーツ用品	856	1.9	103.3	956	5.7	91.1	252	2.0	92.3	4,616	2.7	88.8
不動産・住宅設備	2,006	4.4	93.1	604	3.6	93.2	638	5.1	92.2	8,068	4.6	93.0
出版	4,154	9.1	95.5	139	0.8	86.9	540	4.3	97.1	1,693	1.0	97.4
情報・通信	2,509	5.5	96.0	655	3.9	93.2	1,020	8.1	110.7	22,379	12.9	92.3
流通・小売業	6,297	13.9	96.0	740	4.4	89.9	721	5.7	84.9	8,211	4.7	103.6
金融・保険	1,413	3.1	86.6	371	2.2	96.4	639	5.1	97.0	12,660	7.3	101.0
交通・レジャー	7,588	16.7	99.4	1,402	8.4	87.1	1,106	8.8	115.6	9,118	5.3	98.4
外食・各種サービス	1,463	3.2	96.5	392	2.3	93.6	1,699	13.5	102.7	10,262	5.9	98.4
官公庁・団体	1,310	2.9	119.0	280	1.7	102.9	740	5.9	112.5	1,575	0.9	161.5
教育・医療サービス・宗教	1,734	3.8	90.9	601	3.6	97.2	406	3.2	98.5	3,760	2.2	94.2
案内・その他	2,107	4.6	93.0	57	0.3	82.6	75	0.6	174.4	711	0.4	80.1
合　計	45,470	100.0	95.0	16,750	100.0	91.0	12,600	100.0	98.6	173,450	100.0	97.2

電通「2019年 日本の広告費」をもとに作成

メディア概況 ·········· Overview

2章－テレビ
[地上波・キャッチアップ・衛星放送]
Television

テレビメディアの2019年5大ニュース

[Profile]
藤村航
Wataru Fujimura

テレビタイムビジネス局 テレビニ部。TBS系列担当。2014年、博報堂DYメディアパートナーズに入社し、博報堂DYホールディングスグループ経理財務局、博報堂DYメディアパートナーズ経営企画局を経て、2017年より現職。

[Profile]
朝夷康晴
Michiharu Asahina

テレビスポット&エリアビジネス局 スポット一部 メディアアカウントディレクター 統括デスク。2007年、博報堂DYメディアパートナーズ入社。タイム局担、営業（博報堂出向）、スポット局担、スポット業推を経て、2018年より現職。

テレビ .... Television

(News 01) セールス形態の多様化

多様化する生活者のメディア接触に対応するために、新たなセールス形態が増加しています。
日本テレビ、読売テレビでは「アドバンス スポット セールス（ASS）」を導入。タイム広告においても、
既存のCMの15秒、30秒の売り方に加えて、6秒という新たなフォーマットが現れるなど、
テレビ広告取引そのものに変化の兆しがみられました。

(News 02) スポーツコンテンツの力が再認識された

プレ五輪イヤーでもあった2019年は、ラグビーW杯や世界野球の盛り上がりもあって、
各局がスポーツ特番を組み、スポンサーも大型投資をする様子がみられました。
CM枠にこだわらず、スポーツコンテンツの中で企業イメージを世の中に発信しようとする動きや、
スポンサー起点での広告提案など、あらためてスポーツコンテンツの力が再認識された1年でした。

(News 03) テレビ×○○の加速

「フレキシブルアド」「Picture in picture」などの実施や、「インフォマーシャル広告の再燃」
といったテレビ広告手法が目立ちました。これは、テレビに「テクノロジー」や「クリエイティブ」を掛け算
することで、テレビ広告においても、その効果が生活者に深く到達することが求められたからでしょう。

(News 04) 配信ビジネス、運用型広告の需要への対応進む

「TVer」及び各局のキャッチアップサービスの視聴中に掲載されるインストリーム動画広告の
マーケットプレイス「TVer PMP（Private Market Place）」を、放送局らが共同で開発しました。
放送局が蓄積してきたデータを活用することで、ターゲティングが可能に。
放送局による優良コンテンツを配信サービスに格納する動きも本格化しています。

(News 05) スポット広告取引の新指標ALL（P＋C7）を阪名でも導入

2018年4月より関東地区で先行導入した新指標ALL（P＋C7）を、関西・名古屋でも2019年10月より導入。
東阪名の3地区で指標が揃う形となりました。また、北部九州地区においても、
PM（ピープルメータ）調査を2019年4月から導入し、個人視聴率の機械式測定が可能に。
測定データが整備・統一されることで、より深い分析、実態に即した取引への移行が期待されています。

テレビメディアの2020年大胆予測

タイム広告

2020年夏の東京五輪に向けて、スポーツ熱は上昇していくでしょう。広告においても、スポーツコンテンツが牽引していくとみられます。

一方、2020年下半期以降は、2019年にみられた新たなテレビの取り組みやマネタイズの検証を、さらに加速させていかなければなりません。

昨今の傾向から、テレビの活用法は「CM枠を買う」ことを超えて、「テレビのコンテンツ力をうまく活用し、番組起点で全体の統合コミュニケーションを行う」ことへと変化してきていると感じます。

つまり、リーチメディアのテレビという枠組みを超えて、フルファネルの視点でテレビをどのように活用していくかということがさらに求められています。

海外プレイヤーやSVODなどのプラットフォーマーが出現していますが、放送局がほかのプラットフォームにコンテンツを供給する動きも出てきています。コンテンツメーカーとしての放送局の活躍の場が増えており、今後その関係は密になっていくとみられています。

2020年は、テレビの既存の力に、「テレビ×テクノロジー」「テレビ×クリエイティブ」「テレビ×デジタル」など、さらに掛け算を加速させ、持続的に関係者がウィンウィンになる構造を生み出すことが求められる1年になると思います。

（藤村）

スポット広告

2019年度上期、全国のテレビスポット売り上げは低迷し前年を割る結果になりました。グローバルでみると、2018年にはデジタル広告費がテレビ広告費を抜いたという報告もあります。こうした昨今のテレビ不調の要因は、広告主が効果を可視化できる媒体に予算をシフトしていったことが一因として考えられます。

一方、2019年は、テレビに関するデータの整備や統一化が進んだ一年でもありました。2020年4月には、PM調査が全国に拡大する予定であり、テレビもこれまで以上に効果の可視化が可能になると期待されています。取引の多様化を進める放送局も出てくるでしょう。

2019年には、広島RCCテレビ60年特別企画リリーフドラマ『恋より好きじゃ、ダメですか？』がACCメディアクリエイティブ部門でグランプリを受賞。テレビコンテンツがグランプリを受賞したことは、テレビの力を再認識させ、リリーフドラマという手法は、新たなテレビの可能性を示唆させました。

データが揃い、整備されていけば、広告主の求める形で販売をすることができるようになります。テレビ好調とはいい難い中で、効果の可視化は、低迷に歯止めをかける一手になると期待しています。

（朝夷）

テレビ

Television

Column

Yoshikawa's point

**効果の可視化で有効性が向上
柔軟な対応が求められる**

吉川所長の視点：さらなるデータ整備による「効果の可視化」とコンテンツ力を起点とした新たな「効果の創造」の2つの流れが相まって、テレビは広告主にとって、有効かつ新しいマーケティングに挑戦できるメディアとして進化していくでしょう。コンテンツの新たなマネタイズ方法や新しい広告商品の開発も進みそうです。それらを促進するためにも、これまで以上に取引形態の多様化を実現し、広告主のマーケティングに柔軟に応えることが求められると考えます。

テレビ放送の種類

テレビ放送は、伝送路の違いから下記のように分類することができます。

● 地上波放送

一般的にいうテレビ放送のことで、中継局などを経由して電波を送る放送。地上波放送の事業者は、放送と番組制作の両部門を所有します。

● BS放送

放送衛星（Broadcasting Satellite）を使って放送電波を直接配信する放送。NHK、民放系、WOWOWなどがあります。

● CS放送

通信衛星（Communication Satellite）を使って番組を配信する放送。主に「スカパー！」やケーブルテレビ（CATV）などに加入して視聴します。

● 有線放送（CATV、IPTV）

同軸ケーブルや光ケーブルなどの有線で番組を送信するケーブルテレビ放送や、有線役務利用放送事業者のIPTVなどのこと。地上波放送や衛星放送の再送信、自主チャンネル、その他通信サービスを提供しています。

● キャッチアップサービス

キャッチアップサービスとは、リアルタイム放送を見逃してしまったユーザーをターゲットにした、放送局による公式無料動画配信サービスのこと。在京民放5社は、共同でキャッチアップサービスのポータルサイトとして、2015年10月に「TVer」をオープンしました。

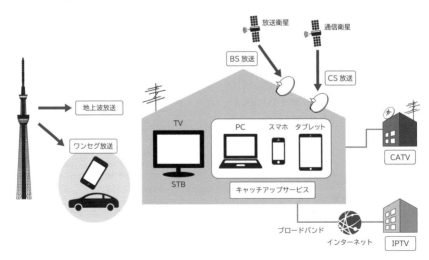

民放テレビ局のネットワーク

地上波放送は、公共放送であるNHKと民間放送（民放）に分けられます。民放テレビ局は全国32地区で127局あります。

● 系列（ネットワーク）

全国をカバーするNHKとは異なり、民放テレビ局は電波法上ではローカル放送として免許を与えられています。そのためサービスエリアは一定地域に限られており、各局が「系列」というネットワークを形成することで、ニュースやドラマ、バラエティなどの番組を全国に配信することが可能になっています。現在、民放ネットワークは下記の5系列があります。

NNN	ANN	JNN	TXN	FNN
30局	26局	28局	6局	28局
日本テレビ系列 （NTV系列）	テレビ朝日系列 （EX系列）	TBSテレビ系列 （TBS系列）	テレビ東京系列 （TX系列）	フジテレビ系列 （CX系列）

（注）上段：系列局数（クロス局も局数に含む）、下段：系列名称

地方局の中には複数の系列に属するところもあり、これを「クロスネット局」といいます。
また、系列に属さない放送局は「独立県域放送局」と呼ばれ、全国に13局あります。

● キー局とネット局

キー局は系列（ネットワーク）の中心となる放送局のことで、関東の5局（日本テレビ放送網、テレビ朝日、TBSテレビ、テレビ東京、フジテレビジョン）を指し、関西局は準キー局といいます。また、各系列内での番組供給においては、番組を送り出す局を発局、番組を受ける局をネット局と呼びます。

民放テレビ局の事業収入

民放テレビ局の主な放送事業収入は広告収入（タイムCM、スポットCM）で、民放テレビが無料で視聴できるのは、このビジネスモデルを採用しているからです。広告収入のほかには、著作権使用料などがあります。また、放送外のその他事業収入としては、映像、音楽、出版、不動産、イベント、物品販売などがあります。視聴者が見逃した番組をインターネット上で無料視聴することが可能なキャッチアップサービスの広告セールスも最近の民放テレビ局の新事業収入として挙げられます。

[2018年度民放テレビ局の事業収入]

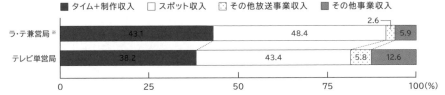

■ タイム＋制作収入　□ スポット収入　▨ その他放送事業収入　■ その他事業収入

	タイム＋制作収入	スポット収入	その他放送事業収入	その他事業収入
ラ・テ兼営局※	43.1	48.4	2.6	5.9
テレビ単営局	38.2	43.4	5.8	12.6

（注）その他放送事業収入…著作権使用料、衛星・ケーブルテレビからの収入（番販を除く）、マーチャンダイジング、放送機器レンタル、技術スタッフ・アナウンサー派遣など
　　　その他事業収入…不動産、映画事業、通販事業、イベント、DVD販売収入、番組・コンテンツなどインターネット配信にかかわる収入など
※ラ・テ兼営局についてはラジオの収入も含む

日本民間放送連盟「日本民間放送年鑑2019」をもとに作成

テレビ / Television

エリア	沖縄	鹿児島	宮崎	大分	熊本	長崎	佐賀	福岡	高知	愛媛	徳島	香川	岡山	山口	広島	島根	鳥取	和歌山	奈良	兵庫	大阪	京都	滋賀
日本テレビ系列 27局+3局 NNN		鹿児島読売テレビ KYT	テレビ宮崎 UMK	テレビ大分 TOS	熊本県民テレビ KKT	長崎国際テレビ NIB		福岡放送 FBS	高知放送 RKC	南海放送 RNB	四国放送 JRT		西日本放送 RNC	山口放送 KRY	広島テレビ放送 HTV	日本海テレビジョン放送 NKT		読売テレビ放送 YTV					
テレビ朝日系列 24局+2局 ANN	琉球朝日放送 QAB	鹿児島放送 KKB	テレビ宮崎 UMK	大分朝日放送 OAB	熊本朝日放送 KAB	長崎文化放送 NCC		九州朝日放送 KBC		愛媛朝日テレビ eat			瀬戸内海放送 KSB	山口朝日放送 yab	広島ホームテレビ HOME			朝日放送テレビ ABC					
TBSテレビ系列 28局 JNN	琉球放送 RBC	南日本放送 MBC	宮崎放送 MRT	大分放送 OBS	熊本放送 RKK	長崎放送 NBC		RKB毎日放送 RKB	テレビ高知 KUTV	あいテレビ itv			山陽放送 RSK	テレビ山口 tys	中国放送 RCC	山陰放送 BSS		毎日放送 MBS					
テレビ東京系列 6局 TXN								TVQ九州放送 TVQ					テレビせとうち TSC					テレビ大阪 TVO					
フジテレビ系列 26局+2局 FNN	沖縄テレビ放送 OTV	鹿児島テレビ放送 KTS	テレビ宮崎 UMK	テレビ大分 TOS	テレビ熊本 TKU	テレビ長崎 KTN	サガテレビ STS	テレビ西日本 TNC	高知さんさんテレビ KSS	テレビ愛媛 EBC			岡山放送 OHK		テレビ新広島 TSS	山陰中央テレビ TSK		関西テレビ放送 KTV					
県域放送 13局																		テレビ和歌山 WTV	奈良テレビ放送 TVN	サンテレビジョン SUN		京都放送 KBS京都	びわ湖放送 BBC

※ —— はフルネット局　　□はVHF局（48局）
　 …… はクロスネット局　○はUHF局（79局）
　 ━━ はキー局

テレビ ……… Television

三重	愛知	岐阜	静岡	長野	山梨	福井	石川	富山	新潟	神奈川	千葉	埼玉	東京	群馬	栃木	茨城	福島	山形	秋田	宮城	岩手	青森	北海道	エリア
中京テレビ放送 (CTV)			静岡第一テレビ (SDT)	テレビ信州 (TSB)	山梨放送 (YBS)	福井放送 (FBC)	テレビ金沢 (KTK)	北日本放送 (KNB)	テレビ新潟放送網 (TeNY)	日本テレビ放送網 (NTV)							福島中央テレビ (FCT)	山形放送 (YBC)	秋田放送 (ABS)	宮城テレビ放送 (MMT)	テレビ岩手 (TVI)	青森放送 (RAB)	札幌テレビ放送 (STV)	日本テレビ系列 27局+3局 NNN
	名古屋テレビ放送 (NBN)		静岡朝日テレビ (SATV)	長野朝日放送 (abn)		福井放送 (FBC)	北陸朝日放送 (HAB)		新潟テレビ21 (UX)	テレビ朝日 (EX)							福島放送 (KFB)	山形テレビ (YTS)	秋田朝日放送 (AAB)	東日本放送 (KHB)	岩手朝日テレビ (IAT)	青森朝日放送 (ABA)	北海道テレビ放送 (HTB)	テレビ朝日系列 24局+2局 ANN
	CBCテレビ (CBC)		静岡放送 (SBS)	信越放送 (SBC)	テレビ山梨 (UTY)		北陸放送 (MRO)	チューリップテレビ (TUT)	新潟放送 (BSN)	TBSテレビ (TBS)							テレビユー福島 (TUF)	テレビユー山形 (TUY)		東北放送 (TBC)	IBC岩手放送 (IBC)	青森テレビ (ATV)	北海道放送 (HBC)	TBSテレビ系列 28局 JNN
	テレビ愛知 (TVA)									テレビ東京 (TX)													テレビ北海道 (TVh)	テレビ東京系列 6局 TXN
	東海テレビ放送 (THK)		テレビ静岡 (SUT)	長野放送 (NBS)		福井テレビジョン放送 (FTB)	石川テレビ放送 (ITC)	富山テレビ放送 (BBT)	新潟総合テレビ (NST)	フジテレビジョン (CX)							福島テレビ (FTV)	さくらんぼテレビ (SAY)	秋田テレビ (AKT)	仙台放送 (OX)	岩手めんこいテレビ (MIT)		北海道文化放送 (UHB)	フジテレビ系列 26局+2局 FNN
三重テレビ放送 (MTV)		岐阜放送 (GBS)								テレビ神奈川 (tvk)	千葉テレビ放送 (CTC)	テレビ埼玉 (TVS)	東京メトロポリタンテレビジョン (MXTV)	群馬テレビ (GTV)	とちぎテレビ (GYT)									県域放送 13局

(注) クロスネット局があるので、このリストでは127局を超える
(注) 概念図であり、実際の視聴可能エリアとは異なる

2019年12月現在

全国の民放テレビ局

甲信越

テレビ新潟放送網	テレビ山梨
新潟テレビ21	テレビ信州
新潟放送	長野朝日放送
新潟総合テレビ	信越放送
山梨放送	長野放送

中国

山陽放送	広島ホームテレビ
テレビせとうち	中国放送
岡山放送	テレビ新広島
日本海テレビジョン放送	山口放送
山陰放送	山口朝日放送
山陰中央テレビジョン放送	テレビ山口
広島テレビ放送	

北陸

北日本放送	北陸放送
チューリップテレビ	石川テレビ放送
富山テレビ放送	福井放送
テレビ金沢	福井テレビジョン放送
北陸朝日放送	

九州

福岡放送	熊本放送
九州朝日放送	テレビ熊本
RKB毎日放送	大分朝日放送
TVQ九州放送	大分放送
テレビ西日本	テレビ大分
長崎国際テレビ	宮崎放送
長崎文化放送	テレビ宮崎
長崎放送	鹿児島読売テレビ
テレビ長崎	鹿児島放送
サガテレビ	南日本放送
熊本県民テレビ	鹿児島テレビ放送
熊本朝日放送	

沖縄

琉球朝日放送	沖縄テレビ放送
琉球放送	

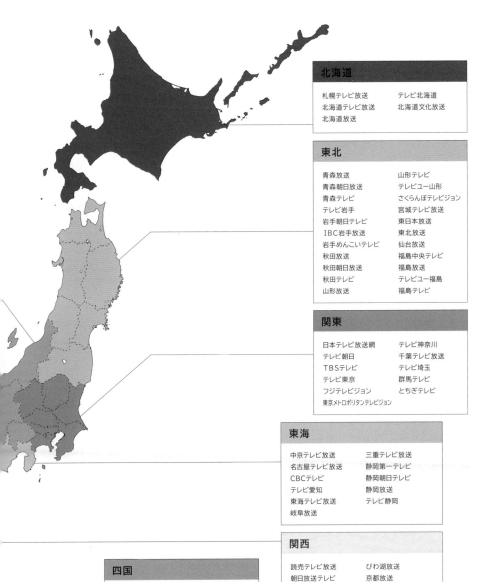

北海道

札幌テレビ放送	テレビ北海道
北海道テレビ放送	北海道文化放送
北海道放送	

東北

青森放送	山形テレビ
青森朝日放送	テレビユー山形
青森テレビ	さくらんぼテレビジョン
テレビ岩手	宮城テレビ放送
岩手朝日テレビ	東日本放送
IBC岩手放送	東北放送
岩手めんこいテレビ	仙台放送
秋田放送	福島中央テレビ
秋田朝日放送	福島放送
秋田テレビ	テレビユー福島
山形放送	福島テレビ

関東

日本テレビ放送網	テレビ神奈川
テレビ朝日	千葉テレビ放送
TBSテレビ	テレビ埼玉
テレビ東京	群馬テレビ
フジテレビジョン	とちぎテレビ
東京メトロポリタンテレビジョン	

東海

中京テレビ放送	三重テレビ放送
名古屋テレビ放送	静岡第一テレビ
CBCテレビ	静岡朝日テレビ
テレビ愛知	静岡放送
東海テレビ放送	テレビ静岡
岐阜放送	

関西

読売テレビ放送	びわ湖放送
朝日放送テレビ	京都放送
毎日放送	サンテレビジョン
テレビ大阪	奈良テレビ放送
関西テレビ放送	テレビ和歌山

四国

西日本放送	テレビ愛媛
瀬戸内海放送	四国放送
南海放送	高知放送
愛媛朝日放送	テレビ高知
あいテレビ	高知さんさんテレビ

2019年12月現在

テレビ番組の種類

テレビ番組は、放送エリアや編成パターンを基準として、下記のように分類できます。

● ネットワーク番組／ローカル番組

発局（主にキー局）が制作し、系列局で放送される番組をネットワーク番組といいます。通常は同一時間帯で放送されますが、各局の編成事情により放送時間が異なる場合もあります。それに対して、各局が独自に制作してその地区のみで放送する番組がローカル番組です。ローカルニュースや天気予報などがこれにあたります。キー局が関東地区のみで放送している番組もローカル番組に区分されます。

● レギュラー番組／単発番組

通常2クール（26週。1クールは13週）以上継続して、毎日または毎週、同時間に同一タイトルで放送される番組をレギュラー番組といい、1回または数回のみ放送の番組を単発番組といいます。単発番組はスポーツ中継のような不定期のものや、改編期や年末年始などの特別編成番組（特番）などを指します。

● 箱番組／帯（ベルト）番組

1週間の内、同一曜日の同時間に毎週1回放送されるレギュラー番組を箱番組といい、プライムタイム（19〜23時）に多くみられます。一方、1週間、または平日（月〜金曜）の同時間に同一番組名で連続して編成される番組を帯（ベルト）番組といいます。

● ミニ番組

2つの番組の間に放送される放送時間が15分未満（通常約5分程度）の番組をミニ番組といいます。暮らしの情報、ニュース、天気予報など内容はさまざまです。広告主1社による提供となることが多く、番組内容が企業イメージに直接結びつきやすくなります。

● 通販（テレビショッピング）番組

番組内で商品を紹介し、視聴者にその商品の購入を促す内容の生活情報番組を通販（テレビショッピング）番組といいます。60秒や120秒程度のCM枠で放送するものや、30分間の番組枠すべてが通販番組になっているものもあります。番組には、放送局の編成枠内で行われるものと、通販会社などの広告主が枠を買い取って放送するものがあります。

局制作	番組枠	●局制作の通販番組、通販専門チャンネル ・テレビ局が商品を仕入れて番組を制作。 ・局の番組として放送。
広告主の自社制作	CM枠	●タイムCM、スポットCM ・30秒、60秒、90秒、120秒などの素材を、CM枠で放送。 ・リーチを幅広く獲得することができる。
	番組枠	●広告主制作の持込み枠（インフォマーシャル） ・3分、4分、14分、29分などの素材を、番組枠で放送。 ・商品・サービスの詳しい説明やPRが可能。

番組編成

各放送局が自社で放送する番組の内容と放送時間を決めることを編成といい、番組編成を大きく変えることを改編といいます。民放テレビ局では通常、編成は2クール（26週）が基本で4月と10月に大きな見直しが行われます。年末年始や4月と10月の改編期の期末期首にはレギュラー番組の放送時間拡大や特番が編成されるなど、通常とは異なった編成が組まれます。

番組フォーマット

番組内の本編とCMのポジションや長さを示したものが番組フォーマットです。番組本編とCMの順列を確認するために必要で、下図は番組フォーマットの一例です（下図内のように、CC、HHが設定されている番組もあります）。

［番組フォーマットの例］

SB	(CC)	オープニング	前提供クレジット	前CM	本編	中CM①	本編	中CM②	本編	後CM	後提供クレジット	エンディング	(HH)	SB

● **番組提供CM（タイムCM）**

提供する番組の放送時間内に流れる提供広告主のCMです。

● **提供クレジット（提供表示）**

番組提供社名（または商品名）を告知すること。提供秒数により、表示、アナウンスの方法が異なります。

● **SB（Station Break）**

ステーションブレイク（ステブレ）。番組と番組の間の時間に設定されるスポットCMです。

● **PT（Participation）**

パーティシペーション（ピーティー）。番組提供ではなく、番組内に挿入されるスポットCMです。

● **CC（Cow Catcher）**

カウキャッチャー。番組開始直前（提供クレジットの表示前）の枠で流れるタイムCMです。

● **HH（Hitch Hike）**

ヒッチハイク。番組終了直後（提供クレジットの表示後）の枠で流れるタイムCMです。

テレビ

Television

キャッチアップサービス

キャッチアップサービスとは、放送番組を見逃した（リアルタイム視聴できなかった）ユーザーを
ターゲットとした、放送局による公式無料動画配信サービスのことです。
見逃し番組は民放公式テレビポータルTVer、各放送局の自社動画サイト、GYAO!やニコニコチャ
ンネルなどのシンジケーションサイトで視聴することができます。

「TVer」は在京民放5社共同で2015年10月26日にサービスを開始し、2016年10月より関
西局の毎日放送と朝日放送テレビ、2017年3月に読売テレビ、2018年3月には関西テレビが参
入しました。週450番組程度の最新番組を、放送終了後から次回放送直前まで、基本的に1週間限
定で無料配信しています。
2019年11月現在、TVerの月間アクティブユーザー941万人、番組動画再生数8,004万回、
TVerアプリのダウンロード数は2,260万DLとなっています。キャッチアップサービス全体では、
月間アクティブユーザー1,550万人、番組動画再生数1.23億回まで伸長しています。

（注）月間アクティブユーザー、番組動画再生数はビデオリサーチ調べ
（注）これまで自社サイトでキャッチアップサービスを提供してきたDlifeは、2019年11月で配信サービス終了、2020年3月で閉局

放送局	公式テレビポータル	各局自社サイト	シンジケーションサイト
日本テレビ	TVer	日テレ無料	GYAO!
テレビ朝日		テレ朝キャッチアップ	GYAO!
TBSテレビ		TBS FREE	GYAO!
テレビ東京		ネットもテレ東	GYAO! ニコニコチャンネル
フジテレビ		FOD見逃し無料	
読売テレビ		ytv MyDo!	GYAO!
朝日放送テレビ			GYAO!
毎日放送		MBS動画イズム	GYAO!
テレビ大阪			
関西テレビ		カンテレドーガ	GYAO!
NHK		NHKオンデマンド	
中京テレビ		Chuun	GYAO!

2019年12月現在

● キャッチアップサービスの広告商品概要

・広告はimp（再生回数）売り。
・CMポジションはプリロール、ミッドロール、ポストロールの3ヵ所。
・各ポジションに1〜2本程度のCMを挿入。
・広告商品、メニューによって、imp（再生回数）単価は異なる。

○予約型メニュー
・放送局ごとに発注。
・広告メニューはオールターゲット、ドラマ限定、バラエティ限定、経済番組限定パッケージなどがある。
・ポストロールでは、クリックボタンの設置も可能。

○運用型メニュー（Brand View Instream Ad）
・広告の配信先をプレミアムな動画コンテンツに限定し、運用しながら広告配信を行う。
・各局サイト、TVer、AbemaTV、GYAO!のいずれかに配信。
・DMP（AudienceOne®など）活用によるターゲティング配信が可能。

● 視聴者構成

キャッチアップサービス利用者の視聴者構成は、地上波視聴者と比較して、男女とも20〜34歳の割合が大幅に高くなっています。

［キャッチアップサービスと地上波の視聴者構成比］

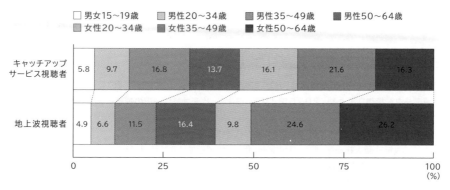

（注）キャッチアップサービスは、在京民放5局のキャッチアップサービス利用者の構成比
（注）地上波は、2019年10月の全キャッチアップサービス対象番組の視聴者構成比
ビデオリサーチ「テレビ世帯視聴率（関東地区）」、在京民放5局共同調査「2019年10月データ（PC／スマートデバイス）」をもとに作成

テレビ

Television

視聴率

視聴率はテレビ番組やCMがどれくらいの世帯や人々に見られているかを示すもので、テレビの媒体力や広告効果を測る重要な指標です。視聴率には、世帯視聴率と個人視聴率がありますが、一般的に視聴率といえば世帯視聴率を指します。

世帯視聴率

テレビ所有世帯の内、どれくらいの世帯が見ていたかを示す割合

個人視聴率

視聴者を性・年齢別や職業別などに分けて、どれくらいの人に見られていたかを示す割合

視聴率の調査方法

テレビ番組の接触状況を示す指標として、ビデオリサーチによる視聴率データが広く使われています。日本の放送エリアは全国で32地区あり、それぞれの放送エリアごとに視聴率調査が行われています。ビデオリサーチでは、関東地区をはじめとする27地区の調査エリアで、ピープルメータ（PM）システムによる視聴率調査を実施しています。

(注) ピープルメータ（PM）システムによる視聴率調査は、調査対象世帯のテレビごとに設置した視聴チャンネルを測定する「チャンネルセンサー」と個人の視聴を入力・表示する「PM表示器」により、世帯視聴率と個人視聴率を同時に機械式測定する方法

テレビ視聴率調査の大幅リニューアル

視聴者のライフスタイルの多様化や、各種視聴デバイス普及による視聴形態の変化に対応したテレビ視聴データを提供するため、2020年3月30日より、ビデオリサーチの視聴率調査が大きくリニューアルされました。

①全テレビ視聴率調査エリア（27地区）において調査設計を統一

　すべて機械式個人視聴率調査（PM調査）化し、全調査エリアで毎日の視聴率を提供、タイムシフト視聴率データも測定開始しました。

②関東・関西・札幌地区の調査サンプル拡大

③全国という単位での「テレビ視聴率（全国32地区）」の具現化と提供開始

④テレビ視聴率（全国32地区）からBS放送局別視聴率の提供開始

ビデオリサーチ「プレスリリース（2020年2月6日）」をもとに作成

視聴率調査地区

● PM視聴率調査地区

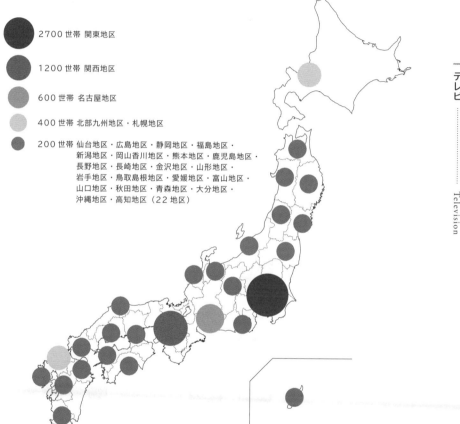

2700世帯 関東地区

1200世帯 関西地区

600世帯 名古屋地区

400世帯 北部九州地区・札幌地区

200世帯 仙台地区・広島地区・静岡地区・福島地区・
新潟地区・岡山香川地区・熊本地区・鹿児島地区・
長野地区・長崎地区・金沢地区・山形地区・
岩手地区・鳥取島根地区・愛媛地区・富山地区・
山口地区・秋田地区・青森地区・大分地区・
沖縄地区・高知地区（22地区）

テレビ　　Television

● 共同調査地区

山梨、福井、徳島、佐賀、宮崎の5地区については、ビデオリサーチによるPM視聴率調査ではなく、
放送局からの委託によって日記式視聴率調査を年数回実施しています。

● 全国視聴状況データ「テレビ視聴率（全国32地区）」

視聴率調査設計が統一されたことで、「全国」の視聴状況を表現するデータが具現化され、「テレビ
視聴率（全国32地区）」として提供を開始されました。

（注）全国データ集計のためにPM調査測定のない5地区について、宮崎（100世帯）、山梨・福井・徳島・佐賀（各50世帯）の追加調査を実施

世帯視聴率の計算方法

世帯視聴率の最小単位は毎分視聴率で視聴率はこれをもとに算出します。世帯内にある複数台の
テレビを調査しているため、各局の視聴率の合計と総世帯視聴率（HUT）※との関係は

　　各局の視聴率の合計≧総世帯視聴率（HUT）

となります。

※総世帯視聴率（HUT）は調査対象世帯の中で、テレビ放送をリアルタイムに視聴していた世帯の割合

		TV1	TV2	TV3	TV ON／OFF	局のカウント
○○家	TV3台所有	A局	A局	OFF	ON	A局＝1
△△家	TV2台所有	OFF	OFF		OFF	
××家	TV1台所有	A局			ON	A局＝1
□□家	TV1台所有	OFF			OFF	
◎◎家	TV2台所有	B局	C局		ON	B局＝1 C局＝1
					ON ＝3	A局＝2 B局＝1 C局＝1

ビデオリサーチ「TV RATING GUIDE BOOK」をもとに作成

個人視聴率の計算方法

（例）5世帯20人を対象に調査をしている場合の個人視聴状況

世帯(5世帯)	家族人数(20人)	テレビ台数	視聴局	男女			男性			女性		
				個人全体(20人)	4〜12歳(3人)	13〜19歳(3人)	20〜34歳(1人)	35〜49歳(2人)	50歳以上(3人)	20〜34歳(2人)	35〜49歳(3人)	50歳以上(3人)
佐藤家	6人	1台目	A局	2人			◉			◉		
		2台目	B局	3人					◎	◎		◎
		3台目	[OFF]	—								
			視聴なし	1人	×							
鈴木家	2人	1台目	[OFF]	—								
		2台目	[OFF]	—								
		3台目	[OFF]	—								
			視聴なし	2人				×			×	
田中家	4人	1台目	A局	3人		◉ ◉			◉			
		2台目	[OFF]	—								
		3台目	[OFF]	—								
			視聴なし	1人								×
山田家	5人	1台目	A局	1人				◉				
		2台目	B局	1人	◎							
		3台目	C局	1人		○						
		4台目	C局	2人							○	○
			視聴なし	—								
佐々木家	3人	1台目	D局	1人					●			
		2台目	[OFF]	—								
		3台目	C局	1人	○							
			視聴なし	1人							×	
合計	20人		視聴15人	2人	3人	1人	1人	3人	2人	1人	2人	
		内訳	A局=6人		2人	1人	1人	1人	1人			
			B局=4人	1人				1人	1人		1人	
			C局=4人	1人	1人					1人	1人	
			D局=1人					1人				

（注）8つの性・年齢区分（特性区分）はビデオリサーチの標準区分
（注）A局◉、B局◎、C局○、D局●はテレビを視聴している人、×はテレビを視聴していない人を表す

● 個人全体

個人全体では対象となる世帯内の4歳以上の家族全員を分母にしています。

全局→対象者の中で何％の人がテレビを見ていたかを示す指標です。

　　　例では対象者20人中15人がテレビを見ているので、15人÷20人＝75.0％ となります。

局別→個人全体の局別視聴率は…

　　　A局 ＝ 6人が見ているので、6人÷20人＝30.0％ となります。

　　　B局 ＝ 4人が見ているので、4人÷20人＝20.0％ となります。

　　　C局 ＝ 4人が見ているので、4人÷20人＝20.0％ となります。

　　　D局 ＝ 1人が見ているので、1人÷20人＝ 5.0％ となります。

● 性・年齢別

性・年齢別では各特性区分に該当する人全員を分母にしています。

全局→男女4〜12に該当するのは3人、その内2人がテレビを見ているので、2人÷3人＝66.7％ となります。男女13〜19歳は3人中全員がテレビを見ているので、3人÷3人＝100.0％ となります。

局別→男女4〜12歳（該当者3人）におけるC局の視聴率は、佐々木家において1人が見ているので、1人÷3人＝33.3％ となります。

　　　男女13〜19歳（該当者3人）におけるA局の視聴率は、田中家において2人が見ているので、2人÷3人＝66.7％ となります。

　　　男性50歳以上（該当者3人）におけるD局の視聴率は、佐々木家において1人が見ているので、1人÷3人＝33.3％ となります。

　　　女性20〜34歳以上（該当者2人）におけるB局の視聴率は、佐藤家において1人が見ているので、1人÷2人＝50.0％ となります。

ビデオリサーチ「TV RATING GUIDE BOOK」より

テレビ

Television

HUT

HUT（Households Using Television）とは総世帯視聴率のことで、調査対象世帯の中でリアルタイム（放送と同時）に視聴していた世帯の割合です。一方、テレビ放送をリアルタイムに視聴していた個人の割合のことをPUT（Persons Using Television）といいます。PUTは、生活パターンや視聴するテレビ番組の内容によって、性・年代ごとにそれぞれ傾向が異なります。

● テレビ視聴パターン

HUTデータをもとに、平日土日別の視聴パターンを比較することができます。

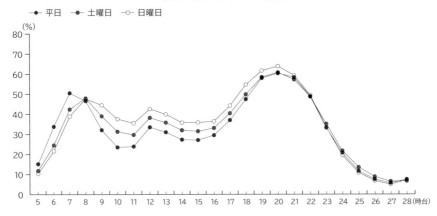

［HUT（2019年1～12月）］

→ 平日　→ 土曜日　-○- 日曜日

ビデオリサーチ「テレビ世帯視聴率（関東地区）」をもとに作成

視聴率データの種類

番 組 平 均 視 聴 率	当該番組の放送時間内における視聴世帯（個人）の割合。 番組の放送時間内における毎分視聴率の合計を放送分数で割ったもの。
前 4 週 平 均 視 聴 率	該当する局の当日の番組が放送された枠や時間帯に普段（過去4週間）どれくらいの視聴があったのかを表す数値。放送枠について該当する週を除く過去4週間の平均視聴率。 放送回ごとの視聴率のばらつきを考慮する。
番 組 終 了 時 視 聴 率	ある番組の放送時間終了直前の1分間の視聴率。 通常、ステブレの視聴率とみなされる。
視 聴 占 拠 率	該当する局の視聴率が放送全体の視聴率に占める割合。 該当するテレビ局の視聴率を各局の視聴率の合計で割ったもの。

タイムシフト視聴率と総合視聴率

テレビ番組をリアルタイムに視聴するのではなく、ビデオレコーダーなどで録画し、時間をずらして再生視聴する「タイムシフト視聴」が日常化してきたことから、ビデオリサーチは関東地区の視聴率調査仕様に準じたタイムシフト視聴測定調査を開始、2015年1月よりデータ提供をスタートしました。2016年10月からはリアルタイムの視聴率調査とサンプルを統合し、(リアルタイム)視聴率、タイムシフト視聴率とともに、リアルタイム視聴率にタイムシフト視聴を加味したものから重複を除いた、総合視聴率の集計も開始されました。

2018年4月には、関西・名古屋地区で、2020年4月からはすべての調査エリアでタイムシフト視聴が測定されています。

● タイムシフト視聴測定調査における集計概要

○タイムシフト視聴測定について
・再生視聴は等倍再生を測定対象。
・放送開始から7日後まで(168時間以内)が集計対象。
[視聴率]
　地上波放送、BS放送、CS放送、CATVなどテレビ放送のリアルタイム視聴を示す指標です。
[タイムシフト視聴率]
　タイムシフトでの視聴を示す指標です。
　リアルタイム視聴の有無に関わらず、再生視聴をした場合にカウントされます。
　ただし複数回の再生視聴をした場合も、"1カウント(複数回としてカウントしない)"として集計します。
[総合視聴率]
　リアルタイム視聴とタイムシフト視聴のいずれかでの視聴を表す指標です。
　リアルタイムでも視聴しタイムシフトでも視聴した重複視聴や、複数回の再生視聴をした場合も、"1カウント(複数回としてカウントしない)"として集計しています。
[延べタイムシフト視聴率]
　タイムシフト視聴における複数回視聴について視聴回数分カウントした指標です。
　リアルタイム視聴の有無に関わらず、再生視聴をした場合はカウントされます。

[2019年10~12月 総合視聴率ランキング]

	番組名	放送局	放送日	放送開始	視聴率(%)	タイムシフト視聴率(%)	総合視聴率(%)
1	ラグビーワールドカップ2019・日本×南アフリカ	NHK総合	2019/10/20	19:10	41.6	0.3	41.9
2	ニュース645	NHK総合	2019/10/12	18:45	38.3	0.1	38.4
3	ニュース	NHK総合	2019/10/12	16:00	35.8	*	35.8
4	NHKニュース7	NHK総合	2019/10/12	19:00	33.3	*	33.3
5	テレビ朝日開局60周年記念・木曜ドラマ・ドクターX・外科医・大門未知子・最終回	テレビ朝日	2019/12/19	21:00	19.3	13.3	31.0
6	連続テレビ小説・スカーレット	NHK総合	2019/11/11	08:00	21.7	7.0	27.4
7	日曜劇場・グランメゾン東京・最終回	TBS	2019/12/29	21:00	16.4	12.8	26.3
8	世界の果てまでイッテQ!	日本テレビ	2019/11/24	19:58	22.3	4.2	25.4
9	相棒season18テレビ朝日開局60周年記念SP	テレビ朝日	2019/10/09	21:00	16.7	8.3	23.9
10	NHKニュースおはよう日本	NHK総合	2019/10/13	07:00	22.5	0.1	22.5
11	ポツンと一軒家	テレビ朝日	2019/10/27	19:58	20.7	1.9	22.4
11	同期のサクラ・最終回	日本テレビ	2019/12/18	22:00	13.7	10.6	22.4

(注)2019年10月クール(2019年9月30日~12月29日)で放送された15分以上の番組
(注)同一局同一名の番組は高位番組のみ掲載(NHK総合の「ニュース」は、放送曜日・放送分数に関わらず1番組とみなす。「ラグビーワールドカップ2019」は放送日・放送局に関わらず1番組とみなす)

ビデオリサーチ「プレスリリース(2020年1月22日)」をもとに作成

テレビ　Television

テレビスポット新取引指標 ALL（P＋C7）

2018年4月より関東地区のテレビスポット広告取引において、GRPに代わる新取引指標として ALL（P＋C7）が導入されました。

これは世の中のデジタル化や生活形態の多様化が進む中で生活者のテレビ視聴態度も変化してきていることから、在京5局（日本テレビ放送網、テレビ朝日、TBSテレビ、テレビ東京、フジテレビジョン）が、テレビスポット広告取引において現状のテレビ視聴実態に合った新たな取引指標を導入することにしたものです。

また関西地区、名古屋地区においても、2019年10月より、新取引指標 ALL（P＋C7）が導入されています。

● 新取引指標の要点

・集計対象属性は、従来の世帯視聴率から個人全体（ALL）視聴率[1]へ移行。

・さらにタイムシフト視聴率（CM枠部分：C7[2]）の算入。

※1 視聴率調査世帯内の4歳以上全員
※2 OA直後から7日間内のCM枠平均視聴率（延べタイムシフト視聴率）

	属性	リアルタイム視聴率	タイムシフト視聴率
従来	世帯	番組視聴率 P	取引指標に含まれない
新指標[3]	個人全体 ALL	[番組リアルタイム視聴率 P] ＋ [CM枠平均タイムシフト視聴率 延べ7日間 C7]	

※3 関東地区：2018年4月～　関西地区・名古屋地区：2019年10月～

テレビ

Television

調査集計の性・年齢区分

ビデオリサーチの調査集計でよく使われるのが、Child、Teen、M1、M2、M3、F1、F2、F3と呼ばれる性・年齢区分です。

Child	男女4～12歳	Teen	男女13～19歳
M1	男性20～34歳	F1	女性20～34歳
M2	男性35～49歳	F2	女性35～49歳
M3	男性50歳以上	F3	女性50歳以上

GRP

GRP（Gross Rating Point）は「延べ視聴率」のことで、ある期間中に放送したCMの各回視聴率の合計になります。

その他のテレビ調査

テレビ広告取引ではビデオリサーチが調査したテレビ視聴率データを使用するのが一般的ですが、それ以外にもNHKやその他の調査会社による視聴率調査や、ビデオリサーチのテレビ番組カルテなどの質的視聴データがあります。質的データでは、番組イメージなどの指標で番組を評価することができます。

● 全国個人視聴率調査（NHK）

NHKでは全国の7歳以上の男女3,600人を対象に、年2回個人視聴率調査を実施しています。個人視聴率調査としては日本で唯一の全国規模調査であることが特徴で、番組視聴のほか、時刻別視聴率、視聴時間量などが性・年代別の個人属性で分析できます。また長期分析により関東・近畿の「東西差」について番組視聴傾向を比較研究しています。

テレビ

Television

テレビ

Television

さまざまなサービスが利用されています

テレビはほぼすべての人に視聴されていますが、再生視聴は約8割が利用しています。また、データ放送は4割以上が利用していると答えています。

[放送メディアサービス利用状況]

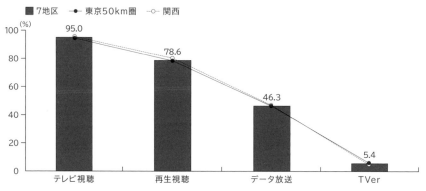

(注)「7地区」は、「東京50km圏」「関西」「名古屋」「北部九州」「札幌」「仙台」「広島」
(注)「テレビ視聴」は、「リアルタイム」または「再生視聴」のいずれかの視聴者
(注)「データ放送」とは、リモコンの「d」ボタンを押すことで見ることができる放送
(注)「テレビ視聴」「再生視聴」「データ放送」は、視聴頻度が「まったく見ない」「不明・回答なし」以外の回答者
(注)「TVer」は、3ヶ月間利用有無で「利用していない」以外の回答者中、利用頻度が「以前は利用していたが現在は利用していない」以外の回答者
ビデオリサーチ「ACR／ex2019」をもとに作成

テレビ視聴中の携帯電話・スマートフォンの利用実態

10～30代では約7割、40代では約6割の視聴者が、携帯電話やスマートフォンを操作しながらテレビを見ています。携帯電話やスマートフォンを操作しながらのテレビ視聴は若年層から中年層にまで広く浸透しているといえます。

[携帯電話やスマートフォン、タブレット端末を操作しながらテレビを見ることがある]

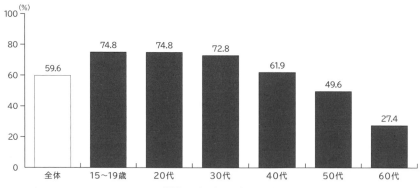

博報堂DYメディアパートナーズ メディア環境研究所「メディア定点調査2019（東京）」をもとに作成

テレビを見ているときに気になることを携帯電話やスマートフォンで調べる人は全体で6割強、10〜30代では7〜8割になります。テレビで気になったことをすぐにインターネットで検索する行為は日常的な行動になっています。

[テレビを見ていて気になることはすぐに携帯電話・スマートフォンで調べることがある]

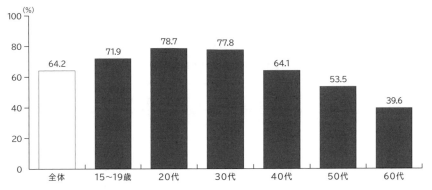

博報堂DYメディアパートナーズ メディア環境研究所「メディア定点調査2019（東京）」をもとに作成

ソーシャルメディアとの相乗効果

ソーシャルメディアの情報がきっかけとなってテレビを見たことがある人は10〜20代の若年層で特に高く、ソーシャルメディアがテレビ視聴の後押しをしていることがわかります。

[ソーシャルメディアから得た情報がきっかけでテレビを見ることがある]

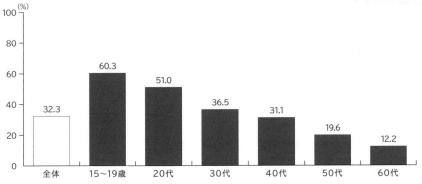

博報堂DYメディアパートナーズ メディア環境研究所「メディア定点調査2019（東京）」をもとに作成

テレビ
Television

タイムCMとスポットCM

テレビ広告には、タイムCMとスポットCMの2種類があります。

タイムCMは番組内に設定されているCM枠で放送される番組提供社のCMです。通常、番組の前後に提供クレジットで提供する広告主名（または商品名）が告知されますが、提供表示を行わないこともあります。

スポットCMは番組とは関係なくテレビ局が設定した時間枠に放送されるCMです。番組と番組の間のSB（ステーションブレイクまたはステブレ）や、番組内でタイムCM以外に設定されたPT（パーティシペーションまたはピーティー）枠があります。

[タイムCMとスポットCMの特徴]

	タイムCM	スポットCM
提供期間	レギュラー番組は原則2クール（26週）	期間の設定は自由
CM枠	原則30秒以上（30秒単位）	原則15秒（30秒以上も可能）
放送時間帯	提供する番組の放送時間	自由に時間取りゾーンを選択
取引窓口	ネットワーク番組…発局 ローカル番組…各局	各局
予算	2クール（26週）分の固定予算	キャンペーン単位の予算
料金	電波料 ＋ 制作料 ＋ ネット費	電波料のみ ・時間取りゾーンごとの料金設定 ・GRP1％あたりの単価（パーコスト）に獲得目標GRPを乗じて算出する

（注）「クール」とは、番組やCMの放送契約期間の単位のこと。ワンクールは3ヶ月（13週）

タイムCM・スポットCMのメリット

● タイムCMのメリット

- ・番組視聴者に継続して訴求することができるため、ターゲットに対して累積浸透効果が期待できる。
- ・番組イメージを企業・商品イメージに反映させることができる。
- ・競合する広告主を排除できる（番組によっては競合調整を行うことがある）。
- ・希望番組の指定購入が可能。
- ・提供社ロゴの表示ができる。

● スポットCMのメリット

- ・ターゲットに合わせた時間取りゾーンを選択することができる。
- ・放送エリア、期間、投下量など柔軟な展開が可能。
- ・新商品発売などキャンペーン時に即効性が期待できる。
- ・提供番組が放送されない地域で補完的に活用することができる。

テレビ ……… Television

タイムCMの種類

タイムCMは、番組の放送期間、放送エリアや提供形態などで分類することができます。

ネットワーク番組／ ローカル番組の提供	系列局に同時間帯に放送されるネットワーク番組を提供すると、CMは発局と系列局放送エリアで同時に露出される。 ローカル番組を提供すると、その放送エリアのみで露出される。
箱番組／ 帯（ベルト）番組の提供	箱番組を提供すると週1回のペースで露出が可能。 連日放送される帯（ベルト）番組を提供すると、連日露出が可能。 帯番組を隔日で提供することをテレコ提供という。
レギュラー番組／ 単発番組の提供	レギュラー番組の提供はクール単位の継続的な露出となる。 単発番組の提供は期末期首などの特定時期やスポーツ中継など特定日時での露出となる。
1社提供／共同提供	特定の番組を1社独占で提供する1社提供と、複数社で提供する共同提供がある。 また、1社提供またはCM枠の大半に出稿することで、社名または商品名を番組タイトルに冠表記できる場合がある。

提供クレジット

各局ごとに規定され、提供秒数により異なります。下表は一例です。

提供秒数	表示	ナレーション
30秒	マーク+社名または商品名	社名告知なし 例）「この番組はご覧のスポンサーの提供でお送りします。」
60秒	マーク+社名または商品名	社名または商品名告知 例）「この番組は〇〇〇（社名または商品名）の提供でお送りします。」
90秒以上	マーク+社名または商品名 キャッチフレーズも可	簡単なキャッチフレーズを含む社名または商品名の告知 例）「この番組は〇〇の〇〇〇（キャッチフレーズを含む社名または商品名）の提供でお送りします。」

テレビ ……………… Television

CM量の規定

日本民間放送連盟「放送基準」でCM量は下記のとおり規制されています。

・週間のCM総量は、総放送時間の18%以内。
・プライムタイムにおけるコマーシャルの時間量は、以下を標準とする（SB枠を除く）。ただし、スポーツ番組及び特別行事番組については各放送局の定めるところによる。

[プライムタイムにおける番組内CM量]

番組の長さ	CM量
5分以内	1分
10分	2分
20分	2分30秒
30分以上	番組放送時間の1割

日本民間放送連盟「放送基準」をもとに作成

（注）「放送基準」におけるプライムタイムとは、局の定める18〜23時までの間の連続した3時間半をいう

CM考査

すべてのCM素材は、日本民間放送連盟「放送基準」、関係法規、各種団体自主規制、公正競争規約及び各放送局の内規に基づき審査されます。CM素材の内容で表現上の誤り、または上記基準に抵触する場合は、素材の改稿要請または放送を断られることがありますので注意が必要です（景品表示法違反、薬機法（旧薬事法）違反、比較広告、ダブルスポンサー、最大級表現など）。

テレビ

Television

タイムランク

テレビの電波料金はタイムランクによって正規料金が定められています。タイムランクは各時間帯の視聴率を基準として、右図のように1週間の放送時間をA、特B、B、Cの等級に分けたもので、放送局によって異なります。

各放送局のスポット作案作業では、タイムランク別に本数バランスを管理しています。

(注) 各局のタイムランク区分とその正規料金はJAAA「放送広告料金表」を参照のこと

また、視聴率を時間帯別にみるときに、以下のような時間区分の通称が使われます。

通称	1日の時間区分
全日	6～24時の18時間
ゴールデンタイム	19～22時の3時間
プライムタイム	19～23時の4時間

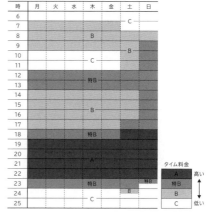

［東京4局統一時間区分（NTV、TBS、EX、TX）］

(注) CXは独自のTOPSレートによりパワーポイント制実施のため対象外

タイムテーブルの読み方

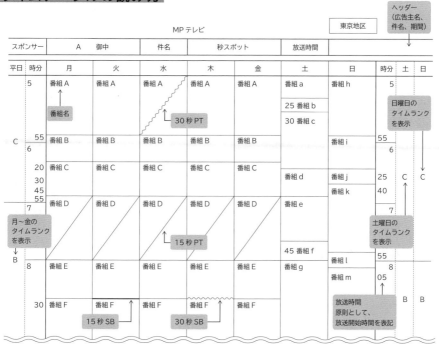

テレビ .... Television

代表的なスポットＣＭの時間取りゾーン

テレビのスポットＣＭは発注時に放送の曜日×時間帯の指定が必要で、その時間取りゾーンは全日、ヨの字、コの字、逆Lなどが代表的です。指定した時間取りゾーンによってGRP1％あたりの単価であるパーコストが異なります。

[全日ゾーン]

月～日の朝から夜まで。幅広い層に訴求。

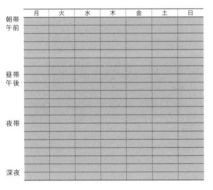

[ヨの字ゾーン]

月～金の朝・昼・夜、土・日は1日を通して流れる。主婦・OLターゲット向け。

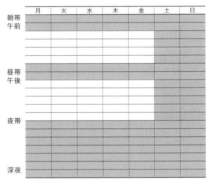

[コの字ゾーン]

月～金の朝と夜、土・日は1日を通して。朝の通学、通勤前と帰宅後の時間帯のみに露出。

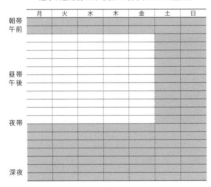

[逆Lゾーン]

月～金の夜、土・日は1日を通して。平日のデイタイムが忙しいターゲット向け。

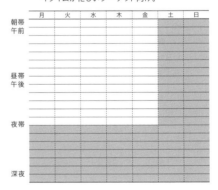

主な広告費用の効率指標

コスト効率を示す指標として、主に以下のような指標を使用します。

○CPM（コスト・パー・ミルの頭文字）：当該広告をその訴求対象1,000世帯（または1,000人）に到達させるのに必要な広告費用。

○パーコスト（1％コスト）　　　　：世帯（または個人）視聴率1％を獲得するために要する広告費用。広告費÷GRP。

有効リーチ／有効フリークエンシー

有効リーチとは、有効フリークエンシー（任意に設定した接触回数）の回数以上到達した割合を算出したものです。設定する有効フリークエンシーは諸条件によって異なります。
下図はフリークエンシー別のリーチの推移を表したもの（リーチ曲線）ですが、地区、ターゲット、時間取りゾーン、使用局数、1本あたりの平均視聴率などの要素により変わります。

テレビ .... Television

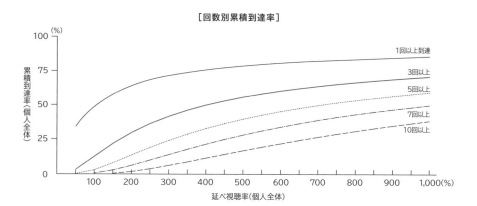

［回数別累積到達率］

個人全体延べ視聴率（％）	平均視聴回数（回）	判定回数別累積到達率（％）				
		1回以上到達率	3回以上到達率	5回以上到達率	7回以上到達率	10回以上到達率
50	1.5	34.5	3.3	0.2	—	—
100	2.0	50.0	12.9	2.9	0.6	—
150	2.5	58.9	22.3	8.1	2.8	0.4
200	3.1	64.6	30.2	13.9	6.2	1.7
250	3.6	68.7	36.7	19.4	10.2	3.7
300	4.2	71.8	42.0	24.5	14.2	6.2
350	4.7	74.2	46.5	29.1	18.1	8.9
400	5.3	76.1	50.2	33.2	21.8	11.7
450	5.8	77.6	53.3	36.8	25.3	14.4
500	6.3	78.9	56.1	40.1	28.5	17.1
550	6.9	80.1	58.4	43.0	31.5	19.7
600	7.4	81.0	60.5	45.7	34.3	22.2
650	7.9	81.9	62.3	48.0	36.9	24.7
700	8.5	82.6	63.9	50.1	39.3	27.0
750	9.0	83.3	65.4	52.1	41.5	29.2
800	9.5	83.9	66.7	53.8	43.5	31.3
850	10.1	84.4	67.9	55.4	45.3	33.3
900	10.6	84.9	69.0	56.9	47.0	35.2
950	11.1	85.4	70.0	58.3	48.6	37.0
1,000	11.6	85.8	70.9	59.6	50.1	38.7

(注) 地区：関東、ターゲット：個人全体、時間取りゾーン：全日、使用局数：3局、1本あたりの平均視聴率：5％で作成
博報堂DYメディアパートナーズ オリジナル「TV HAAP効果グラフ（2019年10月28日から4週平均）」をもとに作成

GRPと広告認知率の関係

● 投下GRP別にみる広告認知率の変化

テレビCMの認知率は投下GRPの増加により下図のように上昇します。ターゲット別にみると、一般的に男性よりも女性の方が、また年配層より若年層の方が、広告投下された個人GRPに対するCM認知率は高くなる傾向があります。広告認知率は、投下GRP量だけでなく、地区、ターゲット、時間取りゾーン、使用局数、キャンペーン時期、商品ジャンル、CMクリエイティブ（表現内容）などの要素に影響を受けるため、キャンペーンごとに検討する必要があります。

［GRPと広告認知率 一般消費財の場合］

〈男性〉

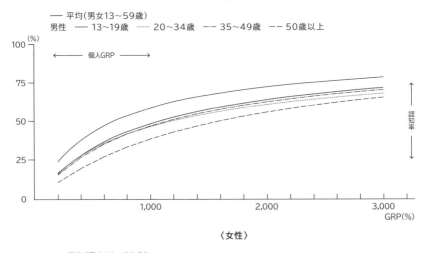

〈女性〉

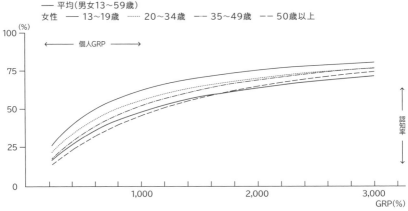

(注) 地区：関東、時間取りゾーン：全日、使用局数：5局

博報堂DYメディアパートナーズ オリジナル「TV HAAP効果グラフ（2019年10月28日から4週平均）」をもとに作成

タイムCMとスポットCMの出稿量と構成比

［タイムCM・スポットCMの出稿量 関東］

■ タイムCM　□ スポットCM

（合計）

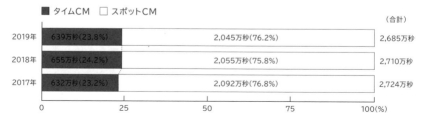

［タイムCM・スポットCMの出稿量 関西］

■ タイムCM　□ スポットCM

（合計）

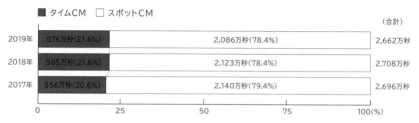

［タイムCM・スポットCMの出稿量 名古屋］

■ タイムCM　□ スポットCM

（合計）

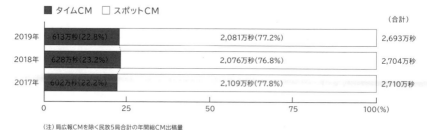

（注）局広報CMを除く民放5局合計の年間総CM出稿量

ビデオリサーチ「テレビ広告統計」をもとに作成

テレビ

Television

テレビ
Television

タイムCMの業種別出稿量

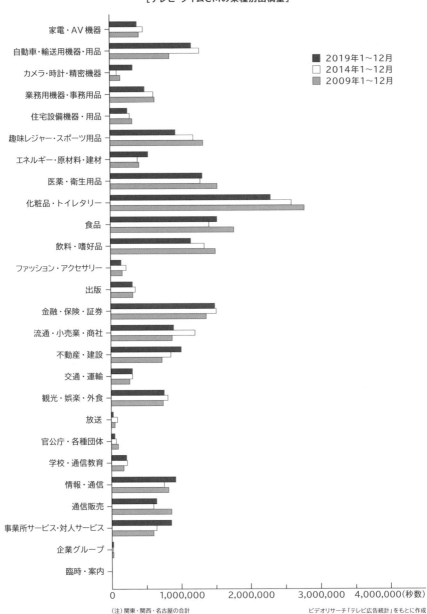

[テレビ タイムCMの業種別出稿量]

- ■ 2019年1～12月
- □ 2014年1～12月
- ■ 2009年1～12月

（注）関東・関西・名古屋の合計　　ビデオリサーチ「テレビ広告統計」をもとに作成

タイムCMの広告主 出稿量ランキング 上位30社

［テレビ タイムCMの広告主 出稿量ランキング 上位30位］

地区	順位	広告主	2019年1〜12月（秒数）
関東	1	プロクターアンドギャンブルジャパン	235,455
	2	ジャパネットたかた	205,065
	3	花王	138,060
	4	小林製薬	126,120
	5	ライオン	112,410
	6	世田谷自然食品	112,320
	7	サントリーホールディングス	89,460
	8	ハズキカンパニー	67,740
	9	アートネイチャー	63,840
	10	日産自動車	62,220
	11	ソフトバンク	59,565
	12	ソニー損害保険	59,310
	13	タカラトミー	58,440
	14	バンダイ	57,870
	15	トヨタ自動車	55,725
	16	本田技研工業	53,475
	17	興和	52,125
	18	ソニーミュージックエンタテインメント	50,310
	19	キユーピー	48,000
	20	SUBARU	44,025
	21	トライ	43,200
	22	はぴねすくらぶ	42,840
	23	日本マクドナルド	41,505
	24	キリンビール	40,905
	25	オリックス生命保険	40,560
	26	アデランス	40,230
	27	パナソニック	39,075
	28	ライフネット生命保険	36,030
	29	ダイハツ工業	34,965
	30	小学館	34,065
関西	1	プロクターアンドギャンブルジャパン	230,835
	2	ジャパネットたかた	134,250
	3	花王	133,785
	4	小林製薬	114,945
	5	ライオン	111,225
	6	サントリーホールディングス	87,720
	7	世田谷自然食品	76,320
	8	ハズキカンパニー	67,500
	9	アートネイチャー	62,970
	10	バンダイ	57,810
	11	ソフトバンク	57,555
	12	日産自動車	57,015
	13	タカラトミー	56,895
	14	トヨタ自動車	55,020
	15	本田技研工業	53,010
	16	ソニーミュージックエンタテインメント	45,855
	17	SUBARU	43,590
	18	NTTドコモ	42,810
	19	日本マクドナルド	41,580
	20	キリンビール	41,205
	21	オリックス生命保険	40,140
	22	アデランス	39,870
	23	アサヒ緑健	39,790
	24	キユーピー	37,080
	25	ライフネット生命保険	35,550
	26	ソニー損害保険	32,925
	27	小学館	32,535
	28	ニトリ	32,475
	29	ダイハツ工業	32,190
	29	パナソニック	32,190

テレビ ……… Television

ビデオリサーチ「テレビ広告統計」をもとに作成

スポットCMの業種別出稿量

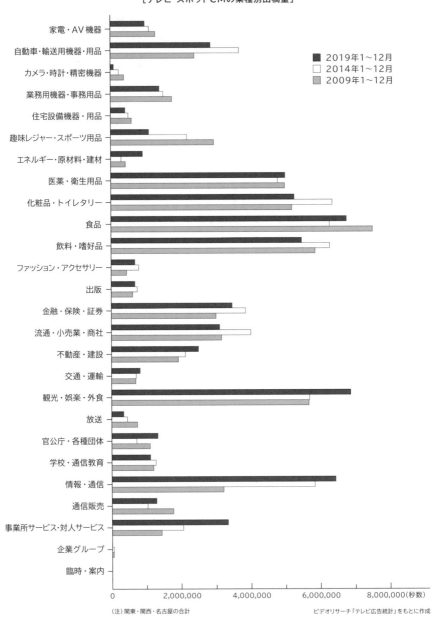

［テレビ スポットCMの業種別出稿量］

凡例:
■ 2019年1～12月
□ 2014年1～12月
▨ 2009年1～12月

縦軸（業種）:
- 家電・AV機器
- 自動車・輸送用機器・用品
- カメラ・時計・精密機器
- 業務用機器・事務用品
- 住宅設備機器・用品
- 趣味レジャー・スポーツ用品
- エネルギー・原材料・建材
- 医薬・衛生用品
- 化粧品・トイレタリー
- 食品
- 飲料・嗜好品
- ファッション・アクセサリー
- 出版
- 金融・保険・証券
- 流通・小売業・商社
- 不動産・建設
- 交通・運輸
- 観光・娯楽・外食
- 放送
- 官公庁・各種団体
- 学校・通信教育
- 情報・通信
- 通信販売
- 事業所サービス・対人サービス
- 企業グループ
- 臨時・案内

横軸: 0　2,000,000　4,000,000　6,000,000　8,000,000(秒数)

(注) 関東・関西・名古屋の合計

ビデオリサーチ「テレビ広告統計」をもとに作成

テレビ　Television

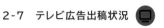

スポットCMの広告主 出稿量ランキング 上位30社

［テレビ スポットCMの広告主 出稿量ランキング 上位30位］

地区	順位	広告主	2019年1～12月（秒数）
関東	1	日本コカ・コーラ	512,717
	2	リクルートホールディングス	473,025
	3	興和	462,900
	4	サントリーホールディングス	343,940
	5	花王	323,565
	6	プロクターアンドギャンブルジャパン	268,545
	7	ソフトバンク	246,765
	8	小林製薬	243,495
	9	NTTドコモ	233,370
	10	資生堂	222,210
	11	トヨタ自動車	217,380
	12	ハウス食品	197,130
	13	武田薬品工業	181,245
	14	永谷園	180,585
	15	アフラック生命保険	179,070
	16	KDDI	178,608
	17	アマゾンジャパン	174,180
	18	日本マクドナルド	162,305
	19	ファーストリテイリング	159,960
	20	アサヒビール	142,485
	21	ハウスウェルネスフーズ	141,030
	22	キリンビール	137,745
	23	東宝	131,070
	24	グラクソスミスクライン	121,260
	25	スズキ	119,685
	26	味の素	118,470
	27	アップルジャパン	113,065
	28	アサヒ飲料	111,480
	29	グーグル	110,820
	30	日本財団	108,375
関西	1	リクルートホールディングス	495,270
	2	興和	326,895
	3	ハウス食品	305,985
	4	サントリーホールディングス	301,560
	5	日本コカ・コーラ	278,139
	6	花王	271,680
	7	プロクターアンドギャンブルジャパン	223,335
	8	ハウスウェルネスフーズ	209,670
	9	NTTドコモ	191,805
	10	KDDI	191,235
	11	トヨタ自動車	188,850
	12	スズキ	179,535
	13	ユーエスジェイ	175,680
	14	資生堂	174,915
	15	武田薬品工業	173,265
	16	小林製薬	170,520
	17	アマゾンジャパン	165,720
	18	関西電力	161,430
	19	ソフトバンク	160,230
	20	ファーストリテイリング	143,520
	21	日本マクドナルド	141,960
	22	キリンビール	141,180
	23	東宝	131,150
	24	ソニー損害保険	130,980
	25	アサヒビール	123,975
	26	永谷園	121,185
	27	トリバゴジャパン	115,485
	28	グラクソスミスクライン	110,445
	29	全国労働者共済生活協同組合連合会	110,325
	30	アップルジャパン	103,420

テレビ Television

ビデオリサーチ「テレビ広告統計」をもとに作成

衛星放送

● 概要

衛星放送は衛星を用いて、全国1波で番組を配信します。地上波の難視聴地域の解消を目的としてスタートしましたが、現在では専門性の高い番組を放送する多チャンネルサービスの特徴が強くなっています。人工衛星の違いから、放送衛星（Broadcasting Satellite）を使用するBS放送と通信衛星（Communication Satellite）を使用するCS放送とに区分されています。BS放送、CS放送ともにデジタル化が完了しています。

● 4K・8K放送

現行の2K放送に加え、2018年12月からBSと110度CSにより「新4K8K衛星放送」が開始しています。今後、4K・8K放送オリジナルの番組も増えていく見通しです。

[4K・8K推進のためのロードマップ]

		4K・8K					2K
IPTVなど	ケーブルテレビ	衛星					地デジなど
		124／128度CS	110度CS（左旋）	BS（左旋）	BS（右旋）		

2014年	4K VOD実用サービス　4K試験放送	4K VODトライアル　4K試験放送	4K試験放送				現行の2K放送
2015年	4K実用放送	4K実用放送	4K実用放送				
2016年					4K・8K試験放送（BS17ch）		
2017年	8Kに向けた実験的取り組み	8Kに向けた実験的取り組み		4K試験放送			継続
2018年				4K実用放送	4K・8K実用放送	4K実用放送（BS17chを含め、2トラポンを目指す）	
				トラポンの追加割当	トラポンの追加割当		

目指す姿
- 2020年東京オリンピック・パラリンピック競技大会の数多くの中継が 4K・8K で放送されている
- 全国各地におけるパブリックビューイングにより、2020 年東京オリンピック・パラリンピック競技大会の感動が会場のみでなく全国で共有されている
- 4K・8K 放送が普及し、多くの視聴者が市販のテレビで 4K・8K 番組を楽しんでいる

2020年

イメージ
- 4K 及び8K実用放送のための伝送路として位置付けられたBS左旋及び110度CS左旋において多様な実用放送実現
- 右旋の受信環境と同程度に左旋の受信環境の整備が進捗

2025年頃

総務省ホームページ「4K放送・8K放送 情報サイト」をもとに作成

視聴方法

衛星放送は、
　①パラボラアンテナを設置して直接受信する
　②光回線会社のテレビサービスに加入して受信する
　③ケーブルテレビに加入してケーブルテレビ経由により受信する
　④IPTV事業会社との契約によって受信する
といった視聴方法があります。

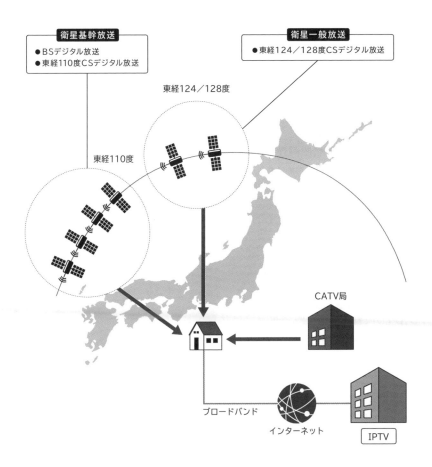

テレビ・衛星放送 Television・Satellite broadcasting

テレビ・衛星放送

Television・Satellite broadcasting

衛星放送の媒体特性

地上波と同様、タイムCMとスポットCMという基本的な広告展開と、衛星放送ならではの編成の柔軟性を生かしたインフォマーシャルなどの展開があります。

衛星放送は編成の自由度が比較的高く、企画実施への障害が少ないため、地上波では困難なさまざまな試みが実現されています。

● 長尺CMできっちり伝える

衛星放送では、CM枠が確保しやすく、地上波では難しい長尺CMやインフォマーシャルの実施が可能なため、商品やサービスをより詳しく、丁寧に伝えることができます。60〜90秒CMはもちろん、120秒・180秒以上のCM素材も露出することができます。また、最近では広告主の社会貢献度の認知など企業イメージの向上を目的に行うケースも目立ってきています。

● インフォマーシャル

インフォマーシャルとは、通常のCMと比較すると、長尺で多くの情報を含む広告のことです。使用方法や使用者の体験談や実験など、商品の信頼性を高めるために時間をかけて商品の説明を行う手法で、説明が必要な商品や、通販のようにレスポンスを求める場合などに有効です。

● カスタマイズした番組制作・放送が可能

衛星放送では、ミニ番組での展開はもちろん、30分や1時間のオリジナル番組を制作することもできます。さらに放送局にその番組の制作を依頼することも可能で、番組内容との連動による広告効果が期待できます。

● コンテンツの2次利用展開

著作権処理が必要となりますが、制作したインフォマーシャルや番組を2次利用した事例も多くあります。

（広告主における活用例）
・店頭での活用
・ホームページやウェブ上でのストリーミング
・DVD化して、営業ツールなどに活用
・社内研修、株主総会などイベントでの活用
など

BSデジタル放送

BSデジタル放送は、2000年12月1日から世界に先駆けて日本で放送が開始された、衛星を利用したデジタル放送です。東経110度、地上36,000kmに打ち上げられた放送衛星（BS）を使って、デジタル信号で送信される衛星放送です。2019年12月時点では「BSデジタル放送局一覧」（次ページ掲載）のチャンネルで放送が行われています。テレビの放送以外に、BSラジオやデータ放送※のサービスがあります。

※文字や図形・静止画などをデータとして放送することから、データ放送と呼ばれる

普及状況

BSデジタル民放6社発表「BS放送世帯普及率調査」によると、2019年のBSデジタル放送視聴可能世帯数は全国で約4,325万世帯、全国世帯普及率は73.9%と推計されています。

(注) 2019年は、2018年12月と2019年6月調査の平均値

[BSデジタル放送視聴可能世帯の推移]

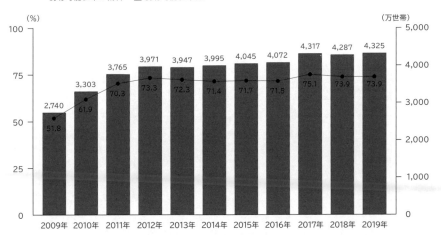

- ● 視聴可能世帯の割合　■ 視聴可能世帯数

(注) BSデジタル民放6社発表「BS放送世帯普及率調査」より
(注) 2009～2011年度は12月と2月調査の平均値、2012～2015年度は12月と3月調査の平均値、2016～2018年度は6月と12月調査の平均値、2019年度は前年12月と当年6月調査の平均値
総務省「衛星放送の現状（令和元年度第3四半期版）」（2009年～2018年）、BSデジタル民放6社発表「広報リリース」（2019年10月）をもとに作成

BSデジタル放送局一覧

	チャンネル名	会社名
公共放送	NHK BS1	日本放送協会
	NHK BS プレミアム	
	NHK BS4K、NHK BS8K	
無料放送	BS 日テレ、BS 日テレ 4K	BS 日本
	BS 朝日、BS 朝日 4K	ビーエス朝日
	BS-TBS、BS-TBS4K	BS-TBS
	BS テレ東、BS テレ東 4K	BS テレビ東京
	BS フジ、BS フジ 4K	ビーエスフジ
	BS11	日本 BS 放送
	BS12 トゥエルビ	ワールド・ハイビジョン・チャンネル
	BS キャンパス ex	放送大学学園
	BS キャンパス on	
有料放送（一部）	WOWOW プライム	WOWOW
	WOWOW ライブ	
	WOWOW シネマ	
	スターチャンネル 1	スター・チャンネル
	スターチャンネル 2	
	スターチャンネル 3	
	グリーンチャンネル	グリーンチャンネル
	BS アニマックス	アニマックスブロードキャスト・ジャパン
	BS スカパー！	スカパー JSAT
	J SPORTS 1(4K)	
	J SPORTS 2(4K)	
	J SPORTS 3(4K)	
	J SPORTS 4(4K)	
	J SPORTS 1	ジェイ・スポーツ
	J SPORTS 2	
	J SPORTS 3	
	J SPORTS 4	
	釣りビジョン	釣りビジョン
	シネフィル WOWOW	WOWOW プラス
	日本映画専門チャンネル	日本映画放送
	ディズニー・チャンネル	ウォルト・ディズニー・ジャパン

2019年12月現在

テレビ・衛星放送

Television・Satellite broadcasting

機械式BS視聴世帯数調査（2015年4月〜2020年3月）

BSデジタル民放6社（BS日テレ・BS朝日・BS-TBS・BSテレ東・BSフジ・BS11）は2015年4月から機械式によるBS視聴世帯数調査を実施していましたが、2020年3月をもって終了しました。
調査は、全国47都道府県全域のBS視聴可能世帯1,000世帯に測定機を設置して、BS放送の番組視聴状況を測定する方式でした。

ビデオリサーチによるBS放送局別視聴率の提供開始

BSデジタル民放6社が実施していた「機械式BS視聴世帯数調査」に代わり、2020年3月30日からビデオリサーチによる「テレビ視聴率（全国32地区）」調査からBS放送局別視聴率のデータ提供が開始されます。
これにより、調査期間は24週から52週に拡大、調査サンプル数も大幅に増大し、タイムシフトも測定対象となって、データの精度と速報性が向上します。
2020年4月時点で集計対象となるのは、上述のBSデジタル民放6局にBS12 トゥエルビを加えた民放7局、NHK2波となります。

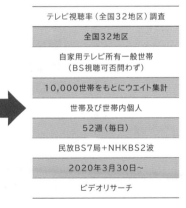

	機械式BS視聴世帯数調査	テレビ視聴率（全国32地区）調査
調査エリア	全国47都道府県	全国32地区
調査対象世帯	BS視聴可能世帯	自家用テレビ所有一般世帯 （BS視聴可否問わず）
調査標本数	1,000世帯	10,000世帯をもとにウエイト集計
測定対象	世帯及び世帯内個人	世帯及び世帯内個人
調査期間	24週（毎月2週間）	52週（毎日）
集計対象局	民放BS8局＋NHKBS2波	民放BS7局＋NHKBS2波
データ提供期間	2015年4月〜2020年3月	2020年3月30日〜
調査主体	BSデジタル民放6社	ビデオリサーチ

テレビ・衛星放送 .... Television・Satellite broadcasting

テレビ・衛星放送

Television・Satellite broadcasting

ドキュメンタリー、洋画、旅行ものが好まれています

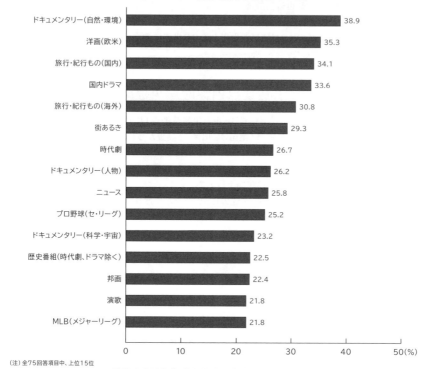

[BSデジタル放送で好きな番組ジャンル]

ジャンル	割合(%)
ドキュメンタリー(自然・環境)	38.9
洋画(欧米)	35.3
旅行・紀行もの(国内)	34.1
国内ドラマ	33.6
旅行・紀行もの(海外)	30.8
街あるき	29.3
時代劇	26.7
ドキュメンタリー(人物)	26.2
ニュース	25.8
プロ野球(セ・リーグ)	25.2
ドキュメンタリー(科学・宇宙)	23.2
歴史番組(時代劇、ドラマ除く)	22.5
邦画	22.4
演歌	21.8
MLB(メジャーリーグ)	21.8

(注) 全75回答項目中、上位15位

BS放送をよく見る人(無料BS放送の利用状況で「ほぼ毎日」「週に4〜5日」のいずれかの回答者)ベース(N=868)
「機械式BS視聴世帯数調査(2019年11月第1週)」をもとに作成

男女ともにバランスよく視聴されています

[BSデジタル放送をよく見る人の性・年代別構成比]

□ 男女4〜19歳　■ 男性20〜29歳　■ 男性30〜39歳　■ 男性40〜49歳
■ 男性50〜59歳　■ 男性60〜69歳　■ 男性70歳以上
■ 女性20〜29歳　■ 女性30〜39歳　■ 女性40〜49歳　■ 女性50〜59歳
■ 女性60〜69歳　■ 女性70歳以上

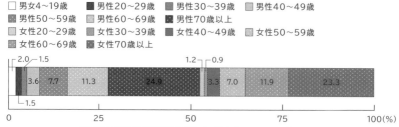

BS放送をよく見る人(無料BS放送の利用状況で「ほぼ毎日」「週に4〜5日」のいずれかの回答者)ベース(N=868)
「機械式BS視聴世帯数調査(2019年11月第1週)」をもとに作成

専念視聴傾向が強いメディアです

BSデジタル放送の「専念視聴」「ながら視聴」の割合をみると、「じっくり見ることが多い」と答えた人の割合は26％で、「どちらかといえばじっくり見る」も合わせると7割以上となり、地上波放送に比べて専念視聴傾向が強いといえます。

[BSデジタル放送の見方]

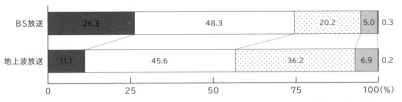

■ じっくり見ることが多い　□ どちらかといえばじっくり見ることが多い
▨ どちらかといえば何かほかのことをしながら見ることが多い
▧ 何かほかのことをしながら見ることが多い　■ 不明

BS放送をよく見る人（無料BS放送の利用状況で「ほぼ毎日」「週に4～5日」のいずれかの回答者）ベース（N=868）
「機械式BS視聴世帯数調査（2019年11月第1週）」をもとに作成

ザッピングが少なく、きちんと見られています

BSデジタル放送では、番組視聴中「ほとんどチャンネルを変えない」人が5割以上いて、地上波放送と比べてザッピングが少ないことがわかります。

[BSデジタル放送のチャンネル変更]

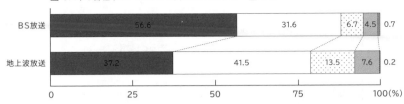

■ ほとんどチャンネルを変えない　□ CM中にチャンネルを変えることが多い
▨ 番組中にチャンネルを変えることが多い
▧ CM中も番組中もチャンネルを変えることが多い　■ 不明

BS放送をよく見る人（無料BS放送の利用状況で「ほぼ毎日」「週に4～5日」のいずれかの回答者）ベース（N=868）
「機械式BS視聴世帯数調査（2019年11月第1週）」をもとに作成

テレビ・衛星放送 ……………… Television・Satellite broadcasting

テレビ・衛星放送

Television・Satellite broadcasting

生活に浸透しています

BSデジタル放送をよく見る層では、決めて見ている番組がある人は約5割、「BS放送」が以前より身近になってきていると思っている人が4割以上いて、BSデジタル放送が生活に浸透していることがわかります。

[BSデジタル放送の浸透状況]

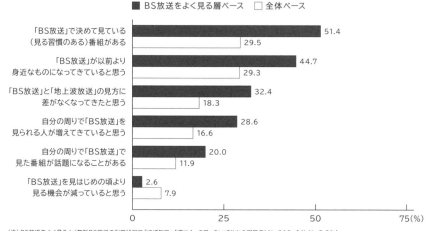

■ BS放送をよく見る層ベース　□ 全体ベース

「BS放送」で決めて見ている（見る習慣のある）番組がある　51.4 / 29.5

「BS放送」が以前より身近なものになってきていると思う　44.7 / 29.3

「BS放送」と「地上波放送」の見方に差がなくなってきたと思う　32.4 / 18.3

自分の周りで「BS放送」を見られる人が増えてきていると思う　28.6 / 16.6

自分の周りで「BS放送」で見た番組が話題になることがある　20.0 / 11.9

「BS放送」を見はじめの頃より見る機会が減っていると思う　2.6 / 7.9

(注) BS放送をよく見る人（無料BS放送の利用状況で「ほぼ毎日」「週に4～5日」のいずれかの回答者）N=868、全体 N=2,814
「機械式BS視聴世帯数調査（2019年11月第1週）」をもとに作成

8割以上の人が満足しています

BSデジタル放送をよく見る層のBS放送に対する満足度は高く、8割以上が満足していると答えています。

[BSデジタル・地上波放送に対する満足度]

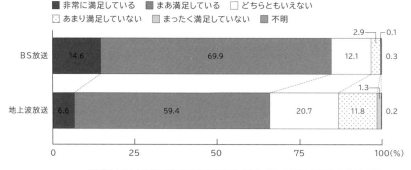

■ 非常に満足している　■ まあ満足している　□ どちらともいえない
□ あまり満足していない　■ まったく満足していない　■ 不明

BS放送　14.6 / 69.9 / 12.1 / 2.9 / 0.3 / 0.1

地上波放送　6.6 / 59.4 / 20.7 / 11.8 / 1.3 / 0.2

BS放送をよく見る人（無料BS放送の利用状況で「ほぼ毎日」「週に4～5日」のいずれかの回答者）ベース（N=868）
「機械式BS視聴世帯数調査（2019年11月第1週）」をもとに作成

CSデジタル放送

CSデジタル放送とは、衛星放送において、通信衛星（CS）を利用するものを指します。現在、東経124度と128度、BSと同じ東経110度の3機の静止衛星が使用されています。

1992年にアナログによるCS放送がスタートしましたが、1996年にデジタル技術が導入され、地上波やBSに先んじて、完全デジタル化を果たしています。

CS／BSペイテレビ

CS／BSペイテレビとは、地上波放送やNHK、無料の民放系BSデジタル放送とは異なる「料金を支払って視聴する、CS及びBSテレビ放送の総称」です。

CSはCommunications Satellite（通信衛星）、BSはBroadcasting Satellite（放送衛星）の略で、CSとBSを合わせて150もの専門チャンネルが、衛星放送のスカパー！や全国各地のケーブルテレビ、IPTVなどを通じて放送されています。

2011年に開始されたBSでの有料放送（約20チャンネル）は、その大半がCSデジタル放送事業者による専門チャンネルだったため、それらを含めて「CS／BSペイテレビ」と称されるようになりました。

● 収入の柱は「受信契約料＋広告収入」

大半のCS／BSペイテレビチャンネルにおいては、広告収入よりも視聴者からの受信契約料の方が収入源として高い比重を占めています。CS／BSペイテレビ事業者としては、まず視聴世帯数を増やしてから広告事業に乗り出すというのが一般的なビジネスモデルです。

● チャンネルごとの「専門編成」

CS／BSペイテレビで放送されている専門チャンネルのジャンルは、ニュース、ドキュメンタリー、スポーツ、映画、ドラマ、アニメ、音楽、総合エンターテイメント、趣味・娯楽・教育・教養と細分化されており、視聴者の番組嗜好が明確なターゲットメディアで、特定ターゲット層を狙った訴求が可能です。

テレビ・衛星放送 ……… Television・Satellite broadcasting

テレビ・衛星放送

Television · Satellite broadcasting

普及状況

CS／BSペイテレビの総加入世帯数は全国で約1,384万世帯で、普及率は25.9％（2019年6月末現在）です。DTH（スカパー！）加入数は約319.2万件（スカパーJSAT発表）、ケーブルテレビ加入数は約681.3万世帯（CAB-J調べ）、IPTVほかの加入数は約94.8万世帯（CAB-J調べ）、WOWOW加入数は約289.0万件（WOWOW発表）となっています。

[CS／BSペイテレビの普及状況]

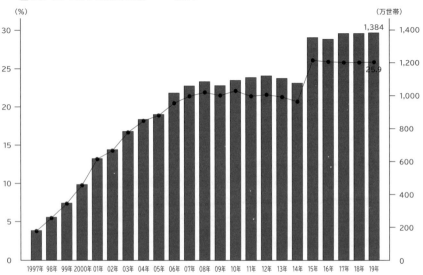

■ CS／BSペイテレビ加入世帯数　　—●— 普及率

（注）2015年1月からWOWOW加入者も集計
（注）CS／BSペイテレビとは、料金を支払って視聴するCS及びBSテレビ放送の総称

2019年6月末現在
CAB-J「CS／BS ペイテレビ メディアデータブック 2019-2020」より

代表的なチャンネルの視聴世帯数

［CS／BSペイテレビの代表的なチャンネルの視聴世帯数］

	局名	視聴世帯数
ニュース	CNNj	6,304,951
	TBS NEWS	6,285,968
	日経 CNBC	7,557,523
	日テレ NEWS24	5,120,000
	BBC ワールドニュース	非公開
ドキュメンタリー	アニマルプラネット	5,665,163
	ディスカバリーチャンネル	6,875,616
	ナショジオ ワイルド	674,387
	ナショナル ジオグラフィック	6,732,401
	ヒストリーチャンネル ™ 日本・世界の歴史＆エンタメ	6,748,200
スポーツ	GAORA SPORTS	7,514,000
	J SPORTS	6,069,200
	ゴルフネットワーク	6,336,200
	スカイ A	7,083,629
	日テレジータス	7,570,000
	FIGHTING TV サムライ	非公開
映画	シネフィル WOWOW	5,282,489
	V ☆パラダイス	1,550,000
	ザ・シネマ	5,313,900
	スターチャンネル	非公開
	映画・チャンネル NECO	7,892,484
	日本映画専門チャンネル	7,780,434
	FOX ムービー	3,972,114
	ムービープラス	6,953,700
ドラマ	AXN 海外ドラマ	7,384,413
	AXN ミステリー	6,574,092
	時代劇専門チャンネル	8,054,231
	スーパー！ドラマ TV	8,009,900
	ファミリー劇場	7,688,600
	FOX	7,079,450
	ホームドラマチャンネル 韓流・時代劇・国内ドラマ	5,016,414

	局名	視聴世帯数
アニメ	アニマックス	8,503,732
	カートゥーン ネットワーク	7,191,564
	キッズステーション	7,862,884
	ディズニー XD	5,740,000
	ディズニージュニア	非公開
音楽	MTV Japan	6,545,279
	歌謡ポップスチャンネル	6,129,131
	スペースシャワー TV	7,922,109
	ミュージック・エア	1,905,166
	MUSIC ON! TV	7,473,000
総合エンターテイメント	アジアドラマチック TV	5,100,000
	エンタメ〜テレ☆シネドラバラエティ	1,604,802
	KBS World	5,220,471
	女性チャンネル♪ LaLa TV	6,171,100
	BS スカパー！	非公開
	チャンネル銀河 歴史ドラマ・サスペンス・日本のうた	5,470,250
	ディズニー・チャンネル	5,890,000
	TBS チャンネル 1 最新ドラマ・音楽・映画	6,654,723
	TBS チャンネル 2 名作ドラマ・スポーツ・アニメ	5,660,035
	テレ朝チャンネル 1 ドラマ・バラエティ・アニメ	5,236,118
	テレ朝チャンネル 2 ニュース・情報・スポーツ	6,413,709
	日テレプラス ドラマ・アニメ・音楽ライブ	5,768,301
	フジテレビ ONE スポーツ・バラエティ	5,775,453
	フジテレビ TWO　ドラマ・アニメ	5,718,245
	フジテレビ NEXT　ライブ・プレミアム	301,808
	FOX スポーツ ＆ エンターテイメント	5,314,070
	MONDO TV	6,104,740
	WOWOW プライム	2,808,547
	WOWOW ライブ	2,808,547
	WOWOW シネマ	2,808,547
趣味・育児・教養・娯楽	囲碁・将棋チャンネル	7,156,984
	アクトオン TV◆大人の趣味とライフスタイル	4,529,000
	旅チャンネル	2,815,224
	釣りビジョン	5,130,978

2020年1月時点
CAB-J ホームページ「視聴世帯数一覧」をもとに作成

テレビ・衛星放送

Television・Satellite broadcasting

調査データ

CSデジタル放送には、地上波放送と同様の視聴率データがないため、下記のようなデータを参考にしています。

● 接触率調査データ「機械式ペイテレビ接触率共同調査」

専門チャンネルを視聴可能な600世帯を対象として、チャンネルごとの世帯と個人の視聴傾向が把握できる接触率調査で、ポーリングデータや視聴ログでは難しい「代表性のある個人視聴の実測把握」を行っています。各CSチャンネル及び広告会社の共同調査として、2000年から関東・関西における日記式でスタートし、2007年から機械式調査となり、2017年度までは世帯・個人ともに年6回12週（偶数月1回）の機械式調査でした。2018年4月からは調査地域に名古屋・北部九州・札幌を追加、調査時期も世帯は52週に拡大し、データの速報性と精度が向上しました。接触率と合わせてプロフィールデータの集計も可能です。

● 視聴者プロフィール「MVP／ex」(Multichannel Viewers Profile report)

MVP／exは、ビデオリサーチのACR／ex、視聴率調査世帯標本特性からデータを抽出して作成しており、専門チャンネルを1チャンネル以上視聴できる人を対象に「媒体普及状況」と「視聴者プロフィール」をビデオリサーチが集計して年1回発行しています。

● 媒体普及データ「視聴可能世帯数」

視聴可能世帯数は各チャンネルがそれぞれ発表しており、直接受信世帯（「スカパー!」での契約数）、ケーブルテレビ局経由、光回線会社のテレビサービス経由、IPTV経由の合計世帯数です。

視聴経験率ランキング

［ターゲット別視聴経験率ランキング（1週間）］

〈個人全体〉 (%)

1	アニマックス	13.8
2	J SPORTS 1	10.8
3	映画・チャンネルNECO	9.5
4	日テレジータス	9.3
5	日本映画専門チャンネル	9.1
6	J SPORTS 2	8.8
7	キッズステーション	8.0
7	GAORA SPORTS	8.0
9	ムービープラス	7.5
9	ファミリー劇場	7.5

〈男性12～19歳〉 (%)

1	アニマックス	23.8
2	キッズステーション	14.5
3	J SPORTS 1	8.9
4	海外アニメ！カートゥーン ネットワーク	8.6
4	J SPORTS 2	8.6
6	日テレジータス	7.7
7	ディズニーXD	7.2
8	ディズニー・チャンネル	6.7
9	フジテレビONE スポーツ・バラエティ	5.5
10	日本映画専門チャンネル	5.2

〈女性12～19歳〉 (%)

1	アニマックス	18.1
2	キッズステーション	10.0
3	海外アニメ！カートゥーン ネットワーク	7.9
4	ディズニー・チャンネル	7.6
5	MUSIC ON! TV	7.5
6	ディズニーXD	7.2
7	音楽・ライブ！スペースシャワーTV	6.9
8	日テレプラス ドラマ・アニメ・音楽ライブ	5.9
9	ディズニージュニア	5.0
10	TBSチャンネル2 名作ドラマ・スポーツ・アニメ	4.7

〈男性20～34歳〉 (%)

1	アニマックス	23.9
2	J SPORTS 1	14.1
3	J SPORTS 2	12.9
4	キッズステーション	11.3
5	映画・チャンネルNECO	10.5
5	フジテレビONE スポーツ・バラエティ	10.5
7	J SPORTS 3	9.1
8	ファミリー劇場	8.2
9	MTV	7.6
10	GAORA SPORTS	7.4

〈男性35～49歳〉 (%)

1	アニマックス	19.4
2	フジテレビONE スポーツ・バラエティ	11.7
3	ディスカバリーチャンネル	11.6
4	キッズステーション	11.2
5	GAORA SPORTS	11.1
6	J SPORTS 1	10.9
7	映画・チャンネルNECO	10.1
8	日テレジータス	9.9
9	J SPORTS 2	9.4
10	日本映画専門チャンネル	8.8

〈男性50～69歳〉 (%)

1	J SPORTS 1	19.6
2	日テレジータス	19.5
3	映画・チャンネルNECO	17.0
4	日本映画専門チャンネル	16.8
5	J SPORTS 2	16.6
6	ムービープラス	15.8
7	ディスカバリーチャンネル	14.7
8	J SPORTS 3	14.4
9	GAORA SPORTS	14.0
10	シネフィルWOWOW	13.2

〈女性20～34歳〉 (%)

1	アニマックス	15.5
2	キッズステーション	13.6
3	ディズニーXD	8.9
4	日本映画専門チャンネル	6.2
5	フジテレビONE スポーツ・バラエティ	6.1
6	ディズニー・チャンネル	5.7
7	海外アニメ！カートゥーン ネットワーク	5.2
8	音楽・ライブ！スペースシャワーTV	5.1
9	フジテレビTWO ドラマ・アニメ	4.8
10	日テレプラス ドラマ・アニメ・音楽ライブ	4.7

〈女性35～49歳〉 (%)

1	アニマックス	15.9
2	キッズステーション	11.1
3	J SPORTS 1	8.8
4	ディズニー・チャンネル	8.5
5	FOX	8.3
6	日テレジータス	8.0
7	MUSIC ON! TV	7.6
8	映画・チャンネルNECO	7.5
9	ファミリー劇場	7.4
10	ディズニーXD	7.2

〈女性50～69歳〉 (%)

1	女性チャンネル♪LaLa TV	13.5
2	ホームドラマチャンネル 韓流・時代劇・国内ドラマ	11.0
3	ショップチャンネル	8.8
4	ファミリー劇場	8.0
5	QVC	7.6
6	映画・チャンネルNECO	7.5
6	FOX	7.5
8	日本映画専門チャンネル	7.3
8	アニマックス	7.3
8	KBS World	7.3

テレビ・衛星放送

Television・Satellite broadcasting

(注) スコアは「マルチチャンネル視聴可能者」を母数としたもの
(注) 「マルチチャンネル視聴可能者」とは、スカパー！、スカパー！プレミアムサービス、ケーブルテレビ、スカパー！プレミアムサービス光、auひかりテレビサービス、ひかりTV（テレビサービス）、フレッツ・テレビ（スカパー！）、フレッツ・テレビ（スカパー！プレミアムサービス光）、eo光テレビのいずれかに加入し、調査対象チャンネルいずれか、またはその他の専門チャンネル、または有料BS放送の視聴可能者
(注) ランキングは調査直近1週間の視聴経験（調査期間：2019年5月10日～5月26日）

ビデオリサーチ「MVP／ex2019」より

テレビ・衛星放送

Television・Satellite broadcasting

CS／BSペイテレビの視聴者構成

[CS／BSペイテレビ視聴者構成 性・年代別]

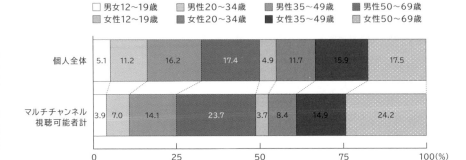

凡例：
- □ 男女12～19歳
- 男性20～34歳
- 男性35～49歳
- 男性50～69歳
- 女性12～19歳
- 女性20～34歳
- 女性35～49歳
- 女性50～69歳

	男女12～19歳	男性20～34歳	男性35～49歳	男性50～69歳	女性12～19歳	女性20～34歳	女性35～49歳	女性50～69歳
個人全体	5.1	11.2	16.2	17.4	4.9	11.7	15.9	17.5
マルチチャンネル視聴可能者計	3.9	7.0	14.1	23.7	3.7	8.4	14.9	24.2

(注)「マルチチャンネル視聴可能者」とは、スカパー！、スカパー！プレミアムサービス、ケーブルテレビ、スカパー！プレミアムサービス光、auひかりテレビサービス、ひかりTV（テレビサービス）、フレッツ・テレビ（スカパー！）、フレッツ・テレビ（スカパー！プレミアムサービス光）、eo光テレビのいずれかに加入し、調査対象チャンネルいずれか、またはその他の専門チャンネル、または有料BS放送の視聴可能者

ビデオリサーチ「MVP／ex2019」より

年収の高い人が視聴しています

CS／BSペイテレビ視聴可能者の平均世帯年収は748万円で、調査対象全体の691万円より年収の高い人が視聴しています。

[CS／BSペイテレビ視聴者の平均世帯年収]

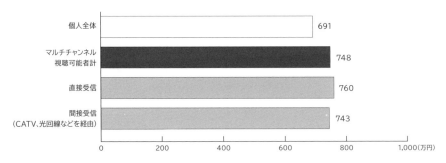

	万円
個人全体	691
マルチチャンネル視聴可能者計	748
直接受信	760
間接受信（CATV、光回線などを経由）	743

(注)「マルチチャンネル視聴可能者」とは、スカパー！、スカパー！プレミアムサービス、ケーブルテレビ、スカパー！プレミアムサービス光、auひかりテレビサービス、ひかりTV（テレビサービス）、フレッツ・テレビ（スカパー！）、フレッツ・テレビ（スカパー！プレミアムサービス光）、eo光テレビのいずれかに加入し、調査対象チャンネルいずれか、またはその他の専門チャンネル、または有料BS放送の視聴可能者
(注)「直接受信」とは、スカパー！、スカパー！プレミアムサービスに加入する専門チャンネル視聴可能者
(注)「間接受信」とは、ケーブルテレビ、スカパー！プレミアムサービス光、auひかりテレビサービス、ひかりTV（テレビサービス）、フレッツ・テレビ（スカパー！）、フレッツ・テレビ（スカパー！プレミアムサービス光）、eo光テレビに加入する専門チャンネル視聴可能者

ビデオリサーチ「MVP／ex2019」より

金融資産の多い人ほど加入率が高い傾向があります

[CS／BSペイテレビの視聴世帯の金融資産]

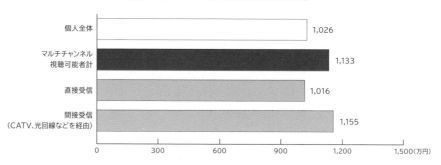

（注）「マルチチャンネル視聴可能者」とは、スカパー!、スカパー!プレミアムサービス、ケーブルテレビ、スカパー!プレミアムサービス光、auひかりテレビサービス、
　　　ひかりTV（テレビサービス）、フレッツ・テレビ（スカパー!）、フレッツ・テレビ（スカパー!プレミアムサービス光）、eo光テレビのいずれかに加入し、調査対
　　　象チャンネルいずれか、またはその他の専門チャンネル、または有料BS放送の視聴可能者
（注）「直接受信」とは、スカパー!、スカパー!プレミアムサービスに加入する専門チャンネル視聴可能者
（注）「間接受信」とは、ケーブルテレビ、スカパー!プレミアムサービス光、auひかりテレビサービス、ひかりTV（テレビサービス）、フレッツ・テレビ（スカパー!）、
　　　フレッツ・テレビ（スカパー!プレミアムサービス光）、eo光テレビに加入する専門チャンネル視聴可能者

ビデオリサーチ「MVP／ex2019」より

生活を楽しんでいる人が視聴しています

[今の生活を楽しむために消費する]

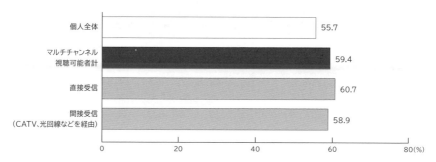

（注）「マルチチャンネル視聴可能者」とは、スカパー!、スカパー!プレミアムサービス、ケーブルテレビ、スカパー!プレミアムサービス光、auひかりテレビサービス、
　　　ひかりTV（テレビサービス）、フレッツ・テレビ（スカパー!）、フレッツ・テレビ（スカパー!プレミアムサービス光）、eo光テレビのいずれかに加入し、調査対
　　　象チャンネルいずれか、またはその他の専門チャンネル、または有料BS放送の視聴可能者
（注）「直接受信」とは、スカパー!、スカパー!プレミアムサービスに加入する専門チャンネル視聴可能者
（注）「間接受信」とは、ケーブルテレビ、スカパー!プレミアムサービス光、auひかりテレビサービス、ひかりTV（テレビサービス）、フレッツ・テレビ（スカパー!）、
　　　フレッツ・テレビ（スカパー!プレミアムサービス光）、eo光テレビに加入する専門チャンネル視聴可能者

ビデオリサーチ「MVP／ex2019」より

テレビ・衛星放送 ……… Television・Satellite broadcasting

ケーブルテレビ（CATV）の普及状況

ケーブルテレビはCSデジタル放送を視聴する手段としてその重要性を増しています。
もともとケーブルテレビは地上波放送の難視聴対策インフラとしてスタートしましたが、テレビの
多チャンネル化や、デジタル化をテコに都市型CATVとして進化し、地上波放送と衛星放送の再送
信など、幅広いチャンネル数で放送されています。
平成30年度末（2018年度末）現在の加入世帯数は2,961万世帯、世帯普及率は50.6％と
なっています。

[ケーブルテレビ（CATV）の普及状況]

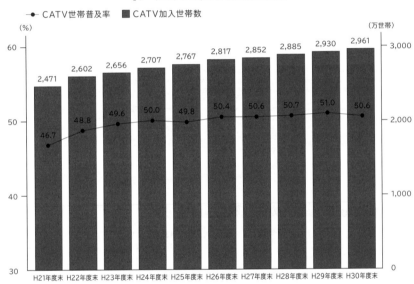

- CATV世帯普及率 ■ CATV加入世帯数

	H21年度末	H22年度末	H23年度末	H24年度末	H25年度末	H26年度末	H27年度末	H28年度末	H29年度末	H30年度末
加入世帯数（万世帯）	2,471	2,602	2,656	2,707	2,767	2,817	2,852	2,885	2,930	2,961
世帯普及率（％）	46.7	48.8	49.6	50.0	49.8	50.4	50.6	50.7	51.0	50.6

（注）RF方式のみの統計値（RF方式における「加入世帯数」は、登録に係る有線電気通信設備の総接続世帯数（電波障害世帯数を含む）を指す）
（注）普及率は平成30年度末の場合、平成30年1月1日現在の住民基本台帳世帯数から算出
　　　（平成25年度末値より外国人が住民基本台帳世帯数に含まれている）
（注）平成22年度までは自主放送を行う旧有線テレビジョン放送法の許可施設（旧電気通信役務利用放送法の登録を受けた設備で当該施設と
　　　同等の放送方式のものを含む）、平成23年度以降は登録に係る自主放送を行うための有線電気通信設備の加入世帯数、普及率の推移
　　　　　　　　　　　　　　　　　　　　　　　　　　　　　　　総務省「ケーブルテレビの現状（2019年3月版）」をもとに作成

3章－ラジオ
Radio

ラジオ .... Radio

ラジオメディアの2019年5大ニュース

[Profile]
吉田一樹
Kazuki Yoshida

ラジオ局スポット&レスポンスビジネス部メディアアカウントディレクター 兼 メディア戦略推進局第二グループメディアプロデューサー。テレビのバラエティ、報道の制作ディレクターを経験し、2015年に博報堂DYメディアパートナーズに入社。2016年よりラジオ局に配属となり、2019年からメディア戦略推進局第二グループとの兼務。

(News 01) 「ラジオ365データ」実証実験の開始

首都圏エリアのラジオの聴取率は、これまで年6回(1回あたり1週間)のラジオ個人聴取率調査を行い、
集計されてきました。2019年からは、その聴取率データと「radikoログデータ」に、
AIを掛け合わせることによって、365日の聴取データを推計することが研究されてきました。
2020年春からの本格運用を目指しています。

(News 02) 放送局の音声コンテンツのデジタルシフトが活性化

TBSラジオは音声メディアの可能性を追究する研究所を設立。J-WAVEは
インターネットオーディオ事業を行う新会社を設立。ニッポン放送は生放送動画配信プラットフォームへの
出資を決定し、TOKYO FMは独自音声コンテンツ配信アプリのリニューアルを決定。文化放送は
アニメ・ゲームなどのコンテンツを強化するなど、各局で将来に向けた動きが活性化しました。

(News 03) 音声系ベンチャーへの出資・買収

ラジオ放送局をはじめとした各社が、音声コンテンツ配信プラットフォームのベンチャー企業
「Voicy」や「Radiotalk」などに対して出資を決定。アメリカにおいても、
Spotifyがポッドキャスト関連のベンチャー3社を買収しました。ラジオとは異なる、
音声プラットフォーム市場の拡大が世界的にも注目されている証です。

(News 04) 「radiko」の進化

「radiko」アプリはユーザーインターフェースなどを大幅リニューアル。利用者数も増加しています。
また、「radikoオーディオアド」による、各社のDSPを利用したプログラマティック広告配信が
可能になりました。Smart Device Link (SDL) 対応のカーナビゲーションシステムと
連携できる「radiko auto」も新たにリリースされています。

(News 05) NHK×民放ラジオ101局、SNSを絡めたキャンペーン実施

NHKと民放ラジオ101局がSNSを絡めて実施したキャンペーン、『#このラジオがヤバい』。
若年層に、今あるラジオ番組の面白さを知ってもらうことを狙いとしたもので、
SNS上では非常に話題になり、キャンペーン中に何度もハッシュタグがトレンド入り。
局の垣根を越えた6時間の特番が、NHKと民放ラジオ101局で放送されました。

ラジオメディアの2020年大胆予測

番組起点のデジタル拡散

ここ数年、ラジオが起点となったネットバズをよく目にするようになりました。台本なしで長時間1人で語るからこそ演者の素が垣間見える――こうしたコンテンツそのものがSNSユーザー層に刺さっており、若年層を中心に「ラジオとデジタルの融合」が広がりはじめています。

最近では、番組を起点として、動画や、SNSを絡めた施策も増えており、ラジオの新たなメディア価値が見直されてきています。こうした傾向をふまえると、2020年以降は、従来のような単純提供・純広は少なくなり、番組起点でデジタル拡散ができ、広告効果が測定可能なメニューが一般化するでしょう。

Googleでポッドキャスト検索

音声メディアの動向として、今後注目されるのがポッドキャストです。

ポッドキャストは、既存の放送局のコンテンツだけでなく、個人や企業が独自のコンテンツを配信することができる、インターネットラジオの一種です。すでにアメリカでは広がりをみせていて、2018年にはGoogleが「Googleポッドキャスト」の提供を開始して、ポッドキャストの検索が可能になりました。世界的なプレーヤーが参入し、音声コンテンツの検索が可能になったことからも、新たなメディア市場として注目されています。

ポッドキャストの広がりは脅威でありチャンス

今後、日本でもポッドキャストの市場が広がると予想されています。ラジオの地上波放送とは違う形で音声コンテンツを楽しめる場所となり、映像でYouTubeが台頭してきた頃のようなムーブメントが、近く起こるでしょう。

この機会は、既存のラジオ放送局にとって脅威でもあり、チャンスでもあります。ラジオ放送局がこの潮流に乗るには、自社が持つコンテンツ制作力を活用した提案ができるかどうかがカギを握り

ます。これまで培ってきた音声コンテンツの制作力は、大きなアドバンテージになるはずです。

すでに、各ラジオ放送局もポッドキャスト事業に乗り出しています。デジタル音声コンテンツを専門に扱う新会社の設立や、音で観る映画「Audio Movie（オーディオムービー）」の提供など、取り組み内容はさまざまです。

テクノロジーを活用した音声広告

スマートスピーカーやコネクテッドカーの普及に伴い、音声メディアはさまざまな広がりをみせることになるでしょう。クルマがネットとつながれば、運転手のデモグラや位置情報、走行距離による広告の出し分けも可能に。オーディオアドも多様化し、音声広告の価値がさらに増していきます。

当社のラジオ局も音声広告に関わる、新たなテクノロジーの開発に注力しています。2019年にはインタラクティブ（対話型）音声広告プラットフォームの開発や、ブロックチェーン技術を活用した「TokenCastRadio」の試験放送を毎日放送と共同で実施しました。

次世代の新しいメディア市場、そして新たなテクノロジーを活用した音声広告を、日本で開拓・拡大するのが、2020年の音声メディアの、1つの指標になるでしょう。

ラジオ ……… Radio

Column

Yoshikawa's point

**今最も先進的かつ挑戦的
他メディアも注目する市場**

吉川所長の視点：既存ラジオメディアのデジタル化（≒ラジコの浸透やSNSとのシナジー、接触データ充実によるターゲティングの精緻化など）が進む一方、最新テクノロジーの積極的な導入により、新たな音声コンテンツと音声広告が百花繚乱に生まれてきそうなのが、今後のラジオメディア。最も先進的で挑戦的なメディアとしてその可能性を拡張し、ほかのメディアにも刺激を与える存在として活性化し続けるでしょう。異業種からのプレーヤー参入も活発化しそうです。

ラジオ

Radio

ラジオ放送の種類

● 地上波放送

・AM放送 (Amplitude Modulation)

東京の100kW／50kW局をキー局、大阪の50kW局を準キー局と呼びます。TBSラジオをキー局とするJRN（加盟34局）と文化放送・ニッポン放送をキー局とするNRN（加盟40局）の2大ネットワーク体制が確立され、地方のローカル局（1県1波地区）ではどちらのネット番組も受けるクロスネットが一般的です。パーソナリティのキャラクターを生かしたトーク情報番組などバラエティ系の番組が多く、地元では圧倒的支持を得ている人気パーソナリティも数多く存在します。難聴取対策や防災を目的とするFM波を使用した補完放送が一部の地域を除いた全国で開始されています。

・FM放送 (Frequency Modulation)

東京の10kW局をキー局、大阪の10kW局を準キー局と呼びます。TOKYO FMをキー局とするJFN（加盟38局）とJ-WAVEをキー局とするJFL（加盟5局）に分けられ、外国語FM局はInterFM897をキー局とするMegaNet（加盟4局）、独立系FM局は6局あります。音楽を中心とした編成で、FM多局化に伴い、独自のコンセプトで編成するケースも増えています。

・短波放送 (Short Wave)

ラジオNIKKEIが唯一の短波局です。電波の遠距離到達性から、公共性の強い番組（株式・海上船舶向け気象情報・競馬・講座など）及び医療関係など、特殊な編成方針を取っている第1と、音楽などを中心にエンターテインメント性の高い編成をしているRaNi Musicの2チャンネルがあります。

● デジタルオーディオサービス

地上波ラジオのサイマル放送を行うラジコ（radiko）や、らじる★らじる（NHK）だけでなく、音楽配信からポッドキャストまで、デジタルオーディオサービスが活況です。

- ○地上波ラジオサイマル放送 ：ラジコ、らじる★らじる
- ○音楽配信 ：Spotify、AWA、Amazon Music、Apple Music、LINE MUSIC、YouTube Musicなど
- ○ポッドキャスト（アーカイブ型）：ラジオクラウド、Apple Podcast、Googleポッドキャスト、Radiotalk、Voicyなど

ほかにもオーディオブック、ブランデッドポッドキャスト（スポンサードされた音声コンテンツ配信）なども注目されており、米国ではGoogle検索でポッドキャストコンテンツの検索が可能となる（2019年8月より）など、生活者により身近にデジタルオーディオサービスが浸透することで、今後、ますます音声コンテンツや音声広告市場の活性化が期待されています。

● その他

・コミュニティFM放送

1992年から放送がはじまり、現在では全国で332局（2019年12月時点）が開局、局により番組コンテンツは異なりますが、地域情報が中心なので地元密着メディアとして根づいており、100以上の局がインターネットで再送信しています。

・CSデジタル放送

通信衛星を利用して全国に放送するデジタル音声放送です。CSを利用するため全国をカバーします。

民放ラジオ局のネットワーク

地上波民間放送ラジオ局は101局あり、その内訳は、AM47局、FM53局、短波1局で構成され、東京の5局がそれぞれネットワークを形成しています。

JRN	NRN	JFN	JFL	MegaNet
34局	**40局**	**38局**	**5局**	**4局**
TBSラジオ	ニッポン放送 文化放送	TOKYO FM	J-WAVE	InterFM897

(注)上段:系列局数　下段:東京キー局名称

ラジオ

Radio

民放ラジオ局の事業収入

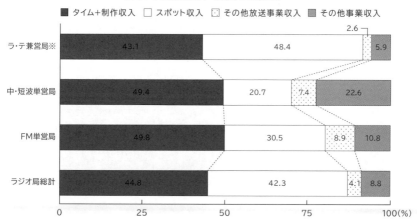

[2018年度民放ラジオ局の事業収入]

■ タイム+制作収入　□ スポット収入　▨ その他放送事業収入　■ その他事業収入

	タイム+制作収入	スポット収入	その他放送事業収入	その他事業収入
ラ・テ兼営局※	43.1	48.4	2.6	5.9
中・短波単営局	49.4	20.7	7.4	22.6
FM単営局	49.8	30.5	8.9	10.8
ラジオ局総計	44.8	42.3	4.1	8.8

(注)その他放送事業収入…著作権使用料、衛星・ケーブルテレビからの収入(番販を除く)、マーチャンダイジング、放送機器レンタル、技術スタッフ・アナウンサー派遣など
その他事業収入…不動産、映画事業、通販事業、イベント、DVD販売収入、番組・コンテンツなどネット配信に関わる収入など
※ラ・テ兼営局(ラジオ・テレビ兼営局)についてはテレビの収入も含む

日本民間放送連盟「日本民間放送年鑑2019」をもとに作成

ラジオ …… Radio

エリア	沖縄	鹿児島	宮崎	大分	熊本	長崎	佐賀	福岡	高知	愛媛	香川	徳島	山口	広島	岡山	島根	鳥取	和歌山	奈良	兵庫	大阪	京都	滋賀
JRN 34	琉球放送 RBC	南日本放送 MBC	宮崎放送 MRT	大分放送 OBS	熊本放送 RKK	長崎放送 NBC	(NBCラジオ佐賀)※ NBC	RKB毎日放送 RKB	高知放送 RKC	南海放送 RNB	西日本放送 RNC	四国放送 JRT	山口放送 KRY	中国放送 RCC	山陽放送 RSK	山陰放送 BSS		和歌山放送 WBS			朝日放送ラジオ ABC／毎日放送 MBS		
NRN 40	ラジオ沖縄 ROK	南日本放送 MBC	宮崎放送 MRT	大分放送 OBS	熊本放送 RKK	長崎放送 NBC	(NBCラジオ佐賀) NBC	九州朝日放送 KBC	高知放送 RKC	南海放送 RNB	西日本放送 RNC	四国放送 JRT	山口放送 KRY	中国放送 RCC	山陽放送 RSK	山陰放送 BSS		和歌山放送 WBS			朝日放送ラジオ ABC／毎日放送 MBS／ラジオ大阪 OBC	KBS京都 KBS	
AM独立局 3																				ラジオ関西 CRK			
JFN 38	FM沖縄	FM鹿児島	FM宮崎	FM大分	FM熊本	FM長崎	FM佐賀	FM福岡	FM高知	FM愛媛	FM香川	FM徳島	FM山口	広島FM	岡山FM	FM山陰				Kiss-FM KOBE	FM大阪		FM滋賀
JFL 5								CROSS FM													FM802		
FM独立局 6																						α-station FM京都	
MegaNet 4								Love FM													FM COCOLO		
全国 1						ラジオNIKKEI／RaNi Music																	

JRN／Japan Radio Network　　　　JFN／Japan Fm Network　　□ ＝ キー局
NRN／National Radio Network　　　JFL／Japan Fm League　　（点線枠） ＝ クロスネット局
→ ＝ 広域地区

ラジオ ……… Radio

三重	愛知	岐阜	静岡	長野	山梨	福井	石川	富山	新潟	神奈川	千葉	埼玉	東京	群馬	栃木	茨城	福島	山形	秋田	宮城	岩手	青森	北海道	エリア
	CBCラジオ CBC		静岡放送 SBS	信越放送 SBC	山梨放送 YBS	福井放送 FBC	北陸放送 MRO	北日本放送 KNB	新潟放送 BSN				TBSラジオ TBS				ラジオ福島 RFC	山形放送 YBC	秋田放送 ABS	東北放送 TBC	岩手放送 IBC	青森放送 RAB	北海道放送 HBC	JRN 34
	東海ラジオ SF		静岡放送 SBS	信越放送 SBC	山梨放送 YBS	福井放送 FBC	北陸放送 MRO	北日本放送 KNB	新潟放送 BSN				ニッポン放送 LF／文化放送 QR		栃木放送 CRT	茨城放送 IBS	ラジオ福島 RFC	山形放送 YBC	秋田放送 ABS	東北放送 TBC	岩手放送 IBC	青森放送 RAB	北海道放送 HBC／STVラジオ STV	NRN 40
		岐阜放送 GBS								RFラジオ日本 RF														AM独立局 3
FM三重	FM愛知	岐阜FM	FM静岡	FM長野		FM福井	FM石川	FM富山	FM新潟				TOKYO FM	FM群馬	FM栃木		FM福島	FM山形	FM秋田	FM仙台	FM岩手	FM青森	FM北海道	JFN 38
	ZIP-FM												J-WAVE										FMノースウェーブ	JFL 5
					FM富士				FM PORT	Fm yokohama	bayfm	NACK5												FM独立局 6
	Radio NEO												InterFM897											MegaNet 4
ラジオNIKKEI／RaNi Music																								全国 1

※NBCラジオ佐賀はネットワーク局数に含まない
2019年12月現在

全国の民放ラジオ局

ラジオ ················· Radio

甲信越

[AM]	[FM]
新潟放送	FM新潟
信越放送	FM PORT
山梨放送	FM長野
	FM富士

北陸

[AM]	[FM]
北日本放送	FM富山
北陸放送	FM石川
福井放送	FM福井

中国

[AM]	[FM]
山陽放送	岡山FM
山陰放送	FM山陰
中国放送	広島FM
山口放送	FM山口

九州

[AM]	[FM]
RKB毎日放送	FM福岡
九州朝日放送	CROSS FM
大分放送	FM大分
長崎放送	FM長崎
NBCラジオ佐賀	FM佐賀
熊本放送	FM熊本
宮崎放送	FM宮崎
南日本放送	FM鹿児島
	Love FM

沖縄

[AM]	[FM]
琉球放送	FM沖縄
ラジオ沖縄	

ラジオ

Radio

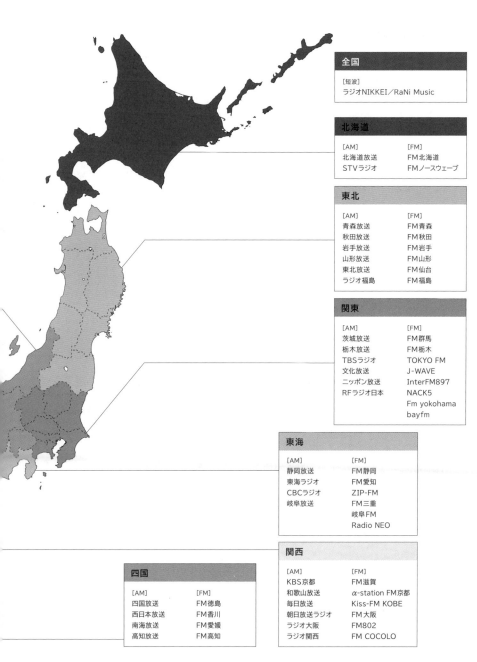

全国

[短波]
ラジオNIKKEI／RaNi Music

北海道

[AM]	[FM]
北海道放送	FM北海道
STVラジオ	FMノースウェーブ

東北

[AM]	[FM]
青森放送	FM青森
秋田放送	FM秋田
岩手放送	FM岩手
山形放送	FM山形
東北放送	FM仙台
ラジオ福島	FM福島

関東

[AM]	[FM]
茨城放送	FM群馬
栃木放送	FM栃木
TBSラジオ	TOKYO FM
文化放送	J-WAVE
ニッポン放送	InterFM897
RFラジオ日本	NACK5
	Fm yokohama
	bayfm

東海

[AM]	[FM]
静岡放送	FM静岡
東海ラジオ	FM愛知
CBCラジオ	ZIP-FM
岐阜放送	FM三重
	岐阜FM
	Radio NEO

四国

[AM]	[FM]
四国放送	FM徳島
西日本放送	FM香川
南海放送	FM愛媛
高知放送	FM高知

関西

[AM]	[FM]
KBS京都	FM滋賀
和歌山放送	α-station FM京都
毎日放送	Kiss-FM KOBE
朝日放送ラジオ	FM大阪
ラジオ大阪	FM802
ラジオ関西	FM COCOLO

2019年12月現在

ラジオ番組の種類

ラジオ番組は、放送エリアや編成パターンを基準として、下記のように分類できます。

● ネットワーク番組／ローカル番組

発局（主にキー局）が制作し、系列局で放送される番組をネットワーク番組といいます。通常は同一時間帯で放送されますが、各局の編成事情により放送時間が異なる場合もあります。それに対して、各局が独自に制作してその地区のみで放送する番組がローカル番組です。

● ワイド番組

1番組の放送時間が2～3時間、平日の月～金曜日同じタイトルの番組編成をワイド番組といいます。ラジオは、テレビと比べて各局の自社制作率が高く、地元で人気のパーソナリティの番組が多数あります。

● 箱番組／帯（ベルト）番組

1週間の内、同一曜日の同時間に毎週1回放送されるレギュラー番組を箱番組といい、平日の深夜、土日に多くみられます。一方、1週間、または平日（月～金曜）の同時間に同一番組名で連続して編成される番組を帯（ベルト）番組といいます。

● ミニ番組

1時間の箱番組や帯（ベルト）番組の間に放送される放送時間が20分未満（通常約5分程度）の番組をミニ番組といいます。暮らしの情報、ニュース、天気予報、交通情報など内容はさまざまです。広告主1社による提供となることが多く、番組内容が企業イメージに結びつきやすくなります。

● 番組内コーナー

ラジオでは、平日や土日のワイド番組内に編成されるミニ番組枠があり、これをコーナーといいます。
こちらも広告主1社による提供となることが多く、ゲストインタビュー、ラジオショッピング、スタジオの外からの生中継、音楽リクエストなどがあり、広告主のブランドイメージに合わせた内容のものもあります。

● レギュラー番組／単発番組

通常2クール（26週。1クールは13週）以上継続して、毎日または毎週、同時間に同一タイトルで放送される番組をレギュラー番組といい、1回または数回のみ放送の番組を単発番組といいます。ラジオの単発番組は、祝日に編成されるホリデースペシャル（祝日9時間など）、1週間限定のスペシャル番組、スポーツ中継のような不定期のものや、改編期や年末年始などの特別編成番組（特番）などを指します。

Spotify（スポティファイ）

「好きな音楽を好きなときに好きなだけ」。

ストリーミング世代から高い支持を受け、成長し続ける世界最大の音楽ストリーミングサービスSpotify
は、現在世界79カ国でサービス展開されています（2019年6月時点）。

広告サポートによって運営されているSpotifyフリープランは、オーディエンスユーザーに1日平均2時
間以上も利用されるほど高い評価を受けています。

また、Spotify上でのブランディング広告であるSpotify For Brandsは、ブランドメッセージをオー
ディエンスのあらゆる生活シーンに届けることができ、生活モーメントをとらえることのできるターゲティ
ング特性だけでなく、ビューアビリティ、ブランドセーフティ、アドフラウドレスなど、広告枠の品質にもこ
だわって高いブランディング効果を実現しています。

● 日本のSpotify ユーザープロフィール

［Spotify ユーザープロフィール 性別］

女性 55%　男性 45%　性別

［Spotify ユーザープロフィール 年齢別］

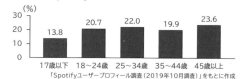

17歳以下	18〜24歳	25〜34歳	35〜44歳	45歳以上
13.8	20.7	22.0	19.9	23.6

「Spotifyユーザープロフィール調査（2019年10月調査）」をもとに作成

［1日あたりの平均滞在時間］

76分　59分　133分
スマートフォン　デスクトップ　マルチデバイス

［日本の視聴デバイス比率（ストリーム）］

92%　2%　2%　4%
スマートフォン　タブレット　デスクトップ　スマートスピーカー
「Spotify internal data」をもとに作成

● 高いビューアビリティを誇る広告フォーマット

広告フォーマットは、オーディオ、動画、ディスプレイ、プレイリストなどがあり、高いビューアビリティを確
保しています。

- ○オーディオ　：　クロスデバイスで配信可能な音声広告は、コンパニオンバナーから外部への誘導が可
能。
- ○動画　：　クロスデバイスで配信可能な「ビデオテイクオーバー」と、ユーザーに「30分間広告な
し」のインセンティブを与えることで動画広告視聴をうながす「スポンサードセッション」
の2種類がある。
- ○ディスプレイ　：　ブランド訴求とパフォーマンスを最大化する大型ウェルカムバナー「オーバーレイ」をは
じめとする3種類がある。
- ○プレイリスト　：　プレイリストに以下の2種類がある。
  - ・「ブランドプレイリスト」は、広告主がSpotify上からブランドイメージに合った楽曲を
選定し、オリジナルプレイリストを作成できる。
  - ・「スポンサードプレイリスト」は、人気プレイリストのスポンサードができ、誘導広告と視
聴中のブランディングが可能。

ラジオ　Radio

ラジオ

Radio

ラジコ（radiko）

ラジコとは、地上波ラジオ放送をCMも含め、そのまま同時に地上波放送エリアに準じた地域に配信するストリーミングサービスで、2010年12月から本配信を開始し、今年10周年を迎えます。
ラジコは難聴取問題の解消や若年層の掘り起こしを進めることでユーザーが増加し、全国の民放ラジオ93局と放送大学、NHK第1、NHK FMが参加、エリアを全国に拡大しています。
ラジコはインターネット配信のため、ラジオ専用受信機がなくても、PC、スマートフォン、スマートスピーカーなどを通じて、気軽にラジオを聴くことができます。ユーザー数は月間750万UUです。現在ラジコユーザーの内、ライブ・タイムフリーいずれにおいてもスマートフォンのみの利用者が半数以上になり、PC併用も合わせるとスマートフォン経由のユーザーが全体の8割を超えています。
全国のラジオ放送をエリアに関係なく聴くことができるラジコプレミアム会員のエリアフリーサービスは現在約68万人が有料登録しています。
また、2018年7月からは音声広告の「ラジコオーディオアド」（実証実験中）がスタートし、radikoDMPを活用したターゲティング配信が可能になりました。

（注）数字はすべて2019年12月現在

● ユーザープロフィール

[ラジコユーザー 性別]

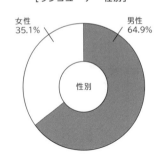

女性 35.1%
男性 64.9%
性別

[ラジコユーザー 職業別]

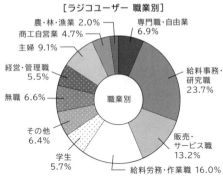

農・林・漁業 2.0%
商工自営業 4.7%
主婦 9.1%
経営・管理職 5.5%
無職 6.6%
その他 6.4%
学生 5.7%
専門職・自由業 6.9%
給料事務・研究職 23.7%
販売・サービス職 13.2%
給料労務・作業職 16.0%
職業別

[ラジコユーザー 年代別]

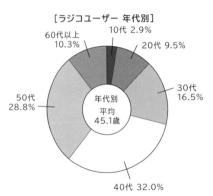

10代 2.9%
20代 9.5%
30代 16.5%
40代 32.0%
50代 28.8%
60代以上 10.3%
年代別 平均 45.1歳

[ラジコユーザー 居住エリア別]

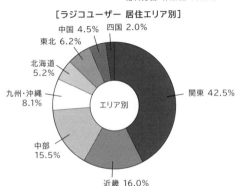

中国 4.5%
東北 6.2%
北海道 5.2%
九州・沖縄 8.1%
中部 15.5%
近畿 16.0%
四国 2.0%
関東 42.5%
エリア別

radiko「第12回 radikoユーザーアンケート調査（2019年11月15日〜12月9日調査）」より

● ラジコオーディオアド

ラジコオーディオアドは、ラジコで聴くラジオ番組に設けられたCMチャンスのミッドロール（コンテンツの間に挿入される）に配信される音声広告で、局横断型のターゲティング指定が可能です。現在、15秒、20秒、30秒、40秒、60秒の素材に対応しています。

首都圏・関西圏・中京圏・札幌地区・福岡地区の放送局40局（2019年12月時点）よりラジコに拠出された広告枠を対象に、ラジコ上でDMPを活用して広告をターゲティング配信できます。また、2019年6月からはPMP（Private Market Place）にも対応し、運用型広告商品としても販売可能です。

（注）配信されるポジションは、各局の番宣・局報枠のみ配信対象となり、地上波での広告主の提供CM枠への配信は行わない

● ラジコタイムフリー聴取機能

スマートフォンなら簡単に「オススメ番組」をシェアすることが可能です。また、検索機能を使って自分が気になるキーワード検索することで、関連するコンテンツを簡単に探すこともできます。

これまでになかった「後から聴くことができる機能」を利用して、SNSで拡散共有されたオススメ番組をきっかけにラジオと出会い、新しい音声コンテンツとして興味を持つ人が増えていけば、新たなリスナーの獲得へとつながることが期待されます。

①この番組を「みんなにシェアしたい」と思ったとき、シェアボタンを押します。

②「みんなにこの時点から聴いてほしい」という開始時点を調整し、どのSNSでシェアするのかを選択します。

③番組の音声自体がシェアされるのではなく、ラジコ番組のURLがシェアされます。

④「ここから聴いてほしい」と思う開始時点の状態でアプリが立ち上がります。再生ボタンを押せばすぐに音声が流れます。

ラジオ ⋯⋯⋯⋯⋯⋯ Radio

ラジオクラウド

ラジオクラウドとは、ラジオ番組などさまざまな音声コンテンツをいつでも無料で聴くことのできるアプリで、2017年1月からサービスを開始し、2019年には1年でアプリのダウンロード数が約20万DL以上増加しました。ラジオ局65社、新聞社1社、テレビ局1社ほか全72社（2019年12月時点）が参画しており、ニュース、バラエティ、ラジオドラマなど約38,000本を超えるコンテンツをアーカイブしています。また、ラジオクラウドには、番組再生前に「プリロール」動画広告枠があり、スポンサーの広告活用がはじまっています。

また、AmazonやGoogleから発売されている「スマートスピーカー」にはラジオクラウドやラジコも格納されており、ラジオクラウドのコンテンツをスマートスピーカーで聴くことができます。

耳にダイレクトに届くオーディオアドの効果はほかのデジタル広告に比べて高いことがわかってきています。ラジオクラウドはコンテンツへの信頼性が高く、ブランドセーフティ面を考えると、今後の利用拡大に期待が高まります。

Appダウンロード数	約79万DL
月間ユーザー数	約12万MAU
月間聴取数	約600万回再生

● ラジオクラウドユーザープロフィール

ユーザーは女性がやや多めですが、年齢構成はF1、F2、M1と若年層が多く、スマートフォンユーザーとの親和性が期待できます。

[ラジオクラウドユーザー　性・年代別]

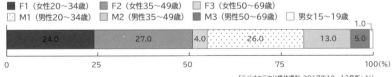

■ F1（女性20〜34歳）　■ F2（女性35〜49歳）　□ F3（女性50〜69歳）
▦ M1（男性20〜34歳）　▨ M2（男性35〜49歳）　■ M3（男性50〜69歳）　□ 男女15〜19歳

| 24.0 | 27.0 | 4.0 | 26.0 | 13.0 | 5.0 |

「ラジオクラウド媒体資料 2017年10〜12月版」より

● 広告の認知／接触度

スマートフォン上の広告は、動画広告、バナー広告、テキスト広告など、目から入る広告で溢れかえっており、飽和に近い状態です。しかし耳から入る広告にはまだまだ開拓の余地があるといえます。

[スマートフォンの平日1日あたりの利用時間シェア]

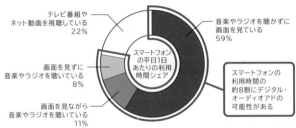

テレビ番組やネット動画を視聴している 22%
音楽やラジオを聴かずに画面を見ている 59%
画面を見ずに音楽やラジオを聴いている 8%
画面を見ながら音楽やラジオを聴いている 11%

スマートフォンの平日1日あたりの利用時間シェア

スマートフォンの利用時間の約8割にデジタル・オーディオアドの可能性がある

マクロミル「ラジオクラウドユーザー調査 2017年9月」をもとに作成

個人聴取率調査

ラジオ個人聴取率調査は、自宅内外を問わず、個人のラジオ聴取状況について調査したものです。その結果はラジオ個人聴取率調査報告書として発行され、首都圏・関西圏・中京圏についてはビデオリサーチのiNEX3「ラジオ個人聴取率分析システム」でも提供されています。

ラジオ個人聴取率とは、ある時間帯にラジオが「個人の中で聴かれていた割合」を指します。テレビの視聴率は一般的に世帯視聴率を指しており、テレビの視聴率とラジオの聴取率は母集団の異なる別の指標です。

● ラジオ個人聴取率調査概要／ラジオプロフィールデータ

	首都圏ラジオ個人聴取率調査	関西圏ラジオ個人聴取率調査	中京圏ラジオ個人聴取率調査
調査エリア	東京駅を中心とする 半径35km圏	大阪府・京都府・兵庫県の 45市5町	愛知県・岐阜県・三重県の 48市22町1村
調査対象	12～69歳男女個人3,000人		
標本抽出法	無作為系統抽出法		
調査方法	パネル化した調査対象者に調査票を一括郵送・回収する日記式郵送留置調査		
調査時期	年6回・偶数月	年2回（6月・12月）	
調査期間	1週間		
調査機関	ビデオリサーチ		

(注) 関西圏・中京圏では、年に1度程度オプションとして、70～74歳対象の調査も実施
(注) 上記以外の共同調査エリア：札幌、仙台、山形、福島、新潟、群馬、静岡、広島、愛媛、福岡、沖縄／10エリア25局（過去5年間で共同調査実績あり。ただし、直近の調査で単独調査エリアは除く）
(注) 上記以外のローカル各局では単独で個人聴取率調査を実施

2019年12月現在

● 首都圏ラジオ個人聴取率調査のウェブ調査化

2020年4月より、首都圏のラジオ個人聴取率調査は、上記の日記式からウェブ調査に変更されます。

	首都圏ラジオ個人聴取率調査
開始時期	2020年4月調査から
調査エリア	首都圏（1都3県）
調査対象	12～69歳男女個人5,000人
標本抽出法	ウェブ調査で毎回ランダム抽出
調査時期	年6回・偶数月
調査期間	1週間
調査機関	ビデオリサーチ

● ラジオ365データ

現在、個人聴取率調査とradikoログデータを用いて、ラジオ聴取データを365日推計する「ラジオ365データ（仮称）」の研究開発を行っています。

ラジオ

Radio

リーチと聴取状況

● 期間別リーチ

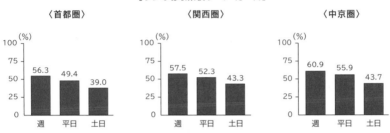

[ラジオ聴取累積リーチ 月〜日]

〈首都圏〉　〈関西圏〉　〈中京圏〉

（注）5:00〜29:00 各対象期間（週は1週間、平日は月〜金・5日間、土日は2日間）の累積到達率

ビデオリサーチ「首都圏ラジオ個人聴取率データ2019年10月」
「関西圏ラジオ個人聴取率データ2019年6月」「中京圏ラジオ個人聴取率データ2019年6月」をもとに作成

● 属性別リーチ

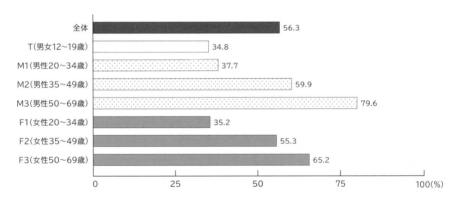

[ラジオ聴取累積リーチ 性・年代別]

全体	56.3
T（男女12〜19歳）	34.8
M1（男性20〜34歳）	37.7
M2（男性35〜49歳）	59.9
M3（男性50〜69歳）	79.6
F1（女性20〜34歳）	35.2
F2（女性35〜49歳）	55.3
F3（女性50〜69歳）	65.2

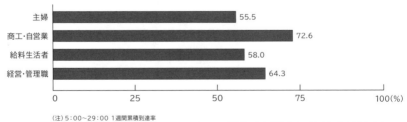

[ラジオ聴取累積リーチ 就業形態別]

主婦	55.5
商工・自営業	72.6
給料生活者	58.0
経営・管理職	64.3

（注）5:00〜29:00 1週間累積到達率

ビデオリサーチ「首都圏ラジオ個人聴取率データ2019年10月」をもとに作成

● 聴取場所別リーチ

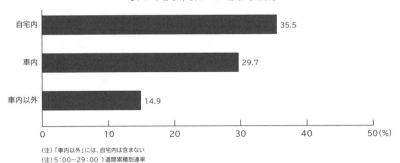

[ラジオ聴取累積リーチ 聴取場所別]

(注)「車内以外」には、自宅内は含まない
(注)5:00～29:00 1週間累積到達率

ビデオリサーチ「首都圏ラジオ個人聴取率データ2019年10月」をもとに作成

● AM・FM別の聴取時間

[1日あたりのAM・FM別聴取時間平均(分)比較]

	平日		休日	
	AM	FM	AM	FM
男女 12～19歳	59分	109分	107分	173分
男性 20代	85分	111分	89分	157分
男性 30代	179分	146分	145分	150分
男性 40代	159分	159分	129分	138分
男性 50代	159分	174分	166分	151分
男性 60代	132分	133分	120分	112分
女性 20代	141分	225分	69分	136分
女性 30代	125分	137分	147分	117分
女性 40代	93分	149分	110分	125分
女性 50代	176分	125分	153分	80分
女性 60代	118分	142分	117分	129分

(注)数字は調査対象曜日の1日あたりの平均聴取時間(分数)
(注)対象地区は、「東京50km圏」「関西」「名古屋」

AMはAM放送の聴取者ベース、FMはFM放送の聴取者ベース
ビデオリサーチ「MCR／ex2019」をもとに作成

● 場所・時間帯別聴取状況

ラジオは自宅内に限らず、移動時にもカーラジオや携帯ラジオなどでよく聴かれています。給料生活者のラジオ聴取状況を例にみると、日中の時間帯は外出先での聴取が多いことがわかります。

[給料生活者の平日時間帯別ラジオ聴取状況]

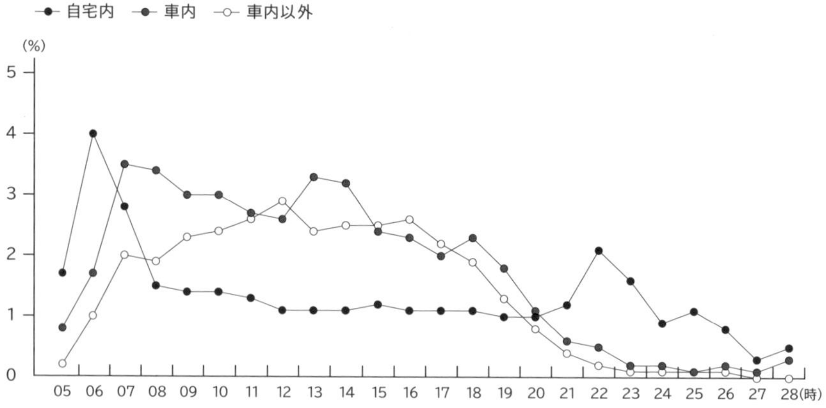

(注)「車内以外」には、自宅内は含まない

ビデオリサーチ「首都圏ラジオ個人聴取率データ2019年10月」をもとに作成

● 車内の聴取状況

男性の商工自営業及び給料生活者や主婦は、レジャーや買い物時にクルマの中でラジオをよく聴いています。

[クルマ内の聴取状況]

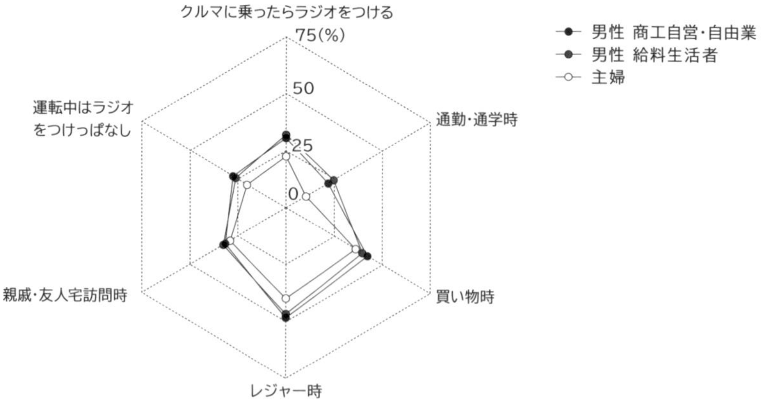

ビデオリサーチ「首都圏ラジオプロフィールデータ2019年10月」をもとに作成

● 通勤・レジャー時の車中ラジオ接触状況

ラジオはクルマの中で聴かれることが多く、男女35～49歳では、商工自営業及び給料生活者で通勤時にクルマを利用している人の5割強が、またレジャーに出かけるときにも5割弱の人がラジオを聴いています。

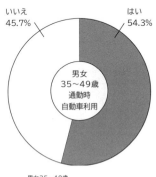

［通勤時にクルマの中で
ラジオを聴くことがある］

いいえ
45.7%

はい
54.3%

男女
35～49歳
通勤時
自動車利用

男女35～49歳
給料生活者または商工自営・自由業で、
通勤時に自動車を利用している人ベース

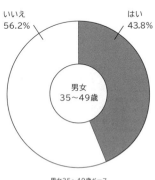

［クルマでレジャーに出かけるときは
ラジオを聴くことがある］

いいえ
56.2%

はい
43.8%

男女
35～49歳

男女35～49歳ベース

ビデオリサーチ「首都圏ラジオプロフィールデータ2019年10月」をもとに作成

●〈参考〉自動車保有に関するエリア比較データ

［自動車保有台数］

		全国	東京	大阪	愛知	その他
自動車保有台数 （千台）	乗用車	61,771	3,157	2,791	4,196	51,626
	貨物車	14,385	673	657	773	12,283
	計	76,156	3,830	3,448	4,969	63,909
1世帯あたり自動車保有台数 （乗用車＋貨物車）　（台）		1.30	0.53	0.80	1.51	1.46
1台（乗用車＋貨物車） あたり人口　（人）		1.67	3.59	2.57	1.52	1.52

(注) 人口、世帯数は、総務省「住民基本台帳人口・世帯数（平成31年1月1日現在）」に基づく

自動車検査登録情報協会「わが国の自動車保有動向（平成31年3月末現在）」をもとに作成

ラジオ　………　Radio

ラジオ .... Radio

ローカルエリアでよく聴かれているメディアです

● 通勤・通学時間帯に聴かれるラジオ

首都圏・関西圏に比べ、ローカルエリアでは平日の朝や夕方など通勤・通学の時間帯でよく聴かれています。

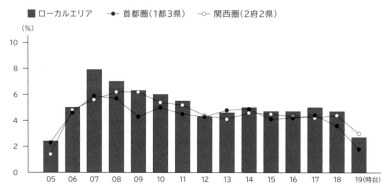

［エリア別のラジオ時間帯接触率（平日）］

■ ローカルエリア　　●─ 首都圏（1都3県）　　○─ 関西圏（2府2県）

(注) ローカルエリアは、首都圏（東京、神奈川、千葉、埼玉）、関西圏（大阪、兵庫、京都、奈良）以外の39道県
ビデオリサーチ「J-READ（全国新聞総合調査）2018」をもとに作成

● ラジオとクルマの親和性

ローカルエリアでは運転免許保有者の約9割が週1日以上運転しており、8割弱が生活にクルマは欠かせないと答えていることから、ラジオとクルマの親和性によってラジオ接触率が高いと考えられます。

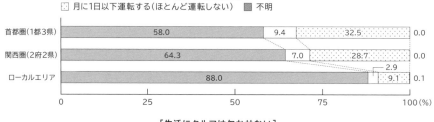

［自動車運転頻度（運転普通免許保有者）］

▨ 週に1日以上運転する　　□ 月に2～3日運転する
⬚ 月に1日以下運転する（ほとんど運転しない）　　■ 不明

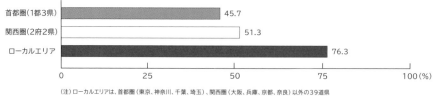

［生活にクルマは欠かせない］

(注) ローカルエリアは、首都圏（東京、神奈川、千葉、埼玉）、関西圏（大阪、兵庫、京都、奈良）以外の39道県
ビデオリサーチ「J-READ（全国新聞総合調査）2018」をもとに作成

● エリア別ラジオ聴取率

朝7時台や夕方5時台の通勤などを目的としたクルマ利用が多いと考えられる時間帯でエリア別に聴取率を比較すると、ローカルエリアの聴取率は、大都市圏と比べて数値が大幅に高くなっています。

［朝7時台／夕方5時台 平均聴取率］

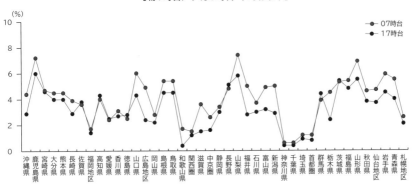

(注) 各放送局2019年6月現在の最新聴取率を使用・県別は在局数の平均値

ビデオリサーチ「ラジオ個人聴取率データ」をもとに作成

ラジオ

Radio

● 県別ラジオ聴取量

県別にラジオの接触分数（週平均）を比較すると、首都圏と比べて、ほとんどのエリアで接触分数が長いことがわかります。

［ラジオ平均接触時間量（週平均）都道府県別］

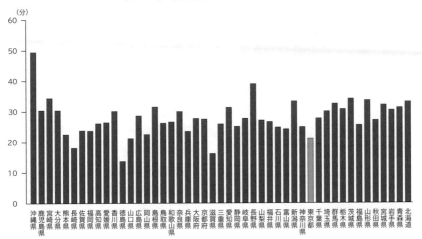

ビデオリサーチ「J-READ（全国新聞総合調査）2018」をもとに作成

デイタイムメディアです

ラジオは外出時や移動時といった日中の時間帯に強いため、ラジオCMを放送時間帯のリスナーの気分に合わせたり、リスナー目線で工夫することにより、朝帯と夜帯の間のコミュニケーションを効果的につなげることができます。

[男性20〜60代　平日の媒体接触]

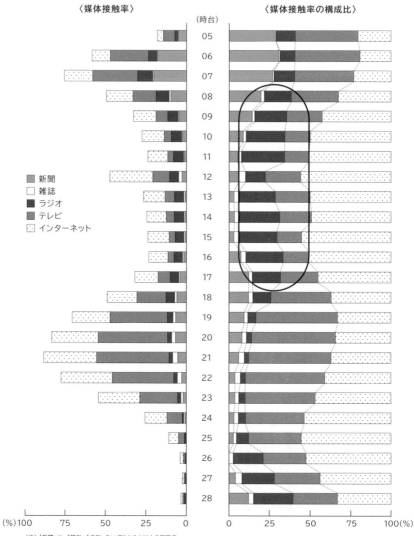

〈媒体接触率〉　　　（時台）　　〈媒体接触率の構成比〉

凡例：新聞／雑誌／ラジオ／テレビ／インターネット

(注)「新聞」は、「朝刊」「夕刊」のいずれか1つ以上の回答者
(注)「インターネット」は、「パソコン・タブレット型情報端末でのインターネット」「携帯電話・PHS・スマートフォンでのインターネット」のいずれか1つ以上の回答者

ビデオリサーチ「J-READ（全国新聞総合調査）2018」をもとに作成

ラジオ　Radio

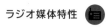

ターゲットを絞り込んでいるメディアです

ラジオは局・時間帯ごとにターゲットを絞り込んで番組編成をしているメディアです。

給料生活者 ： 朝から夕方にかけての聴取率が高い。特に平日が高くなっている。

主　　婦 ： 午前中と夕方までの聴取率が高い。

学　　生 ： 平日と土・日は聴取傾向が異なり、特に平日の深夜帯も聴取率が高い。

[聴取時間帯ゾーン]

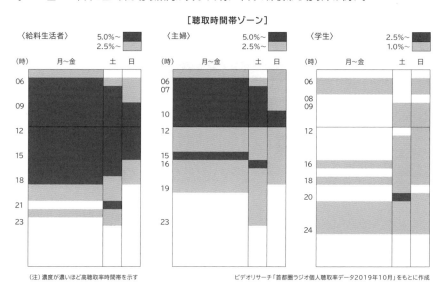

(注) 濃度が濃いほど高聴取率時間帯を示す

ビデオリサーチ「首都圏ラジオ個人聴取率データ2019年10月」をもとに作成

BtoBに有効なメディアです

ラジオは就業時間中の接触率が高く、商工・自営業者によく聴取される「BtoB」に有効なメディアです。

[男性　商工・自営業者の時間帯別媒体接触比較 (平日平均)]

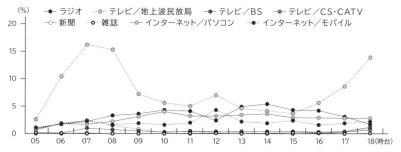

(注)「インターネット/パソコン」は「パソコン・タブレット端末」、「インターネット/モバイル」は「携帯電話・PHS・スマートフォン」

(注) 特定1週間について日記式生活行動記録 (15分単位、5分以上行動を記録) から時間帯別メディア接触率を算出した調査で、月～金の間で
合計15分以上の行為者

ビデオリサーチ「MCR/ex2019」をもとに作成

ラジオ ········· Radio

行動を喚起するメディアです

［ラジオに関する行動／経験］

■ ヘビーリスナー　□ ミドルリスナー　■ ライトリスナー

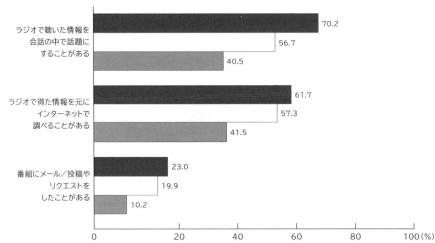

ラジオで聴いた情報を
会話の中で話題に
することがある
- 70.2
- 56.7
- 40.5

ラジオで得た情報を元に
インターネットで
調べることがある
- 61.7
- 57.3
- 41.5

番組にメール／投稿や
リクエストを
したことがある
- 23.0
- 19.9
- 10.2

（注）「番組にメール／投稿やリクエストをしたことがある」は、「ラジオ番組へリクエストをしたり、ハガキやFAX、メール
　　を送ることがある」「ラジオ番組のプレゼントや懸賞に応募することがある」のいずれか1つ以上の回答者
（注）平日のラジオ聴取時間　ヘビーリスナー：1時間30分以上、ミドルリスナー：30分以上～1時間30分未満、ライト
　　リスナー：30分未満
（注）聴取時間にはラジコ（radiko.jp）などを含む
ビデオリサーチ「首都圏ラジオプロフィールデータ2019年10月」をもとに作成

パーソナリティとリスナーが結びついているメディアです

［"このパーソナリティの番組だから聴いている"という番組がある］

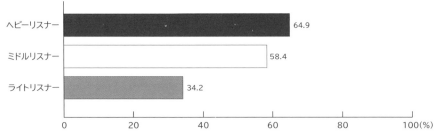

ヘビーリスナー	64.9
ミドルリスナー	58.4
ライトリスナー	34.2

（注）平日のラジオ聴取時間　ヘビーリスナー：1時間30分以上、ミドルリスナー：30分以上～1時間30分未満、ライトリスナー：30分未満
（注）聴取時間にはラジコ（radiko.jp）などを含む

ビデオリサーチ「首都圏ラジオプロフィールデータ2019年10月」をもとに作成

パーソナリティの言葉が行動につながるメディアです

ラジオ

Radio

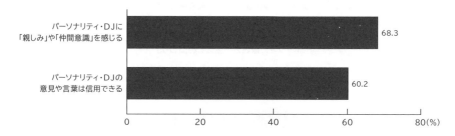

［いつも聴くラジオ番組のパーソナリティに対する評価］

パーソナリティ・DJに
「親しみ」や「仲間意識」を感じる　68.3

パーソナリティ・DJの
意見や言葉は信用できる　60.2

（0　20　40　60　80(%)）

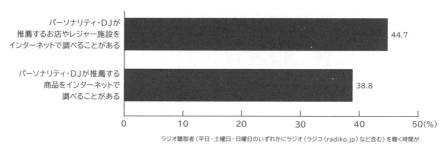

［パーソナリティの商品紹介への評価］

パーソナリティ・DJが
推薦するお店やレジャー施設を
インターネットで調べることがある　44.7

パーソナリティ・DJが推薦する
商品をインターネットで
調べることがある　38.8

（0　10　20　30　40　50(%)）

ラジオ聴取者（平日・土曜日・日曜日のいずれかにラジオ（ラジコ（radiko.jp）など含む）を聴く時間が
「10分未満」〜「5時間以上」の回答者）ベース
ビデオリサーチ「首都圏ラジオプロフィールデータ2019年10月」をもとに作成

［パーソナリティの推奨した商品の信頼度］

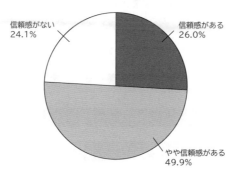

信頼感がない
24.1%

信頼感がある
26.0%

やや信頼感がある
49.9%

博報堂DYメディアパートナーズ「RADIO fit 2019」をもとに作成

身近なパーソナルメディアです

ラジオは、いつも聴く局が決まっていたり、お気に入りの番組があるなど、身近なパーソナルメディアです。出演タレントの素顔がみえたり、リラックスするために聴くなど、自然体で接することのできるラジオは、リスナーと距離の近いメディアといえます。

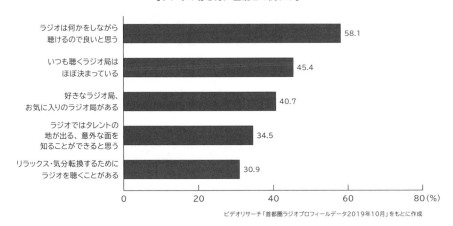

[ラジオの聴き方／生活との関わり]

ビデオリサーチ「首都圏ラジオプロフィールデータ2019年10月」をもとに作成

「音」により想像力が刺激されるメディアです

ラジオは、音を中心とした情報メディアです。音楽や自然の音、生活音などのシズル感を効果的に活用することで、リスナーの頭の中にイメージが広がったり、大切な記憶や思い出が呼び起こされたりします。

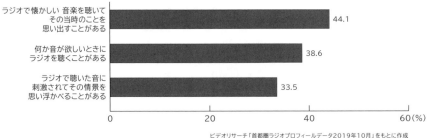

[ラジオの聴き方／生活との関わり]

ビデオリサーチ「首都圏ラジオプロフィールデータ2019年10月」をもとに作成

ながら接触しやすいメディアです

ラジオは耳で聴くメディアです。何かをしながら接触することもできるため、仕事中や買い物に行く移動中など、屋内でも屋外でも「ながら接触」されています。

[仕事中のメディア接触]

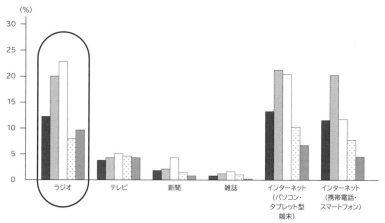

（注）「仕事中のメディア接触」は、メディア接触場面が「自宅内で仕事中」「自宅外で仕事中（勤務時間中）」「自宅外で仕事中（残業中）」のいずれか1つ以上の回答者

[買い物に行く移動中のメディア接触]

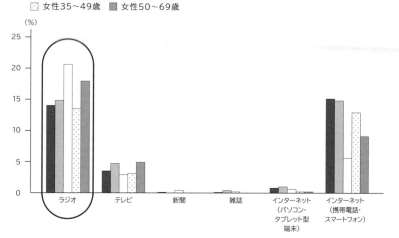

ビデオリサーチ「首都圏ラジオプロフィールデータ2019年10月」をもとに作成

ラジオ ·········· Radio

広告の種類と手法

ラジオ広告は、主に番組提供（タイム）、スポットCM、その他（プロモーション・イベントなど）の3つに分けられます。

● 番組提供（タイム）

番組タイトルに冠（企業名や商品名など）をつけたり、提供クレジットでの社名露出が可能です。放送時間帯や番組を選択することで、ターゲットである聴取者に効率よく訴求できます。提供曜日や放送時間が決まっているため、継続的にメッセージを届けることで、企業や商品イメージの醸成や理解の深まりが期待できます。ラジオでは広告主の訴求メッセージを考慮した内容を調整の上、番組に反映させることもできます。

● スポットCM

期間、時間帯、エリアなどを自由に選択することができ、キャンペーンの時期などにあわせて、集中的にCMを投下し、効果的・効率的に活用することが可能です。企業のCIや新商品発売など、企業名や商品名などの認知向上が期待できます。

● その他（プロモーション・イベントなど）

ラジオは、販売促進プロモーションやイベントなど機動力のある立体的な広告展開を得意とし、他メディアと比べて、比較的低予算での実施が可能です。サンプリングやライブイベントなど内容は多岐にわたり、放送と連動するなど聴取者とのダイレクトなコミュニケーションに適しています。

広告の料金

● 番組提供（タイム）

提供時間（10分、30分、55分など）ごとの月額料金（電波料 ＋ 制作費）が一般的です。

(注) 制作費は番組内容、タレント起用などによって異なる

● スポットCM

20秒、40秒、60秒など各秒数に応じた1本あたりの料金（電波料）が一般的です。

(注) 生コマーシャルなどの場合は、電波料＋制作費が発生する場合がある

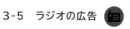

ラジオ .... Radio

番組提供（タイム）の手法

箱　番　組	週1回、30分・60分番組提供（ローカル番組・全国ネット番組）など。
ベ ル ト 番 組	平日（月～金）、5分・10分などワイド番組内コーナー提供。
情　報　枠	平日（月～金）ベルト、または週末（土・日）などの交通情報、天気予報、ニュースなどの情報枠の提供。
特 別 番 組	例えば、祝日に通常放送している番組を休止して、長時間にわたって放送するホリデースペシャルなど。

スポットCMの手法

20秒スポット	通常は20秒尺のスポットが一般的。
長尺 （40～120秒）	詳細な情報発信が可能。
短尺 （5～10秒）	回数を増やしたいときの展開。インパクトが期待できる。
生コマーシャル	パーソナリティ自身が番組で生CMを行う展開。
時 報 ス ポ ッ ト	正時の時報直前に時報音とともに流れるスポットCM。
ネットスポット	放送局のネットワーク局で同時間に放送するスポットCM （JRN（34局）、NRN（40局）、JFN（38局）など）。

その他（プロモーション・イベントなど）の手法

生　中　継	ラジオカー、レポーターが店舗などに出かけて行き、現場から生リポートを実施する展開。
番組タイアップ	キャンペーンなどのタイミングに合わせて、ワイド番組と1日タイアップし、企業ブランドや商品を訴求する。番組提供とは異なり、単発で番組提供感を演出し、聴取者に深く訴求することが可能。
プロモーション	広告主のニーズに合わせて、放送と連動させた展開が可能。映画試写会、セミナー、商品サンプリング、試飲会、流通店舗連動、音楽イベント、店舗タイアップ、店頭調査、店内放送など多様な展開が可能。

番組提供効果

ラジオ番組の提供は、提供年数が長いほど提供企業の認知や好感度が高くなっています。

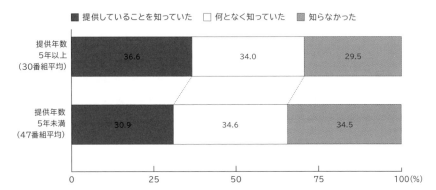

[提供企業認知度]

■ 提供していることを知っていた　□ 何となく知っていた　■ 知らなかった

| 提供年数5年以上（30番組平均） | 36.6 | 34.0 | 29.5 |
| 提供年数5年未満（47番組平均） | 30.9 | 34.6 | 34.5 |

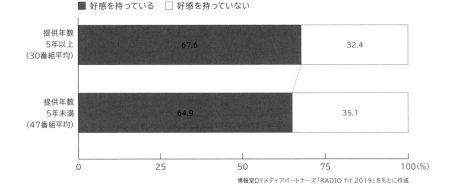

[提供企業好感度]

■ 好感を持っている　□ 好感を持っていない

| 提供年数5年以上（30番組平均） | 67.6 | 32.4 |
| 提供年数5年未満（47番組平均） | 64.9 | 35.1 |

博報堂DYメディアパートナーズ「RADIO fit 2019」をもとに作成

ラジオ

Radio

番組リスナーの聴取局数

ラジオは特定の1局だけを聴くリスナーが過半数と多く、ラジオとリスナーは放送局や番組へのロイヤリティが高いといえます。

[よく聴いているラジオ局]

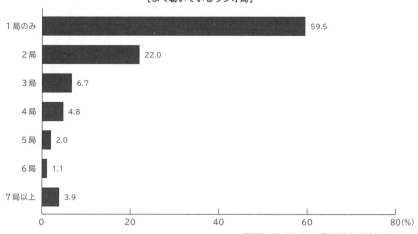

博報堂DYメディアパートナーズ「RADIO fit 2019」をもとに作成

ターゲット別番組聴取歴

ラジオ番組リスナーにおいて、性・年代別に聴取歴を比べてみると、ティーン層や男性20～34歳では半年以内（3ヶ月未満＋3ヶ月～半年くらい）が約4割を占め、新規流入が多いことがわかります。また男性は年齢が上がるにつれて、2年以上聴取の固定ファンが増える傾向がみられます。

[ターゲット別番組聴取歴]

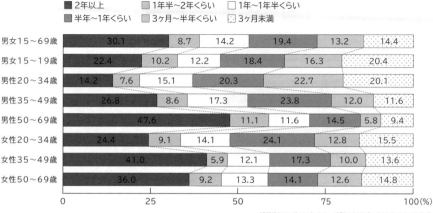

博報堂DYメディアパートナーズ「RADIO fit 2019」をもとに作成

ラジオ

Radio

イメージ移行効果

CMのサウンドロゴや曲を聴いて、以前にそれを聴いたときの感情やシーンを思い起こすことがあります。聴覚から過去の記憶が思い起こされる、いわゆるイメージ移行効果です。35歳以上の男性では3割以上がラジオCMを聴いて他メディアで見た広告を思い出すことがあると答えています。ラジオCMからテレビCMを想起するという人は3割弱、新聞広告や雑誌広告を想起する人は2割弱います。

[ラジオCMを聴いて他メディアで見た広告を思い出すことがある　性・年代別]

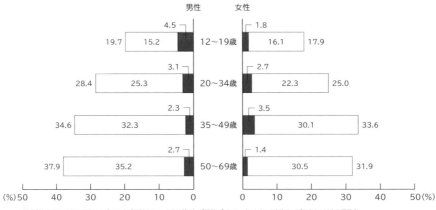

(注)「他メディアで見た広告」は、「テレビ」「新聞（チラシ広告は除く）」「雑誌」「インターネット上」の広告のいずれか1つ以上の回答者

[ラジオCMを聴いて他メディアで見た広告を思い出すことがある　メディア別]

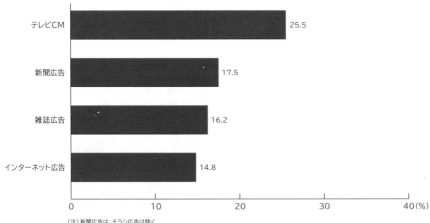

(注) 新聞広告は、チラシ広告は除く
(注) 各質問に対し「非常にそう思う」「まあそう思う」の回答者

ビデオリサーチ「首都圏ラジオプロフィールデータ2019年10月」をもとに作成

リーセンシー効果

リーセンシー効果とは、「購買行動には購入直前の広告接触が最も効果的である」という考え方に基づいています。男女30〜69歳の約3〜5割が「クルマで買い物に出かけるときにラジオを聴くことがある」と答えています。また、「買い物へ行く途中で聴いたラジオCMの商品を買い物の際に思い出したり、その商品を購入したことがある」と答えている人も約1割います。

[クルマで買い物に出かけるときにラジオを聴くことがある]

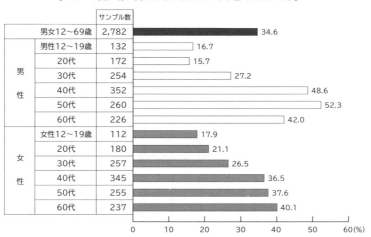

		サンプル数	
男女12〜69歳		2,782	34.6
男性	男性12〜19歳	132	16.7
	20代	172	15.7
	30代	254	27.2
	40代	352	48.6
	50代	260	52.3
	60代	226	42.0
女性	女性12〜19歳	112	17.9
	20代	180	21.1
	30代	257	26.5
	40代	345	36.5
	50代	255	37.6
	60代	237	40.1

[買い物へ行く途中で聴いたラジオCMの効果（想起／購入経験）]

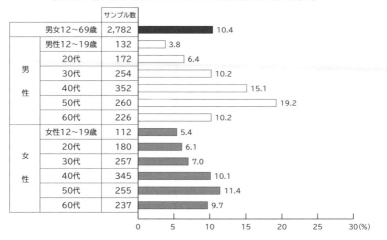

		サンプル数	
男女12〜69歳		2,782	10.4
男性	男性12〜19歳	132	3.8
	20代	172	6.4
	30代	254	10.2
	40代	352	15.1
	50代	260	19.2
	60代	226	10.2
女性	女性12〜19歳	112	5.4
	20代	180	6.1
	30代	257	7.0
	40代	345	10.1
	50代	255	11.4
	60代	237	9.7

(注)「買い物へ行く途中で聴いたラジオCMの効果」は、「買い物へ行く途中で聴いたラジオCMの商品を買い物の際に思い出すことがある」
「買い物へ行く途中で聴いたラジオCMの商品を購入したことがある」のいずれか1つ以上の回答者
ビデオリサーチ「首都圏ラジオプロフィールデータ2019年10月」をもとに作成

ラジオ .... Radio

「音」の刷り込み効果

憶えやすいラジオCMとして上位に挙がるのは、「毎日同じ時刻に放送されるラジオCM」や繰り返し流れる「時報CM」などとなっており、「音」情報の刷り込みがラジオCMの特性の1つといえます。

[憶えている（憶えやすい）ラジオCM]

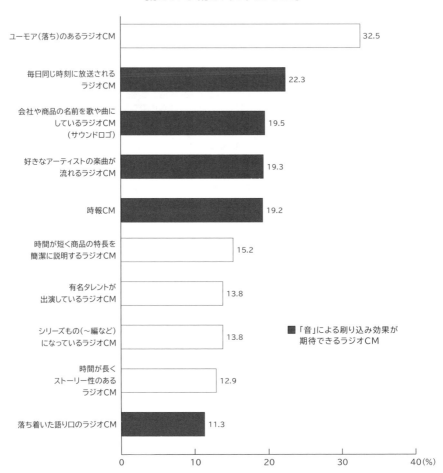

（注）14回答項目（全15回答項目中「この中にはない」を除く）中、上位10位

ビデオリサーチ「首都圏ラジオプロフィールデータ2019年10月」をもとに作成

ラジオ

Radio

タイムCMの業種別出稿量

［ラジオ タイムCMの業種別出稿量］

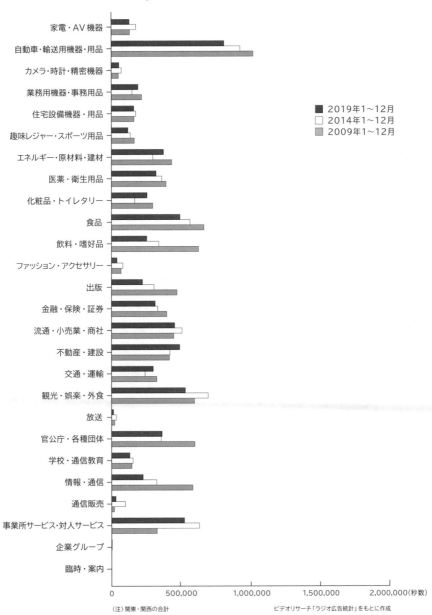

■ 2019年1〜12月
□ 2014年1〜12月
▨ 2009年1〜12月

（注）関東・関西の合計　　　　　　　　ビデオリサーチ「ラジオ広告統計」をもとに作成

ラジオ

Radio

タイムCMの広告主 出稿量ランキング 上位30社

［ラジオ タイムCMの広告主 出稿量ランキング 上位30位］

地区	順位	広告主	2019年1〜12月（秒数）
関東	1	日野自動車	132,960
	2	中央事務所	121,985
	3	セブンイレブン・ジャパン	58,125
	4	東京ガス	56,030
	5	クレディセゾン	50,500
	6	久光製薬	45,000
	7	太田胃散	42,960
	8	スズキ	42,780
	9	創価学会	40,640
	10	日本香堂	39,615
	10	パナソニック	39,615
	12	トヨタ自動車	39,240
	13	キングレコード	38,240
	14	全国農業協同組合連合会	34,140
	15	川口技研	32,870
	16	いすゞ自動車	31,710
	17	いすゞディーラー	31,320
	18	日本航空	30,520
	19	リンレイ	30,220
	20	フォーエイト	30,195
	21	龍角散	29,820
	22	聖教新聞社	28,660
	23	産経新聞社	27,720
	24	ヨドバシカメラ	27,360
	25	呉工業	27,200
	26	東京スター銀行	26,800
	27	都市再生機構	26,180
	28	日本通運	25,580
	29	JXTGエネルギー	25,520
	30	サンスター	25,060
関西	1	日野自動車	108,960
	2	創価学会	63,260
	3	スズキ	56,260
	4	パナソニック	42,500
	5	トヨタ自動車	37,260
	6	サンスター	35,120
	7	全国農業協同組合連合会	32,160
	8	聖教新聞社	28,260
	9	ECC	27,010
	10	日本航空	26,200
	11	NTTドコモ	25,880
	12	日本中央競馬会	25,800
	13	関西電力	24,570
	14	いすゞ自動車	24,020
	15	東京海上日動火災保険	22,080
	16	長島観光開発	20,530
	17	アンダーツリー	18,260
	18	コスモ石油	17,970
	19	上新電機	17,810
	20	都市再生機構	17,440
	21	日産自動車	17,380
	22	大正製薬	17,260
	23	YKK AP	16,660
	24	本田技研工業	15,980
	25	ニチレイ	15,320
	26	JXTGエネルギー	15,140
	27	西日本旅客鉄道	14,690
	28	アウディーディーラー	14,500
	29	ヨドバシカメラ	14,340
	30	王将フードサービス	14,240

ビデオリサーチ「ラジオ広告統計」をもとに作成

スポットCMの業種別出稿量

[ラジオ スポットCMの業種別出稿量]

ラジオ

Radio

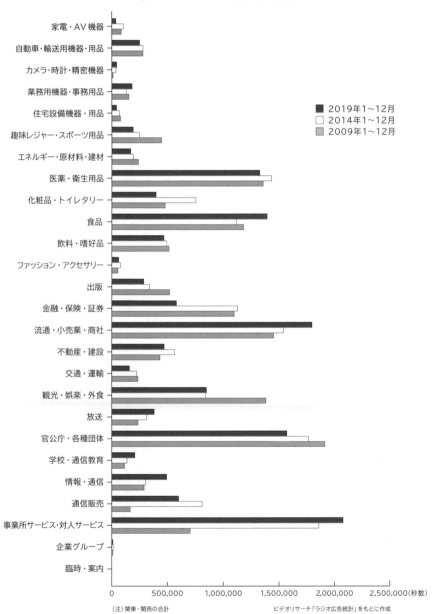

凡例:
- ■ 2019年1〜12月
- □ 2014年1〜12月
- ▨ 2009年1〜12月

業種（上から）:
家電・AV機器 / 自動車・輸送用機器・用品 / カメラ・時計・精密機器 / 業務用機器・事務用品 / 住宅設備機器・用品 / 趣味レジャー・スポーツ用品 / エネルギー・原材料・建材 / 医薬・衛生用品 / 化粧品・トイレタリー / 食品 / 飲料・嗜好品 / ファッション・アクセサリー / 出版 / 金融・保険・証券 / 流通・小売業・商社 / 不動産・建設 / 交通・運輸 / 観光・娯楽・外食 / 放送 / 官公庁・各種団体 / 学校・通信教育 / 情報・通信 / 通信販売 / 事業所サービス・対人サービス / 企業グループ / 臨時・案内

横軸: 0 / 500,000 / 1,000,000 / 1,500,000 / 2,000,000 / 2,500,000(秒数)

(注)関東・関西の合計

ビデオリサーチ「ラジオ広告統計」をもとに作成

スポットCMの広告主 出稿量ランキング 上位30社

[ラジオ スポットCMの広告主 出稿量ランキング 上位30位]

地区	順位	広告主	2019年1～12月（秒数）
関東	1	再春館製薬所	384,875
	2	中央事務所	269,545
	3	イストワール	237,300
	4	ACジャパン	211,780
	5	エスプリライン	179,815
	6	ビッグモーター	143,940
	7	チューリッヒ・インシュアランス	118,340
	8	佐々木食品工業	110,760
	9	日本民間放送連盟	104,675
	10	エイチーム	99,625
	11	マシーンコーポレーション	92,840
	12	ホームワン	86,300
	13	富山常備薬グループ	81,330
	14	ファーストブランド	73,000
	15	IDOM	68,180
	16	サントリーホールディングス	67,880
	17	カービュー	64,900
	18	興和	49,820
	19	日本広告審査機構	49,740
	20	ファンケル	48,370
	21	中日本高速道路	41,920
	22	NTTドコモ	41,870
	23	大日本除虫菊	41,280
	24	ミライオ	40,460
	25	東日本高速道路	37,595
	26	フジランド	36,870
	27	ビックカメラ	36,310
	28	ヨドバシカメラ	32,195
	29	東日本旅客鉄道	30,840
	30	セブンイレブン・ジャパン	30,765
関西	1	再春館製薬所	511,385
	2	ACジャパン	358,360
	3	中央事務所	358,300
	4	エスプリライン	268,295
	5	チューリッヒ・インシュアランス	154,470
	6	ビッグモーター	147,660
	7	ECC	131,505
	8	ティーバイティーガレージ	129,760
	9	イストワール	117,665
	10	日本広告審査機構	111,800
	11	エイチーム	100,320
	12	日本民間放送連盟	95,640
	13	雪印メグミルク	94,225
	14	上新電機	76,185
	15	バイク王&カンパニー	74,480
	16	興和	72,780
	17	ファンケル	71,395
	18	ヨドバシカメラ	69,320
	19	日本赤十字社	66,770
	20	ジュピターテレコム	65,380
	21	佐々木食品工業	53,300
	22	杉山事務所	53,080
	23	味の素	51,900
	24	太田胃散	48,095
	25	平安祭典	41,520
	26	ファーマフーズ	41,490
	27	NTTドコモ	40,735
	28	牛乳石鹸共進社	39,780
	29	サントリーホールディングス	37,895
	30	西日本高速道路	37,000

ビデオリサーチ「ラジオ広告統計」をもとに作成

ラジオ

Radio

4章-新聞
Newspaper

[Profile]
大谷観
Kan Ootani

新聞局新聞業務推進部メディアプロデューススタッフ。テレビ局のドラマ番組ディレクター職を経て、2017年10月に博報堂に入社。その後、博報堂DYメディアパートナーズ新聞局へ出向、ブロック紙・地方紙の担当を経て、2019年4月より現職。

新聞メディアの2019年5大ニュース

新聞 / Newspaper

(01) News　新聞広告が統合キャンペーンのキーメディアに

企業やブランドが、信頼性が高く保存可能な（撮影可能な）メディアである新聞広告を象徴的に活用する事例が増えてきています。特に社会に対する姿勢を宣言する場所として新聞を活用した事例が目立ち、それらはSNSで拡散され、大きな話題や議論を集めるケースも多くありました。新聞広告が情報戦略の起点となり、デジタル時代の統合キャンペーンのキーメディアとして新たな価値を発揮しています。

(02) News　デイリーメディアとしての再価値化

2019年はスポーツ関連のトピックスが多い年でした。毎日発行されるという新聞の特性を生かして、象徴的な出来事が起こった直後、応援やお祝い広告などを即日出稿する事例が数多くみられました。デイリーメディアとしての新聞の価値や新聞広告の価値が再認識された1年だったと思います。

(03) News　IDビジネス本格化

新聞社のIDビジネスはますます加速しています。2019年2月には、読売新聞が従来のサービスを統合した「読売新聞オンライン」を開始。オフラインの顧客情報を、オンライン上のID情報として保有できるようになりました。IDデータを活用した新聞社のデータマーケティングはさらに進んでいくと思われます。

(04) News　デジタルマーケティングの進化による新たなソリューションの提供

デジタルマーケティングの進化により、生活者の行動が全面的に捕捉できることは新しいチャンスです。例えば、弊社は媒体社各社との連携による、業種特化型ソリューション「カテゴリーワークス」を提供していますが、新聞社との連携による事例も生まれています。新聞社の保有するデジタル媒体は総合ニュースサイトですが、媒体や記事のカテゴリーごとにデータを細かくみていくことで、読者の傾向や興味をより深いレベルで把握し、彼らにアプローチできます。新聞社プロパティの新たな活用方法として注目です。

(05) News　新聞記事の音声・映像コンテンツ化

AI技術を用いて、編集記事を"話し言葉"に変換して音声コンテンツ化し、スマートスピーカーを通して生活者に届ける実証実験を河北新報社と弊社で行いました。2020年にはその技術を発展させ、新聞記事をもとに、要約から音声化、そして動画化までをワンストップで行うニュース動画自動作成ソリューション「NEWS BRAIN」の提供を開始します。メディア環境が激変していく中で、紙面だけにとらわれず、新聞社最大の資産である編集記事を生活者に届ける工夫が進んでいます。

新聞メディアの2020年大胆予測

五輪により、新聞メディア大盛り上がり

国民的祭典である東京オリンピックへの盛り上がりは、新聞メディアにも多大な影響を与えるでしょう。すでに各エリアとつながりの深い新聞社の力を活用して、オリンピック聖火リレーを地域から盛り上げる施策を行っているクライアントもあります。オリンピック期間中には、新聞紙面で、大規模な編集特集が組まれ、広告面でも、デイリーメディアの特性を生かした応援広告やお祝い広告などで、大きな盛り上がりが予想されます。

また、新聞社系デジタルもこれまでにないほど注目されるのではないかと思われます。デジタルは紙面と違い、スペースの制限がないためです。新聞社の届けたいことや、読者が知りたいことを最大限届けることができ、新聞社の編集力を起点とした総合力を表現できる場として、新聞社系デジタルが活用されるのではないかと思います。

新聞社がつくり上げるリッチコンテンツは、多くの人を引き付けるキラーコンテンツになるはずです。オリンピックという一大イベントが、新聞デジタルのさらなる広がりのきっかけになると予想しています。

新聞社の領域拡張、急速に

クライアントの課題に合わせて、新聞社が保有する多様なプロパティを組み合わせ、新聞社の領域の拡張がますます加速していくことが予想されます。新聞社の収入源の約8割を占める販売収入と広告収入を支えるのは、その発行部数です。しかし、2019年の新聞の発行部数は37,811千部といわれており、2000年と比べて70.4%にまで落ち込んでいます。インターネットの普及と、PC・スマートフォンなどをはじめとする生活者のメディア環境の変化が原因とみられ、今後も部数の落ち込みが予想されているのが現状です。

広告費の規模は、テレビ、デジタルに次ぐ3番目で、リーチ媒体・認知獲得媒体としては、評価されていますが、主読者が高齢化しています。また、2020年には5Gサービスの提供が開始されるなど、生活者の限られた時間を奪い合うさまざまな競合メディアも生まれてくると思われます。

こうした状況から、これまで以上に、新聞紙面の枠を売ることだけにとらわれず、新聞社が保有する編集力・取材力・コネクション・キャスティング力・信頼性など多様な新聞社の力を総合的に組み合わせ、新聞社ならではの立体的な企画づくりを行うことで、クライアント課題に対応することが、2020年は強く求められると思います。

例えば、新聞社は長い時間をかけて信頼メディアとしてそれぞれの地域に深く根差しているので、得意先のエリアマーケティング課題への対応も、このような新聞社力の活用機会として、大きな可能性があると思っています。

また、我々広告会社も新聞社の持つプロパティをビジネスに変えていく必要があります。博報堂DYグループの「生活者DMP」と新聞社との連携による、業種特化型ソリューション「カテゴリーワークス」の事例が生まれはじめているのもその流れの1つです。

一方的に読者にアプローチする"媒体"としての価値だけではなく、得意先と生活者を双方向につなぐ"媒介"として新聞社が存在することで、新聞社の領域が大きく拡張していく1年になると思われます。

新聞

Newspaper

新聞 Newspaper

新聞の発行部数と世帯数

2018年全国の日刊紙の発行部数は、39,901,576部で、新聞部数の減少傾向は止まりません。世帯数との比較による1世帯あたりの部数は0.70部となっています。

[新聞の発行部数と世帯数の推移]

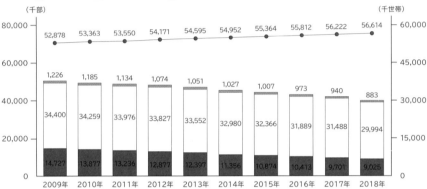

(注) 新聞協会経営業務部「日刊紙の都道府県別発行部数と普及度」(毎年10月)より
(注) 発行部数は朝夕刊セットを1部として計算。セット紙を朝・夕刊別に数えた場合は、2018年は48,926,722部
(注) 2018年の対象紙は117紙
(注) 1世帯あたり部数は「住民基本台帳」による世帯数(2013年までは3月31日現在。2014年から1月1日現在の数字)をもとに算出
日本新聞協会「データブック 日本の新聞2019」をもとに作成

新聞社の収入

[新聞社総売上高の推移]

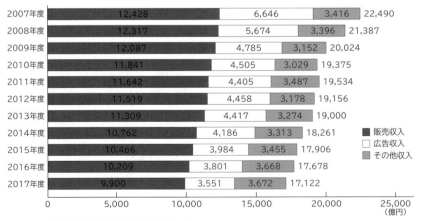

(注) 新聞協会経営業務部「新聞社総売上高推計調査」より
(注) 日本新聞協会加盟新聞社の推計合計

日本新聞協会「データブック 日本の新聞2019」をもとに作成

販売部数の推移　中央紙・ブロック紙・地方紙

［中央紙・ブロック紙・地方紙の販売部数の推移と前年比　朝刊］

	中央紙			ブロック紙			地方紙		
	紙数 （紙）	販売部数 （部）	前年比 （％）	紙数 （紙）	販売部数 （部）	前年比 （％）	紙数 （紙）	販売部数 （部）	前年比 （％）
2019年	5	19,834,588	93.4	3	4,290,564	95.9	39	9,543,712	97.3
2018年	5	21,229,328	94.9	3	4,472,817	96.4	39	9,813,099	98.5
2017年	5	22,379,023	97.3	3	4,637,822	97.8	38	9,959,591	99.1
2016年	5	23,004,916	97.7	3	4,742,462	97.8	37	10,051,641	98.8
2015年	5	23,551,404	—	3	4,846,897	—	37	10,170,745	—

［中央紙・ブロック紙・地方紙の販売部数の推移と前年比　夕刊］

	中央紙			ブロック紙			地方紙		
	紙数 （紙）	販売部数 （部）	前年比 （％）	紙数 （紙）	販売部数 （部）	前年比 （％）	紙数 （紙）	販売部数 （部）	前年比 （％）
2019年	5	6,070,026	93.2	3	962,431	93.7	15	1,822,259	96.3
2018年	5	6,514,763	90.1	3	1,026,657	95.3	15	1,892,574	95.1
2017年	5	7,228,036	94.7	3	1,077,301	96.3	16	1,990,753	97.6
2016年	5	7,635,971	95.8	3	1,118,614	96.6	16	2,039,289	97.6
2015年	5	7,972,035	—	3	1,157,458	—	16	2,090,333	—

（注）販売部数はいずれの年度も上期（1月〜6月）の月次平均部数
（注）日本ABC協会加盟紙のみで集計

日本ABC協会「新聞発行社レポート半期2015〜2019」をもとに作成

新聞 Newspaper

戸別配達状況

日本の新聞は戸別宅配制度により各家庭に配達されています。戸別配達率は95.3％と高く、新聞定期購読世帯に安定して届けられています。

［新聞の戸別配達率］

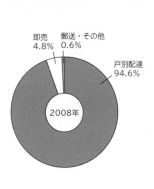

即売
4.8%
郵送・その他
0.6%
戸別配達
94.6%
2008年

（注）日刊紙全体

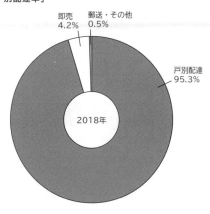

即売
4.2%
郵送・その他
0.5%
戸別配達
95.3%
2018年

日本新聞協会「データブック 日本の新聞2019」をもとに作成

通常、新聞は、配布エリア、発行形態、紙面内容、紙面の大きさなどを基準に分類されます。

配布エリアによる分類

中央紙	全国にまたがって発行されている新聞。具体的には朝日新聞・毎日新聞・読売新聞・日本経済新聞・産経新聞の5紙を指し、全国紙とも称される。首都圏からの情報発信の比率が高いのが特徴。
ブロック紙	広範な地域、または複数の都道府県にまたがって発行されている新聞。北海道新聞、中日新聞(東京新聞・北陸中日新聞を含む)、西日本新聞の3紙をいう。
地方紙	ローカル紙ともいわれ、一般的には配布エリアが特定の地域に限定される。部数的には基本ブロック紙に及ばないが、中にはブロック紙に比肩する大部数紙もある。地域内の普及率は圧倒的な高さを持つことが多く、地域に大きな影響力を持つ。配布エリアにより県紙、郷土紙に分類することもある。

発行形態による分類

朝夕刊セット紙	朝刊と夕刊を発行している新聞。
朝刊(単独)紙	朝刊のみを発行している新聞。
夕刊(単独)紙	夕刊のみを発行している新聞(日刊ゲンダイ、夕刊フジ、東京スポーツなど)。

発行頻度による分類

日刊紙	基本的に毎日発行される新聞。一般紙、夕刊紙、スポーツ紙、産業紙など。
週刊紙・月刊紙	専門紙、業界紙、フリーペーパーなどで週1回、月1回など、特定日に発行される新聞。

新聞

Newspaper

紙面内容による分類

一 般 紙	国内外のニュース全般の報道、解説、評論などが掲載されており、広く一般家庭を中心に普及し、読まれている新聞。
スポーツ紙	スポーツを中心に、芸能、娯楽、レジャーなどの記事で構成されている新聞。
夕 刊 紙	大都市圏のビジネスマンをターゲットとした政治、経済、スポーツ、芸能など、幅広いジャンルにわたる情報紙。駅売り、コンビニエンスストアで販売され、即売比率はほぼ100％。
専門・業界紙	幅広い業界・ジャンルの経済専門紙と、細分化された特定の産業分野における専門的な記事を掲載する業界紙がある。
英 字 紙	国内で英語で発行されている新聞で、日刊紙、週刊紙がある。
機 関 紙	政党や団体などが一定の目的で発行している新聞で、聖教新聞、赤旗などがこれに相当する。
学生児童紙	朝日小学生新聞などの小学生向け、読売中高生新聞などの中高生向けの新聞で児童とその親が対象読者。
官 公 報	官報、経済産業公報など中央省庁からの発行に加え、地方自治体でも発行。

紙面の大きさによる分類

ブランケット判	一般紙、スポーツ紙など、ほぼA2サイズの紙面で発行される新聞。12段、15段など新聞社によって段数が異なる。
タブロイド判	ブランケット判の半分の大きさで発行されている新聞。即売の夕刊紙やフリーペーパーの多くがこのサイズ。

購読料による分類

有 代（料）紙	購読に際して、一定の料金を必要とするもの。
フリーペーパー	ターゲットや地域を絞り、生活情報や地域情報などを提供するコミュニティ紙。週刊による発行が多く、地域、職域などの単位で無料配布される。

新聞

Newspaper

新聞
Newspaper

デジタルサービスの提供状況

[新聞・通信社のBtoCサービスの提供状況（84社回答）]

サービス種別			提供社数（社）
本紙購読者向けデジタルサービス [※1]			19
電子新聞及び有料デジタルサービス [※2]			34
アプリ		スマートフォン	41
		タブレット	26
ウェブ		スマートフォン	77
		PC	83
		従来型携帯電話	47
メール			45
動画			52
紙面イメージ（電子号外含む）			51
電子書籍			12
SNS			53
デジタルサービスコンテンツの他媒体展開		本紙紙面	23
		本紙以外の紙媒体	9
		フリーペーパー	2
		テレビ	2
		ラジオ	2

※1 配達区域外に限り非購読者にも提供するサービスを含む
※2「本紙購読者向けデジタルサービス」以外のサービス
(注) 日本新聞協会メディア開発委員会「デジタルメディアを活用した新聞・通信社の情報サービス現況調査」（2018年4月現在）をもとに作成
(注) 調査は「自社のデジタル戦略において必要なサービスを各社で判断し、回答してもらう」形で実施したことから、各社の全サービスを網羅しているわけではない
(注) 回答のあったBtoCサービスは、全299件

日本新聞協会「データブック 日本の新聞2019」より

電子新聞の購読・会員登録

電子新聞の購読申し込みや会員登録は、男性が多く、特に40～60代を中心に中高年層が高くなっています。

[電子新聞の購読申し込み・会員登録状況]

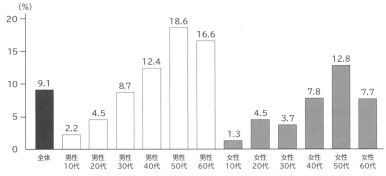

(注) 対象は中央5紙の電子新聞（「朝日新聞デジタル」「デジタル毎日（毎日新聞）」「読売プレミアム（読売新聞）」「日本経済新聞 電子版」「産経電子版・産経プラス（iPhone版）・産経HD」）
(注) 購読の申し込み・会員登録などをしている電子新聞が、「有料」「無料」のいずれか1つ以上の回答者

ビデオリサーチ「ACR／ex2019」をもとに作成

新聞社のデジタルへの取り組み

● 朝日新聞社

2011年5月創刊の「朝日新聞デジタル」は有料会員3,800円／月（税込）、本紙購読料＋1,000円／月（税込）ですべての記事閲覧ができ、無料登録会員は有料記事を1日1本閲覧できます。980円／月（税込）で有料記事を300本／月まで読める「シンプルコース」もあります。2016年10月に集英社と協業で富裕層向けフリーペーパー「T JAPAN：The New York Times Style Magazine」ウェブサイトの運営を開始しました。2018年3月にはバーティカルメディアプラットフォーム「ポトフ」を立ち上げ、ミレニアル女性の生き方をデザインする「telling,」をはじめ、9メディア（2019年11月時点）を展開。読者ニーズに応じたさまざまな分野に特化した多角的コンテンツを提供しています。

● 毎日新聞社

リニューアルを重ね、2015年6月に「デジタル毎日」としてサービス開始。外部サイトにも掲載される速報ニュース以外を原則有料化しました。980円／月（税抜）のスタンダード会員は無制限でウェブ限定記事の閲覧が可能。3,200円／月（税抜）のプレミアム会員は、本紙のデジタル紙面に加え、週刊エコノミストやサンデー毎日などの雑誌閲覧もできます。また、プレミアム会員優待サービス「トクトクプレミア」は毎日新聞社主催イベントの招待やトクトクプレミアWELBOXサービスなどの特典もあります。2016年からMBS毎日放送と選抜高校野球大会全試合を公式サイト及びスマートフォンで動画配信する「センバツLIVE!」を開始しました。

● 読売新聞社

1995年6月読売新聞社が運営する無料ニュースサイト「YOMIURI ONLINE」を創刊。加えて本紙購読者向け有料サービス「読売プレミアム」をスタート。2016年に医療、健康、介護情報の総合サイト「yomiDr.（ヨミドクター）」、2017年に日本最大級の女性向けサイト「大手小町」の大幅リニューアルを行い、「OTEKOMACHI」と名称変更。2018年1月に企業のコンテンツマーケティングの支援組織「YOMIURI BRAND STUDIO（YBS）」を設立。複数のデジタルコンテンツ制作会社と連携したコンソーシアム形式が特徴となっています。2019年2月に「YOMIURI ONLINE」と「読売プレミアム」を統合した「読売新聞オンライン」を開始。読売新聞の定期購読者なら無料で利用できます。

● 日本経済新聞社

2010年3月に「日本経済新聞 電子版」を創刊、新聞社ではじめてウェブ記事を原則有料化しました。電子版独自記事があり、有料会員は4,277円／月（税込）、本紙購読者は購読料＋1,000円／月（税込）ですべての記事が、無料会員も有料記事が月10本まで閲覧可能。2017年11月にデジタルファーストをさらに進めるべく日経電子版をリニューアル。法人向け「日経電子版Pro」では記事の共有、コメント付与など、企業内グループのナレッジや生産性の向上を目指しています。2020年2月に有料会員数が約70万人に、無料会員を含む登録会員数は460万人を超えました。また、2017年4月には企業のコンテンツマーケティングを推進する組織「N-BRAND STUDIO」を始動しました。

● 産経新聞社

2018年10月リニューアルの旗艦ニュースサイト「産経ニュース」をはじめ、産経新聞グループ媒体のまとめサイト「iza（イザ!）」、総合オピニオンサイト「iRONNA（いろんな）」、総合自転車サイト「Cyclist（サイクリスト）」、ビデオゲームメディア「IGN Japan」など、さまざまな展開をしています。2016年12月には紙面ビューアーアプリ「産経新聞アプリiPhone版・Android版」をリニューアル、「産経プラス」「産経電子版」の配信を開始しました。「産経プラス」は「産経ニュース」など主要5サイトの掲載記事を集めた無料ニュースアプリで、「産経電子版」はマルチデバイス対応の紙面ビューアーにより、産経新聞が1,800円／月（税抜）、サンケイスポーツが2,000円／月（税抜）、夕刊フジが1,000円／月（税抜）の有料サービスになっています。

新聞

Newspaper

都道府県別世帯普及率 朝刊 上位3紙

❶～❸はそれぞれ1～3位を、数値は普及率(%)を表します。

近畿地方					
三重県	❶中日新聞 33.9	❷伊勢新聞* 12.6	❸朝日新聞 11.2
滋賀県	❶読売新聞 22.0	❷朝日新聞 14.5	❸京都新聞 12.1
京都府	❶京都新聞 28.8	❷読売新聞 13.6	❸朝日新聞 10.4
大阪府	❶読売新聞 17.7	❷朝日新聞 12.0	❸産経新聞 11.6
兵庫県	❶神戸新聞 19.1	❷読売新聞 18.5	❸朝日新聞 13.1
奈良県	❶毎日新聞 20.8	❷読売新聞 19.4	❸奈良新聞* 18.7
和歌山県	❶読売新聞 21.8	❷朝日新聞 15.0	❸毎日新聞 12.1

中国地方					
鳥取県	❶日本海新聞 66.1	❷読売新聞 7.8	❸朝日新聞 4.9
島根県	❶山陰中央新報 59.4	❷島根日日新聞* 10.0	❸読売新聞 9.8
岡山県	❶山陽新聞 40.7	❷読売新聞 8.3	❸朝日新聞 7.0
広島県	❶中国新聞 40.2	❷読売新聞 8.5	❸朝日新聞 7.1
山口県	❶読売新聞 20.7	❷朝日新聞 16.9	❸毎日新聞 14.4

九州／沖縄地方					
福岡県	❶西日本新聞 18.9	❷読売新聞 12.2	❸毎日新聞 9.6
佐賀県	❶佐賀新聞 38.5	❷西日本新聞 11.0	❸読売新聞 6.6
長崎県	❶長崎新聞 27.0	❷西日本新聞 8.2	❸読売新聞 7.3
熊本県	❶熊本日日新聞 34.5	❷読売新聞 5.8	❸朝日新聞 3.4
大分県	❶大分合同新聞 36.0	❷読売新聞 9.0	❸朝日新聞 6.9
宮崎県	❶宮崎日日新聞 38.2	❷朝日新聞 5.5	❸読売新聞 4.7
鹿児島県	❶南日本新聞 34.9	❷南海日日新聞* 2.9	❸読売新聞 2.8
沖縄県	❶沖縄タイムス* 24.0	❷琉球新報* 23.6	❸日本経済新聞 0.9

新聞

Newspaper

新聞

Newspaper

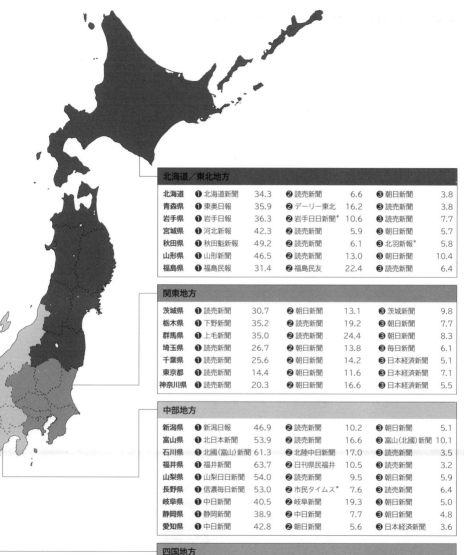

北海道／東北地方

	❶		❷		❸	
北海道	❶ 北海道新聞	34.3	❷ 読売新聞	6.6	❸ 朝日新聞	3.8
青森県	❶ 東奥日報	35.9	❷ デーリー東北	16.2	❸ 読売新聞	3.8
岩手県	❶ 岩手日報	36.3	❷ 岩手日日新聞*	10.6	❸ 読売新聞	7.7
宮城県	❶ 河北新報	42.3	❷ 読売新聞	5.9	❸ 朝日新聞	5.7
秋田県	❶ 秋田魁新報	49.2	❷ 読売新聞	6.1	❸ 北羽新報*	5.8
山形県	❶ 山形新聞	46.5	❷ 読売新聞	13.0	❸ 朝日新聞	10.4
福島県	❶ 福島民報	31.4	❷ 福島民友	22.4	❸ 読売新聞	6.4

関東地方

	❶		❷		❸	
茨城県	❶ 読売新聞	30.7	❷ 朝日新聞	13.1	❸ 茨城新聞	9.8
栃木県	❶ 下野新聞	35.2	❷ 読売新聞	19.2	❸ 朝日新聞	7.7
群馬県	❶ 上毛新聞	35.0	❷ 読売新聞	24.4	❸ 朝日新聞	8.3
埼玉県	❶ 読売新聞	26.7	❷ 朝日新聞	13.8	❸ 毎日新聞	6.1
千葉県	❶ 読売新聞	25.6	❷ 朝日新聞	14.2	❸ 日本経済新聞	5.1
東京都	❶ 読売新聞	14.4	❷ 朝日新聞	11.6	❸ 日本経済新聞	7.1
神奈川県	❶ 読売新聞	20.3	❷ 朝日新聞	16.6	❸ 日本経済新聞	5.5

中部地方

	❶		❷		❸	
新潟県	❶ 新潟日報	46.9	❷ 読売新聞	10.2	❸ 朝日新聞	5.1
富山県	❶ 北日本新聞	53.9	❷ 読売新聞	16.6	❸ 富山(北國)新聞	10.1
石川県	❶ 北國(富山)新聞	61.3	❷ 北陸中日新聞	17.0	❸ 読売新聞	3.5
福井県	❶ 福井新聞	63.7	❷ 日刊県民福井	10.5	❸ 読売新聞	3.2
山梨県	❶ 山梨日日新聞	54.0	❷ 読売新聞	9.5	❸ 朝日新聞	5.9
長野県	❶ 信濃毎日新聞	53.0	❷ 市民タイムス*	7.6	❸ 読売新聞	6.4
岐阜県	❶ 中日新聞	40.5	❷ 岐阜新聞	19.3	❸ 朝日新聞	5.0
静岡県	❶ 静岡新聞	38.9	❷ 中日新聞	7.7	❸ 朝日新聞	4.8
愛知県	❶ 中日新聞	42.8	❷ 朝日新聞	5.6	❸ 日本経済新聞	3.6

四国地方

徳島県	❶ 徳島新聞	62.1	❷ 朝日新聞	3.1	❸ 日本経済新聞	3.0
香川県	❶ 四国新聞	41.3	❷ 読売新聞	10.1	❸ 朝日新聞	9.7
愛媛県	❶ 愛媛新聞	33.9	❷ 読売新聞	9.8	❸ 朝日新聞	9.1
高知県	❶ 高知新聞	46.6	❷ 読売新聞	2.3	❸ 日本経済新聞	1.6

（注）地方紙は上位2紙が対象
部数（無印）：ABC公査部数 日本ABC協会「新聞発行社レポート半期2019年1～6月平均」をもとに作成
部数（*印）：自社公称部数
世帯数：住民基本台帳（2019年3月末現在）

都道府県別世帯普及率 夕刊 上位3紙

❶～❸はそれぞれ1～3位を、数値は普及率(%)を表します。

近畿地方

三重県	❶中日新聞	2.8	❷夕刊三重*	1.8	❸朝日新聞	1.2
滋賀県	❶読売新聞	2.9	❷朝日新聞	1.8	❸京都新聞	1.6
京都府	❶京都新聞	13.9	❷読売新聞	5.2	❸朝日新聞	4.7
大阪府	❶読売新聞	10.0	❷朝日新聞	7.3	❸産経新聞	6.4
兵庫県	❶読売新聞	7.9	❷朝日新聞	6.1	❸神戸新聞	5.8
奈良県	❶読売新聞	9.1	❷毎日新聞	8.7	❸朝日新聞	8.3
和歌山県	❶紀伊民報	7.3	❷読売新聞	3.5	❸朝日新聞	3.2

中国地方

鳥取県	❶朝日新聞	0.0	—		—	
島根県	—					
岡山県	❶山陽新聞	3.5	❷日本経済新聞	0.0	❸朝日新聞	0.0
広島県	❶山陽新聞	0.0	❷朝日新聞	0.0	❸産経新聞	0.0
山口県	❶宇部日報*	7.6	❷読売新聞	0.4	❸毎日新聞	0.3

九州／沖縄地方

福岡県	❶西日本新聞	2.3	❷朝日新聞	1.7	❸毎日新聞	1.6
佐賀県	❶日本経済新聞	0.1	❷西日本新聞	0.1	❸読売新聞	0.0
長崎県	❶西日本新聞	0.0	—		—	
熊本県	❶熊本日日新聞	4.0	❷毎日新聞	0.0	❸日本経済新聞	0.0
大分県	❶大分合同新聞	36.0	❷毎日新聞	0.0	❸日本経済新聞	0.0
宮崎県	❶夕刊デイリー*	7.8				
鹿児島県	❶読売新聞	0.0	❷読売新聞	0.0	❸毎日新聞	0.0
沖縄県	❶朝日新聞	0.1	❷読売新聞	0.1	❸毎日新聞	0.0

新聞

Newspaper

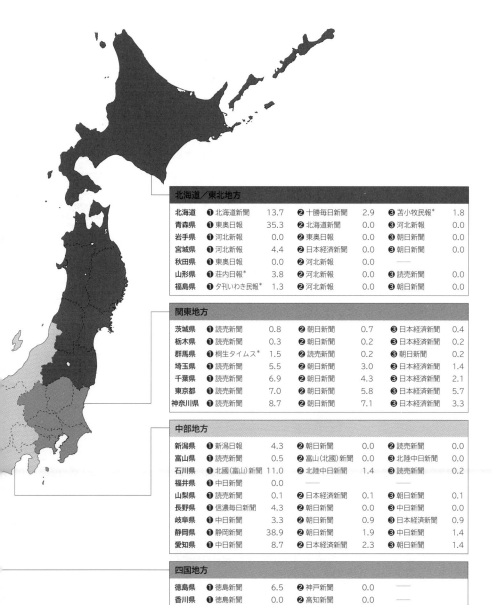

北海道／東北地方

北海道	❶ 北海道新聞	13.7	❷ 十勝毎日新聞	2.9	❸ 苫小牧民報*	1.8
青森県	❶ 東奥日報	35.3	❷ 北海道新聞	0.0	❸ 河北新報	0.0
岩手県	❶ 河北新報	0.0	❷ 東奥日報	0.0	❸ 朝日新聞	0.0
宮城県	❶ 河北新報	4.4	❷ 日本経済新聞	0.0	❸ 朝日新聞	0.0
秋田県	❶ 東奥日報	0.0	❷ 河北新報	0.0	—	
山形県	❶ 荘内日報*	3.8	❷ 河北新報	0.0	❸ 読売新聞	0.0
福島県	❶ 夕刊いわき民報*	1.3	❷ 河北新報	0.0	❸ 朝日新聞	0.0

関東地方

茨城県	❶ 読売新聞	0.8	❷ 朝日新聞	0.7	❸ 日本経済新聞	0.4
栃木県	❶ 読売新聞	0.3	❷ 朝日新聞	0.2	❸ 日本経済新聞	0.2
群馬県	❶ 桐生タイムス*	1.5	❷ 読売新聞	0.2	❸ 朝日新聞	0.2
埼玉県	❶ 読売新聞	5.5	❷ 朝日新聞	3.0	❸ 日本経済新聞	1.4
千葉県	❶ 読売新聞	6.9	❷ 朝日新聞	4.3	❸ 日本経済新聞	2.1
東京都	❶ 読売新聞	7.0	❷ 朝日新聞	5.8	❸ 日本経済新聞	5.7
神奈川県	❶ 読売新聞	8.7	❷ 朝日新聞	7.1	❸ 日本経済新聞	3.3

中部地方

新潟県	❶ 新潟日報	4.3	❷ 朝日新聞	0.0	❷ 読売新聞	0.0
富山県	❶ 読売新聞	0.5	❷ 富山(北國)新聞	0.0	❸ 北陸中日新聞	0.0
石川県	❶ 北國(富山)新聞	11.0	❷ 北陸中日新聞	1.4	❸ 読売新聞	0.2
福井県	❶ 中日新聞	0.0	—			
山梨県	❶ 読売新聞	0.1	❷ 日本経済新聞	0.1	❸ 朝日新聞	0.1
長野県	❶ 信濃毎日新聞	4.3	❷ 朝日新聞	0.0	❸ 中日新聞	0.0
岐阜県	❶ 中日新聞	3.3	❷ 朝日新聞	0.9	❸ 日本経済新聞	0.9
静岡県	❶ 静岡新聞	38.9	❷ 朝日新聞	1.9	❸ 中日新聞	1.4
愛知県	❶ 中日新聞	8.7	❷ 日本経済新聞	2.3	❸ 朝日新聞	1.4

四国地方

徳島県	❶ 徳島新聞	6.5	❷ 神戸新聞	0.0	—	
香川県	❶ 徳島新聞	0.0	❷ 高知新聞	0.0	—	
愛媛県	—					
高知県	❶ 高知新聞	29.2	❷ 朝日新聞	0.0	—	

(注) 地方紙は上位2紙が対象
部数(無印)：ABC公査部数 日本ABC協会「新聞発行社レポート半期2019年1〜6月平均」をもとに作成
部数(*印)：自社公称部数
世帯数：住民基本台帳(2019年1月1日現在)

新聞
Newspaper

新聞部数

[新聞部数 中央紙]

新聞名	本・支社		朝刊部数	夕刊部数
朝日新聞	北海道		107,251	24,207
	東京		3,131,185	993,583
	名古屋		296,474	62,252
	大阪		1,569,429	602,814
	西部		475,059	42,589
		計	5,579,398	1,725,445
毎日新聞	北海道		31,155	―
	東京		972,094	231,817
	中部		89,716	22,837
	大阪		935,518	393,279
	西部		407,164	40,604
		計	2,435,647	688,537
読売新聞	北海道		188,386	35,507
	東京		4,912,643	1,300,407
	北陸		87,201	2,833
	中部		153,436	―
	大阪		2,109,488	782,668
	西部		648,291	40,673
		計	8,099,445	2,162,088
日本経済新聞	北海道		37,988	―
	東京		1,390,786	692,302
	名古屋		163,506	90,337
	大阪		589,006	316,039
	西部		151,801	34,555
		計	2,333,087	1,133,233
産経新聞	東京		582,566	―
	大阪		804,445	360,723
		計	1,387,011	360,723

[新聞部数 ブロック紙]

新聞名	発行新聞名		朝刊部数	夕刊部数
北海道新聞			954,005	382,069
中日新聞	東京新聞		442,550	158,214
	北陸中日新聞		89,824	6,820
	中日新聞		2,228,196	358,226
		計	2,760,570	523,260
西日本新聞			575,989	57,102

部数(無印):ABC公査部数 日本ABC協会「新聞発行社レポート半期2019年1～6月平均」より
部数(＊印):自社公称部数
[―]:該当する部数のないもの

新聞
Newspaper

[新聞部数 地方紙]

新聞名		朝刊部数	夕刊部数	新聞名		朝刊部数	夕刊部数
釧路新聞	（北海道）＊	55,205	—	中部経済新聞	（愛知）＊	90,000	—
室蘭民報	（北海道）＊	60,165	43,332	東愛知新聞	（愛知）＊	48,200	—
苫小牧民報	（北海道）＊	—	49,910	岐阜新聞	（岐阜）	159,839	—
十勝毎日新聞	（北海道）	—	80,564	伊勢新聞	（三重）＊	100,180	—
函館新聞	（北海道）	16,781	—	夕刊三重	（三重）＊		14,415
東奥日報	（青森）	213,090	209,151	京都新聞	（京都）	422,291	178,421
デーリー東北	（青森）	99,551	—	大阪日日新聞	（大阪）	5,726	—
陸奥新報	（青森）＊	50,600	—	神戸新聞	（兵庫）	485,599	148,559
秋田魁新報	（秋田）	209,865	—	奈良新聞	（奈良）＊	110,850	—
北羽新報	（秋田）＊	24,715	—	紀伊民報	（和歌山）	—	32,465
岩手日報	（岩手）	192,276	—	日刊熊野新聞	（和歌山）＊		12,400
岩手日日新聞	（岩手）＊	55,600	—	山陽新聞	（岡山）	351,862	30,180
河北新報	（宮城）	430,265	44,312	中国新聞	（広島）	583,946	—
山形新聞	（山形）	193,288	—	中国新聞SELECT	（広島）	25,183	—
荘内日報	（山形）＊	—	15,610	日本海新聞	（鳥取）	163,179	—
米澤新聞	（山形）＊	15,500	—	山陰中央新報	（島根）	183,610	—
福島民報	（福島）	248,211	—	島根日日新聞	（島根）＊	29,280	—
福島民友	（福島）	175,914	—	山口新聞	（山口）＊	85,292	—
夕刊いわき民報	（福島）＊	—	9,904	宇部日報	（山口）＊	—	50,030
茨城新聞	（茨城）	122,656	—	徳島新聞	（徳島）	209,043	21,943
下野新聞	（栃木）	295,445	—	四国新聞	（香川）	182,343	—
上毛新聞	（群馬）	297,420	—	愛媛新聞	（愛媛）	221,939	—
桐生タイムス	（群馬）＊	—	12,728	高知新聞	（高知）	164,430	103,126
埼玉新聞	（埼玉）＊	117,600	—	佐賀新聞	（佐賀）	128,657	—
千葉日報	（千葉）＊	145,150	—	長崎新聞	（長崎）	171,263	—
神奈川新聞	（神奈川）	173,774	—	熊本日日新聞	（熊本）	269,965	31,923
静岡新聞	（静岡）	616,846	616,818	大分合同新聞	（大分）	194,005	193,974
山梨日日新聞	（山梨）	195,000	—	宮崎日日新聞	（宮崎）	200,839	—
信濃毎日新聞	（長野）	462,470	38,003	夕刊デイリー	（宮崎）＊	—	40,872
長野日報	（長野）＊	53,700	—	南日本新聞	（鹿児島）	282,177	—
南信州新聞	（長野）＊	23,000	—	南海日日新聞	（鹿児島）＊	23,535	—
市民タイムス	（長野）＊	66,119	—	沖縄タイムス	（沖縄）＊	157,173	—
新潟日報	（新潟）	422,693	38,786	琉球新報	（沖縄）＊	154,509	—
北日本新聞	（富山）	227,824	—	八重山毎日新聞	（沖縄）＊	16,000	—
北國（富山）新聞	（石川）	341,579	54,034	宮古毎日新聞	（沖縄）＊	15,400	—
福井新聞	（福井）	188,553	—				
日刊県民福井	（福井）	31,096	—				

（注）地方紙の（ ）内は本社所在地
部数（無印）：ABC公査部数 日本ABC協会「新聞発行社レポート半期2019年1〜6月平均」より
部数（＊印）：自社公称部数
[—]：該当する部数のないもの

新聞 Newspaper

［新聞部数 スポーツ紙］

新聞名	本・支社		朝夕刊部数
日刊スポーツ	東京	*	801,966
	大阪	*	457,228
	名古屋	*	74,973
	西部		178,232
	北海道	*	104,234
	計		1,616,633
スポーツニッポン	東京	*	854,809
	大阪	*	550,818
	西部	*	255,283
	北海道	*	60,805
	計		1,721,715
スポーツ報知	東京	*	781,357
	大阪	*	445,415
	中部		59,275
	北海道		21,061
	西部		119,609
	計		1,426,717
サンケイスポーツ	東京	*	724,024
	大阪	*	506,165
	計		1,230,189
デイリースポーツ	東京	*	278,543
	大阪	*	393,448
	計		671,991
中日スポーツ	東京中日スポーツ	*	142,785
	中日スポーツ	*	392,614
	計		535,399
東京スポーツ	東京スポーツ	*	713,000
	大阪スポーツ	*	234,000
	中京スポーツ	*	164,000
	九州スポーツ		280,000
	計		1,391,000
西日本スポーツ		*	89,700
道新スポーツ			38,012

［新聞部数 専門紙・その他］

新聞名		朝刊部数
日経産業新聞	*	78,000
日経MJ（流通新聞）	*	150,000
日刊工業新聞	*	420,105
フジサンケイ ビジネスアイ	*	153,000
日経ヴェリタス	*	58,000
ニッキン		79,262
日本農業新聞		324,308
電波新聞	*	285,000
日本海事新聞	*	50,000
日刊水産経済新聞	*	58,000
納税通信	*	47,500
税理士新聞	*	28,700
聖教新聞	*	5,500,000
朝日小学生新聞		78,002
朝日中高生新聞		47,337
読売KoDoMo新聞		189,017
読売中高生新聞		91,418
毎日小学生新聞	*	99,000

［新聞部数 夕刊紙］

新聞名	本・支社		夕刊部数
夕刊フジ	東京	*	1,058,000
	大阪	*	501,000
	計		1,559,000
日刊ゲンダイ	東京	*	965,000
	名古屋	*	133,000
	大阪	*	281,000
	北海道	*	78,500
	計		1,457,500

［新聞部数 英字紙］

新聞名		朝刊部数
The Japan Times	*	42,119
The Japan News		18,219
Mainichi Weekly	*	48,000

部数（無印）：ABC公査部数 日本ABC協会「新聞発行社レポート半期2019年1〜6月平均」より
部数（＊印）：自社公称部数

● ABC公査部数と自社公称部数

新聞の媒体力を示す主な指標は部数と普及率です。部数には、日本ABC協会が調査したABC公査部数と、新聞社が独自に発表する自社公称部数があります。

● 発行部数と販売部数

発行部数には、販売部数と掲載見本紙などの非販売部数が含まれますが、非販売部数は微少であるため、日本ABC協会の発行社レポートでは販売部数だけを対象に公査しています。販売部数には駅売店やスタンドでの即売部数と郵送によるものも含まれます。

版建て

新聞紙面のノンブル※には面（ページ）を表す数字と並んで14版、4版などの記載があります。これは配布区域の遠近によって異なる紙面の印刷・発行区分を示すもので、1面に掲載されているものが全体を表しています。これを版建てと呼んでいます。この表記は、記事・紙面レイアウトの新鮮度も表しており、例えば1面が14版の表示であるのに中面に12版の表示がある場合、中面は12版から変更されていないことを表しています。朝刊の株式市況など記事内容に変更がないものは同じ表記のまま初版から最終版まで通して掲載されます。逆に1面・社会面・国際面・スポーツ面など、状況が変化するものは常に最新情報に差し替えられるため、版ごとに記事内容・紙面レイアウトが異なり、表記も新しくなります。

※紙面の最上部、社罫の外側に記載されている新聞社名・日付・曜日・面数・名称（記事内容）・第3種郵便物認可番号（1面には通算発行号数）の総称

面建てと広告建て段数

新聞社では各曜日、朝夕刊ごとにあらかじめ基本となる総ページ数と面の編集内容を決めており、これを面建てといいます。これをもとに各面での広告段数（建て段数）が設定されていますが、ニュース報道面では記事量の都合で弾力的に運用されることがあります。

配布エリア

朝刊と夕刊を発行している新聞社の配布エリアは、下記のように分類されます。

セット版エリア	朝刊と夕刊が配布されている地域。
統合版エリア	朝刊のみを配布している地域（輸送上の問題で夕刊の配布ができないため、前日の夕刊の記事を含めて編集された朝刊を配布）。

広告掲載基準と広告審査

日本新聞協会は、不当な広告の排除や新聞広告の信頼性向上に取り組むため、1958年に新聞広告倫理綱領、そして1976年には新聞広告掲載基準を制定しました。その広告適正化の精神のもと、各新聞社では個別に倫理規定・掲載基準を定め、運用しています。

各社では広告の掲載にあたり、広告審査部署が事前のチェックをします。広告主から広告会社などを通じて提供された資料・情報が広告掲載可否を判断するのに不十分な場合、審査部署は、第三者機関である公益財団法人広告審査協会に広告主訪問審査を依頼します。同協会では、広告が法令や自主規制に触れていないかを調べ、必要であれば行政機関に適法性を照会した上で、審査報告書を媒体社に提出します。広告主の業態（許認可、届出など）や広告内容・表示が必要要件を満たさない場合は、掲載に問題ありと報告されることもあります。この審査報告書は広告審査協会の独自見解ですが、媒体社側は掲載可否の判断材料の1つとして重視しています。

どのような場合でも、広告の掲載可否は媒体社の判断・責任において決定され、広告審査協会がその判断に関与することはありません。

新聞社が中心となって1971年に設立された広告審査協会には、現在、出版社、在京民放テレビ局とその系列放送局、大手ポータルサイトなどを運営するインターネット事業者、大手広告会社も会員として加わり、新聞以外の広告審査にも欠かせない存在となっています。

新聞

Newspaper

新聞

Newspaper

閲読状況

新聞（朝刊）を毎日読む層は、全体で5割を超えていて、男性の方がやや高いものの男女に大きな差はありません。

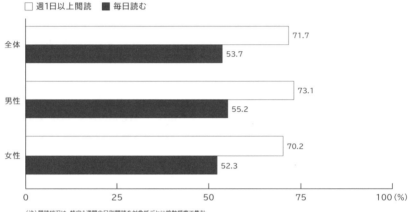

[新聞の閲読状況 朝刊]

□ 週1日以上閲読　■ 毎日読む

全体
71.7
53.7

男性
73.1
55.2

女性
70.2
52.3

0　　　　　25　　　　　50　　　　　75　　　　100 (%)

(注) 閲読状況は、特定1週間の日別閲読を対象紙ごとに接触頻度で集計
(注)「週1日以上閲読」は全対象紙、「毎日読む」は対象紙の内、毎日発行している新聞

ビデオリサーチ「J-READ（全国新聞総合調査）2018」をもとに作成

回読人数

新聞は世帯内で複数の人に読まれることが多く、2人以上での回読が約8割となっています。世帯内で回読されることにより、部数以上の読者がいるといえます。

[新聞の回読人数 朝刊]

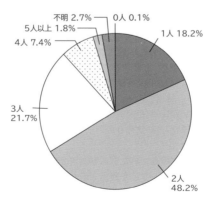

不明 2.7%
0人 0.1%
1人 18.2%
5人以上 1.8%
4人 7.4%
3人 21.7%
2人 48.2%

対象紙の内、中央紙・ブロック紙・地方紙の朝刊、宅配購読者ベース
ビデオリサーチ「J-READ（全国新聞総合調査）2018」をもとに作成

閲読時間

新聞の平均閲読時間を曜日別にみると、朝刊は平日より週末の方がわずかに長い傾向があります。

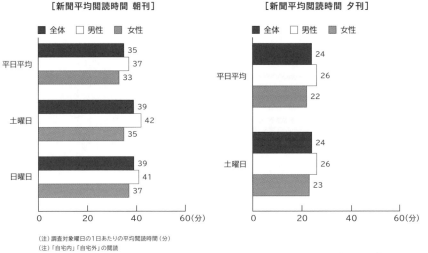

［新聞平均閲読時間 朝刊］

■ 全体　□ 男性　▨ 女性

	全体	男性	女性
平日平均	35	37	33
土曜日	39	42	35
日曜日	39	41	37

［新聞平均閲読時間 夕刊］

■ 全体　□ 男性　▨ 女性

	全体	男性	女性
平日平均	24	26	22
土曜日	24	26	23

（注）調査対象曜日の1日あたりの平均閲読時間（分）
（注）「自宅内」「自宅外」の閲読

各対象曜日の閲読者ベース
ビデオリサーチ「MCR／ex2019」をもとに作成

閲読者率

曜日別の閲読者率は、月曜から土曜まであまり変わりませんが、日曜だけやや高い傾向があります。

［新聞の閲読者率］

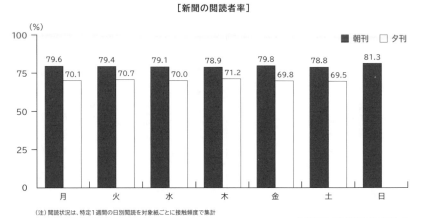

■ 朝刊　□ 夕刊

	月	火	水	木	金	土	日
朝刊	79.6	79.4	79.1	78.9	79.8	78.8	81.3
夕刊	70.1	70.7	70.0	71.2	69.8	69.5	

（注）閲読状況は、特定1週間の日別閲読を対象紙ごとに接触頻度で集計

対象紙の内、中央紙5紙、宅配購読者ベース
ビデオリサーチ「J-READ（全国新聞総合調査）2018」をもとに作成

新聞

Newspaper

新聞　Newspaper

閲読時間帯

平日の朝刊は、土・日に比べて5～7時台といった早い時間帯に読まれる傾向があり、さらに夜間帯にもよく読まれています。

[新聞閲読時間帯 朝刊]　　　　　　　　　　　　　　　　[新聞閲読時間帯 夕刊]

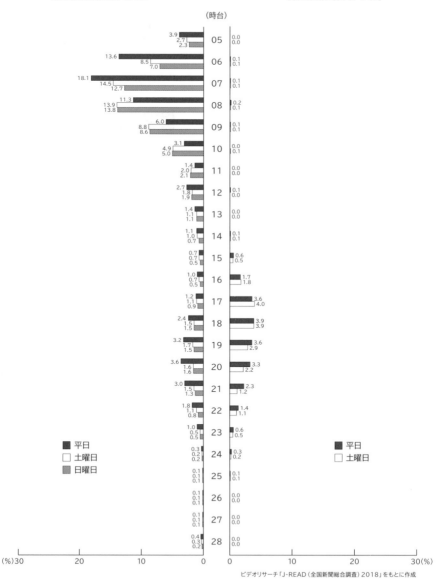

ビデオリサーチ「J-READ（全国新聞総合調査）2018」をもとに作成

記事嗜好 上位30ジャンル

男性は政治や経済、スポーツ記事を、また、女性は地元の社会・事件や、料理・健康など生活まわりの記事をよく読んでいます。

[普段読む新聞記事ジャンル]

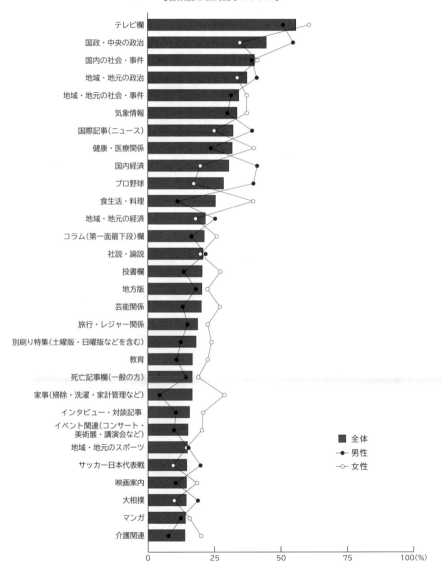

凡例:
■ 全体
●— 男性
○— 女性

(注) 全61回答項目 (全62回答項目中「新聞は読まない」を除く) 中、上位30位
ビデオリサーチ「J-READ (全国新聞総合調査) 2018」をもとに作成

新聞
Newspaper

新聞
Newspaper

閲読状況分析

[新聞閲読状況 朝刊 性・年代別構成比]

凡例:
■ 男性15〜19歳　■ 男性20代　男性30代　■ 男性40代　男性50代　男性60代
男性70〜74歳　女性15〜19歳　女性20代　女性30代　女性40代　女性50代
女性60代　女性70〜74歳

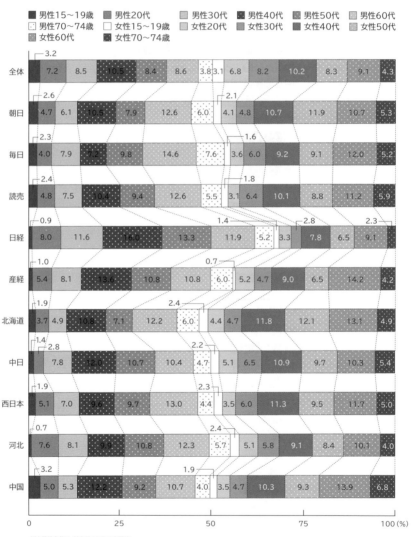

全体　3.2　7.2　8.5　10.5　8.4　8.6　3.8　3.1　6.8　8.2　10.2　8.3　9.1　4.3

朝日　2.6　4.7　6.1　10.5　7.9　12.6　6.0　2.1　4.1　4.8　10.7　11.9　10.7　5.3

毎日　2.3　4.0　7.9　7.2　9.8　14.6　7.6　1.6　3.6　6.0　9.2　9.1　12.0　5.2

読売　2.4　4.8　7.5　10.4　9.4　12.6　5.5　1.8　3.1　6.4　10.1　8.8　11.2　5.9

日経　0.9　8.0　11.6　16.0　13.3　11.9　5.2　1.4　3.3　2.8　7.8　6.5　9.1　2.3

産経　1.0　5.4　8.1　13.6　10.8　10.8　6.0　0.7　5.2　4.7　9.0　6.5　14.2　4.2

北海道　1.9　3.7　4.9　10.8　7.1　12.2　6.0　2.4　4.4　4.7　11.8　12.1　13.1　4.9

中日　1.4　2.8　7.8　12.0　10.7　10.4　4.7　2.2　5.1　6.5　10.9　9.7　10.3　5.4

西日本　1.9　5.1　7.0　9.6　9.7　13.0　4.4　2.3　3.5　6.0　11.3　9.5　11.7　5.0

河北　0.7　7.6　8.1　9.9　10.8　12.3　5.7　2.4　5.1　5.8　9.1　8.4　10.1　4.0

中国　3.2　5.0　5.3　12.2　9.2　10.7　4.0　1.9　3.5　4.7　10.3　9.3　13.9　6.8

0　25　50　75　100(%)

(注) 閲読条件は、対象紙を1日以上閲読
(注) 全体は、調査対象の推定人口の構成比

ビデオリサーチ「J-READ（全国新聞総合調査）2018」をもとに作成

新聞

Newspaper

[新聞閲読状況 朝刊 職業別構成比]

■ 給料事務・研究職　■ 給料労務・作業職　■ 販売・サービス業　□ 経営・管理職　□ 専門職・自由業
■ 商工自営業　■ 農・林・漁業　□ 中学生・高校生　□ 短大・大学生・各種学校　■ 主婦　□ その他　■ 無職

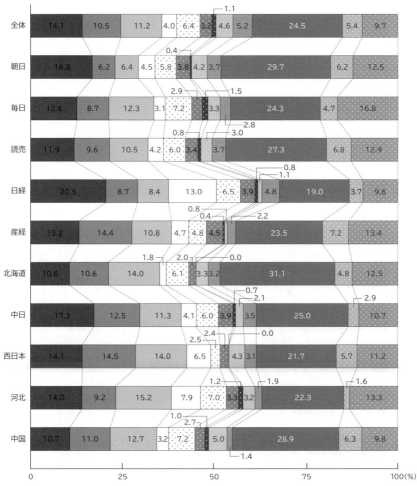

（注）閲読条件は、対象紙を1日以上閲読
（注）全体は、調査対象の推定人口の構成比
（注）「中学生・高校生」は、「中学生」「高校生（高等専門学校・高等専修学校を含む）」のいずれかの回答者
（注）「短大・大学生・各種学校」は、「短大・専門学校生」「大学・大学院生」「各種学校（料理学校・ビジネス学院など）・予備校生」のいずれかの
　　回答者

ビデオリサーチ「J-READ（全国新聞総合調査）2018」をもとに作成

新聞
Newspaper

[新聞閲読状況 朝刊 世帯年収別構成比]

■ 300万円未満　■ 300〜500万円未満　□ 500〜700万円未満
□ 700〜1,000万円未満　▨ 1,000〜1,200万円未満　▨ 1,200〜1,500万円未満
▨ 1,500〜2,000万円未満　▨ 2,000万円以上　■ 収入なし　▨ 不明

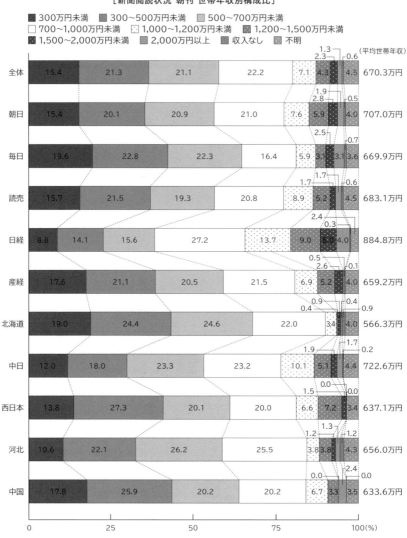

（注）閲読条件は、対象紙を1日以上閲読
（注）全体は、調査対象の推定人口の構成比

ビデオリサーチ「J-READ（全国新聞総合調査）2018」をもとに作成

新聞

Newspaper

［新聞閲読状況 朝刊 最終学歴別構成比］

■ 中学校　■ 高等学校・高等専修学校　▨ 短大・高等専門学校・専門学校
□ 大学・大学院（修士・博士）　▨ 在学中　▨ 不明

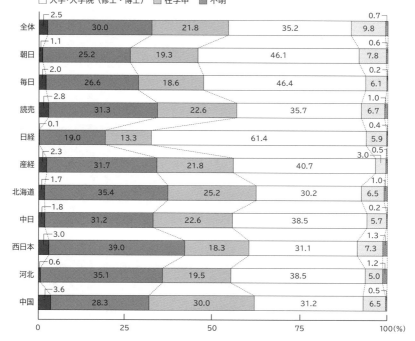

	中学校	高等学校・高等専修学校	短大・高等専門学校・専門学校	大学・大学院（修士・博士）	在学中	不明
全体	2.5	30.0	21.8	35.2	0.7	9.8
朝日	1.1	25.2	19.3	46.1	0.6	7.8
毎日	2.0	26.6	18.6	46.4	0.2	6.1
読売	2.8	31.3	22.6	35.7	1.0	6.7
日経	0.1	19.0	13.3	61.4	0.4	5.9
産経	2.3	31.7	21.8	40.7	3.0 0.5	
北海道	1.7	35.4	25.2	30.2	1.0	6.5
中日	1.8	31.2	22.6	38.5	0.2	5.7
西日本	3.0	39.0	18.3	31.1	1.3	7.3
河北	0.6	35.1	19.5	38.5	1.2	5.0
中国	3.6	28.3	30.0	31.2	0.5	6.5

［新聞併読状況 朝刊］

単位：ヨコ%

	推定閲読人口（千人）	朝日	毎日	読売	日経	産経	北海道	中日	西日本	河北	中国
全　　体	79,864	15.2	5.2	18.9	7.5	3.8	1.5	6.2	1.2	0.7	1.2
朝 日 新 聞	12,133	100.0	5.6	8.7	8.4	2.6	0.1	2.4	0.7	0.2	0.4
毎 日 新 聞	4,145	16.3	100.0	12.7	10.7	5.9	0.1	4.5	0.8	0.2	0.3
読 売 新 聞	15,094	7.0	3.5	100.0	7.6	3.4	0.3	0.6	0.1	0.3	0.3
日本経済新聞	6,007	16.9	7.4	19.1	100.0	7.2	0.7	6.9	1.2	0.7	0.5
産 経 新 聞	3,075	10.3	8.0	16.5	14.0	100.0	0.2	1.1	0.3	0.4	0.1
北 海 道 新 聞	1,170	1.4	0.5	3.3	3.7	0.4	100.0	0.0	0.0	0.0	0.0
中 日 新 聞	4,926	6.0	3.8	1.7	8.4	0.7	0.0	100.0	0.0	0.0	0.0
西 日 本 新 聞	989	8.3	3.3	1.5	7.3	0.9	0.0	0.0	100.0	0.0	0.0
河 北 新 報	560	3.7	1.3	7.6	7.9	2.0	0.0	0.0	0.0	100.0	0.0
中 国 新 聞	980	5.2	1.3	4.6	3.3	0.2	0.0	0.0	0.0	0.0	100.0

上記の表の見方：例えば、表左側の上から2番目の朝日新聞をヨコに見ていくと、朝日新聞読者の5.6%が毎日新聞を、8.7%が読売新聞を併読していることがわかります。

(注) 閲読条件は、対象紙を1日以上閲読

(注) 全体は、調査対象の推定人口の構成比

ビデオリサーチ「J-READ（全国新聞総合調査）2018」をもとに作成

都道府県別閲読者率 朝刊

[都道府県別新聞閲読者率 朝刊 中央紙・ブロック紙]

単位：%

	中央紙					ブロック紙		
	朝日新聞	毎日新聞	読売新聞	日本経済新聞	産経新聞	北海道新聞	中日新聞	西日本新聞
北海道	4.1	1.0	9.2	3.0	0.2	53.6	—	—
青森県	6.2	1.3	6.4	2.1	0.6	—	—	—
岩手県	9.4	2.1	11.5	4.5	1.3	—	—	—
宮城県	10.0	1.3	8.0	5.8	1.4	—	—	—
秋田県	8.2	3.1	7.6	2.3	1.4	—	—	—
山形県	10.0	8.3	16.5	4.0	0.5	—	—	—
福島県	7.3	3.8	7.0	3.8	1.3	—	—	—
茨城県	16.2	6.5	39.6	4.5	3.9	—	2.1 (東京)	—
栃木県	10.9	1.6	27.8	1.9	1.8	—	0.7 (東京)	—
群馬県	11.5	4.4	32.2	3.3	2.5	—	1.7 (東京)	—
埼玉県	16.7	7.3	34.3	8.6	3.8	—	2.8 (東京)	—
千葉県	22.0	2.0	31.5	7.4	3.6	—	3.0 (東京)	—
東京都	21.1	3.6	23.9	12.8	4.4	—	4.2 (東京)	—
神奈川県	26.6	4.0	25.2	9.9	5.5	—	2.2 (東京)	—
新潟県	5.3	2.4	7.5	6.3	1.3	—	—	—
富山県	6.9	0.4	24.4	6.8	0.5	—	2.4 (北陸中日)	—
石川県	1.4	1.0	6.3	6.3	1.1	—	23.1 (北陸中日)	—
福井県	5.5	0.7	3.6	2.7	—	—	2.5 (中日)	—
山梨県	6.1	1.0	11.5	2.0	0.7	—	—	—
長野県	4.5	1.8	7.8	5.1	0.9	—	4.5 (中日)	—
岐阜県	10.4	1.9	2.8	5.1	0.8	—	54.8 (中日)	—
静岡県	4.1	0.6	3.5	6.6	2.5	—	12.4 (中日)	—
愛知県	10.4	3.4	4.1	8.8	0.6	—	63.7 (中日)	—
三重県	9.3	4.6	5.6	5.5	0.3	—	48.4 (中日)	—
滋賀県	17.9	6.4	24.1	5.4	3.1	—	10.4 (中日)	—
京都府	14.7	7.1	14.5	7.4	0.9	—	—	—
大阪府	17.9	11.7	22.8	7.9	15.8	—	—	—
兵庫県	20.3	10.0	18.6	9.9	4.7	—	—	—
奈良県	18.7	20.8	21.8	8.5	11.9	—	—	—
和歌山県	15.2	19.8	28.3	4.4	7.9	—	—	—
鳥取県	3.3	4.4	11.6	1.8	1.4	—	—	—
島根県	8.0	3.0	8.2	4.0	2.0	—	—	—
岡山県	16.2	1.8	11.6	5.5	1.8	—	—	—
広島県	7.1	3.0	4.9	4.3	0.3	—	—	—
山口県	21.3	12.3	33.2	6.1	0.4	—	—	—
徳島県	5.3	0.7	3.2	5.8	1.6	—	—	—
香川県	15.4	2.3	11.8	8.1	2.3	—	—	—
愛媛県	12.9	3.2	13.2	4.7	0.4	—	—	—
高知県	3.8	1.0	2.7	3.4	1.0	—	—	—
福岡県	15.3	10.8	13.4	7.1	1.9	—	—	26.5
佐賀県	8.3	3.2	10.6	4.7	—	—	—	16.2
長崎県	8.6	7.0	8.8	3.9	0.9	—	—	10.9
熊本県	6.5	1.7	8.0	4.0	—	—	—	1.1
大分県	9.7	8.8	13.6	3.1	1.4	—	—	0.4
宮崎県	10.0	2.6	6.7	5.4	—	—	—	—
鹿児島県	3.7	2.8	8.1	5.7	1.7	—	—	—
沖縄県	0.5	0.3	1.2	2.0	—	—	—	—

(注) 閲読条件は対象紙を1日以上閲読
(注) 都道府県ごとに対象紙は異なる

ビデオリサーチ「J-READ（全国新聞総合調査）2018」をもとに作成

[都道府県別新聞閲読者率 朝刊 地方紙 上位3紙]

単位：%

	地方紙1		地方紙2		地方紙3	
北海道	釧路新聞	1.7	函館新聞	0.6	—	—
青森県	東奥日報	42.4	デーリー東北	21.0	陸奥新報	4.5
岩手県	岩手日報	51.6	岩手日日	10.4	河北新報	0.5
宮城県	河北新報	49.1	—	—	—	—
秋田県	秋田魁新報	65.4	北羽新報	7.2	河北新報	1.4
山形県	山形新聞	53.2	米澤新聞	0.8	—	—
福島県	福島民報	43.9	福島民友	28.7	河北新報	0.7
茨城県	茨城新聞	9.9	—	—	—	—
栃木県	下野新聞	46.1	—	—	—	—
群馬県	上毛新聞	36.2	—	—	—	—
埼玉県	埼玉新聞	1.5	—	—	—	—
千葉県	千葉日報	2.0	—	—	—	—
東京都	—	—	—	—	—	—
神奈川県	神奈川新聞	7.1	—	—	—	—
新潟県	新潟日報	62.7	三条新聞	6.2	—	—
富山県	北日本新聞	67.1	富山新聞	12.0	—	—
石川県	北國新聞	62.2	—	—	—	—
福井県	福井新聞	67.0	日刊県民福井	13.3	—	—
山梨県	山梨日日新聞	64.1	—	—	—	—
長野県	信濃毎日新聞	61.2	市民タイムス	13.8	長野日報	6.5
岐阜県	岐阜新聞	20.1	中部経済新聞	0.8	—	—
静岡県	静岡新聞	53.0	—	—	—	—
愛知県	東愛知新聞	1.0	中部経済新聞	0.3	—	—
三重県	伊勢新聞	2.1	中部経済新聞	0.3	—	—
滋賀県	京都新聞	12.6	—	—	—	—
京都府	京都新聞	40.8	—	—	—	—
大阪府	大阪日日新聞	0.2	—	—	—	—
兵庫県	神戸新聞	22.6	—	—	—	—
奈良県	奈良新聞	5.2	—	—	—	—
和歌山県	—	—	—	—	—	—
鳥取県	日本海新聞	69.4	山陰中央新報	4.0	—	—
島根県	山陰中央新報	72.5	島根日日新聞	2.7	中国新聞	1.6
岡山県	山陽新聞	48.2	—	—	—	—
広島県	中国新聞	51.5	中国新聞SELECT	9.5	山陽新聞	0.3
山口県	中国新聞	12.2	山口新聞	8.6	中国新聞SELECT	0.4
徳島県	徳島新聞	75.8	—	—	—	—
香川県	四国新聞	53.9	—	—	—	—
愛媛県	愛媛新聞	45.8	—	—	—	—
高知県	高知新聞	77.1	—	—	—	—
福岡県	—	—	—	—	—	—
佐賀県	佐賀新聞	47.7	—	—	—	—
長崎県	長崎新聞	40.6	—	—	—	—
熊本県	熊本日日新聞	53.8	—	—	—	—
大分県	大分合同新聞	46.9	—	—	—	—
宮崎県	宮崎日日新聞	56.2	—	—	—	—
鹿児島県	南日本新聞	57.5	—	—	—	—
沖縄県	沖縄タイムス	40.5	琉球新報	39.0	—	—

（注）閲読条件は対象紙を1日以上閲読
（注）地方紙は各都道府県上位3位までを掲載
（注）都道府県ごとに対象紙は異なる

ビデオリサーチ「J-READ（全国新聞総合調査）2018」をもとに作成

新聞 ……………… Newspaper

新聞

Newspaper

地域に強く、信頼できる情報が評価されています

[各メディアに対する評価]

■ 新聞　□ テレビ　▨ インターネット

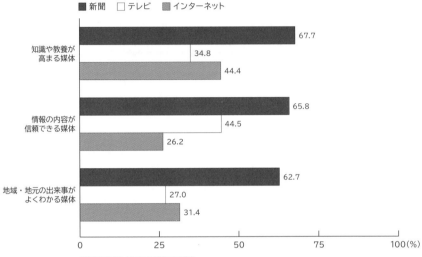

知識や教養が高まる媒体
- 新聞 67.7
- テレビ 34.8
- インターネット 44.4

情報の内容が信頼できる媒体
- 新聞 65.8
- テレビ 44.5
- インターネット 26.2

地域・地元の出来事がよくわかる媒体
- 新聞 62.7
- テレビ 27.0
- インターネット 31.4

(注) 各質問に対し「あてはまる媒体」の回答者
(注) インターネットは、「パソコン・タブレット型情報端末」「携帯電話・PHS・スマートフォン」の合計
ビデオリサーチ「J-READ（全国新聞総合調査）2018」をもとに作成

情報をきちんと確認できるメディアです

[新聞の閲読態度]

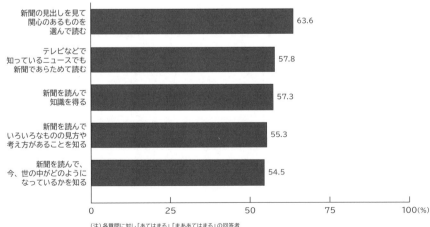

- 新聞の見出しを見て関心のあるものを選んで読む　63.6
- テレビなどで知っているニュースでも新聞であらためて読む　57.8
- 新聞を読んで知識を得る　57.3
- 新聞を読んでいろいろなものの見方や考え方があることを知る　55.3
- 新聞を読んで、今、世の中がどのようになっているかを知る　54.5

(注) 各質問に対し「あてはまる」「まああてはまる」の回答者
ビデオリサーチ「J-READ（全国新聞総合調査）2018」をもとに作成

政治経済や社会問題に高い関心があります

新聞閲読者は非閲読者に比べて国内外の政治や経済、選挙、福祉問題に関心が高い知識層が多いことがわかります。

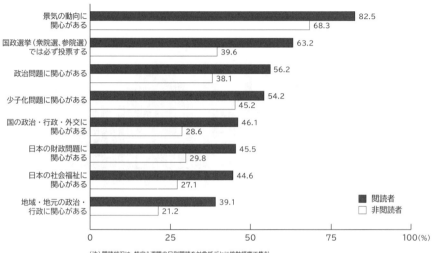

[日常生活に関する意識]

景気の動向に関心がある　82.5 / 68.3

国政選挙（衆院選、参院選）では必ず投票する　63.2 / 39.6

政治問題に関心がある　56.2 / 38.1

少子化問題に関心がある　54.2 / 45.2

国の政治・行政・外交に関心がある　46.1 / 28.6

日本の財政問題に関心がある　45.5 / 29.8

日本の社会福祉に関心がある　44.6 / 27.1

地域・地元の政治・行政に関心がある　39.1 / 21.2

■ 閲読者　□ 非閲読者

（注）閲読状況は、特定1週間の日別閲読を対象紙ごとに接触頻度で集計
（注）「閲読者」は、対象紙の内、中央紙・ブロック紙・地方紙の朝刊を週1日以上閲読
ビデオリサーチ「J-READ（全国新聞総合調査）2018」をもとに作成

子どもの教育に高い関心があります

新聞閲読者は非閲読者に比べて子どもの教育への関心が高いといえます。

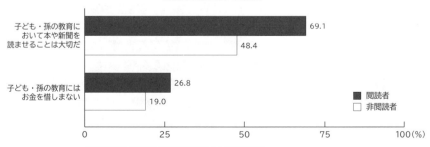

[日常生活に関する意識]

子ども・孫の教育において本や新聞を読ませることは大切だ　69.1 / 48.4

子ども・孫の教育にはお金を惜しまない　26.8 / 19.0

■ 閲読者　□ 非閲読者

（注）閲読状況は、特定1週間の日別閲読を対象紙ごとに接触頻度で集計
（注）「閲読者」は、対象紙の内、中央紙・ブロック紙・地方紙の朝刊を週1日以上閲読
子どもがいる（子どもの有無に「同居している子どもがいる」「同居していない子どもがいる」のいずれか1つ以上の回答者）ベース
ビデオリサーチ「J-READ（全国新聞総合調査）2018」をもとに作成

新聞　Newspaper

ブロック紙・地方紙は地域に大きな影響力があります

中央紙は広く全国に発行されていますが、ブロック紙・地方紙はそれぞれのエリアにおいて普及率が高く、地域に大きな影響力を持っています。

[新聞普及率 朝刊 都道府県別]

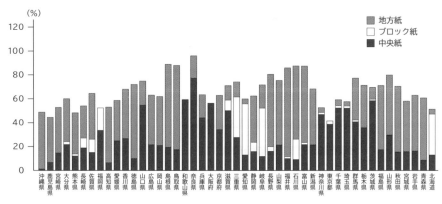

(注) 中央紙・ブロック紙・地方紙の普及率は、各紙普及率の合計。ただし地方紙は各県上位2紙までとする
日本ABC協会「新聞発行社レポート半期 2019年1〜6月平均」、自社公称部数をもとに作成

長期にわたって読者との関係を築くメディアです

[新聞購読継続期間]

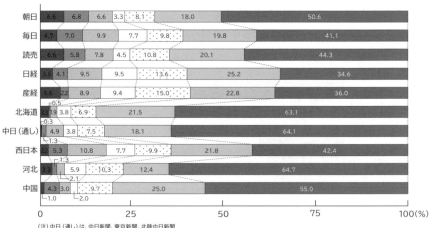

(注) 中日 (通し) は、中日新聞、東京新聞、北陸中日新聞
(注) 新聞購読継続期間の回答が「不明」を除く

各対象紙の宅配購読者ベース
ビデオリサーチ「J-READ (全国新聞総合調査) 2018」をもとに作成

新聞

Newspaper

新聞は地域情報の源泉です

[媒体別情報入手経路]

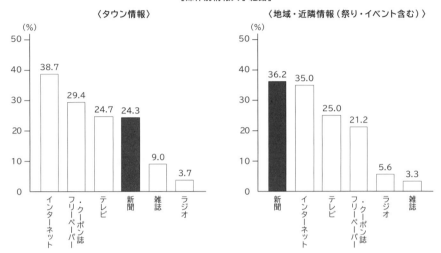

〈タウン情報〉

〈地域・近隣情報（祭り・イベント含む）〉

新聞

Newspaper

(注) インターネットは、「パソコン・タブレット型情報端末」「携帯電話・PHS・スマートフォン」のいずれか1つ以上の回答者
ビデオリサーチ「J-READ（全国新聞総合調査）2018」をもとに作成

地元情報はブロック紙・地方紙から入手します

[普段読む記事ジャンル]

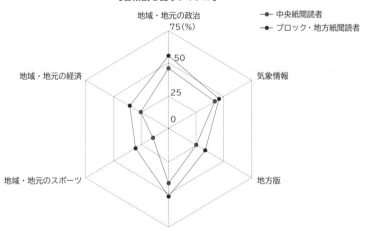

(注) 閲読状況は、特定1週間の日別閲読を対象紙ごとに接触頻度で集計
(注) 「閲読者」は、対象紙の内、中央紙またはブロック紙・地方紙の朝刊を週1日以上閲読
ビデオリサーチ「J-READ（全国新聞総合調査）2018」をもとに作成

性別・年齢を問わず、一斉に伝えます

新聞は、性別・年齢を問わず幅広い層への到達が期待できることから、企業や商品・サービスのブランディングを得意とし、また新会社の設立や社名変更の告知など、社会に対して一斉に周知を図る際のメディアとして適しています。

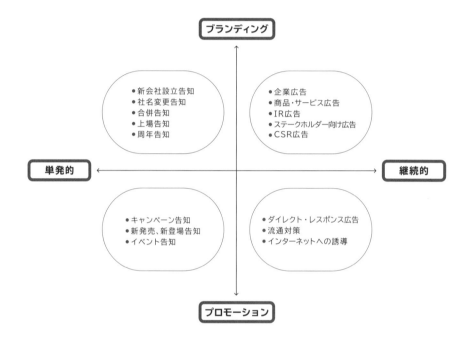

新聞広告は読者をとらえています

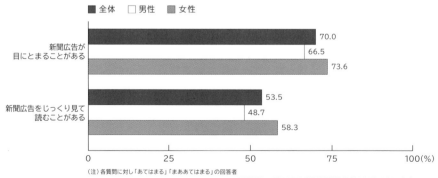

[新聞広告に対する意識]

■ 全体　□ 男性　▨ 女性

新聞広告が目にとまることがある
- 全体 70.0
- 男性 66.5
- 女性 73.6

新聞広告をじっくり見て読むことがある
- 全体 53.5
- 男性 48.7
- 女性 58.3

(注) 各質問に対し「あてはまる」「まああてはまる」の回答者

ビデオリサーチ「J-READ（全国新聞総合調査）2018」をもとに作成

新商品・サービスの認知や内容理解に適しています

[新聞広告に対する意識]

■ 全体　□ 男性　▨ 女性

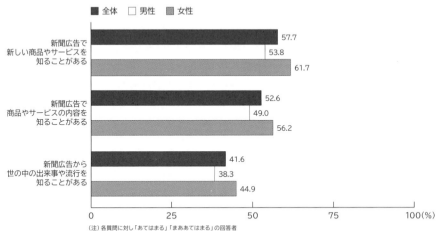

新聞広告で
新しい商品やサービスを
知ることがある
- 57.7
- 53.8
- 61.7

新聞広告で
商品やサービスの内容を
知ることがある
- 52.6
- 49.0
- 56.2

新聞広告から
世の中の出来事や流行を
知ることがある
- 41.6
- 38.3
- 44.9

（注）各質問に対し「あてはまる」「まあまああてはまる」の回答者

ビデオリサーチ「J-READ（全国新聞総合調査）2018」をもとに作成

新聞

Newspaper

読者の興味を引き、行動を喚起します

[新聞広告を見ての行動]

■ 全体　□ 男性　▨ 女性

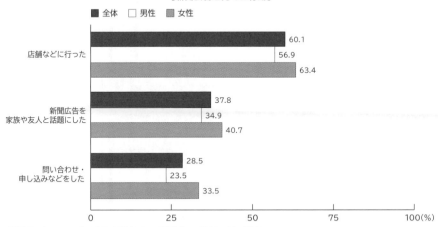

店舗などに行った
- 60.1
- 56.9
- 63.4

新聞広告を
家族や友人と話題にした
- 37.8
- 34.9
- 40.7

問い合わせ・
申し込みなどをした
- 28.5
- 23.5
- 33.5

（注）「店舗などに行った」は、最近1年間で新聞広告を見ての行動が以下のいずれか1つ以上の回答者
「地元の催し・イベントに行った」「映画に行った」「レジャー施設に行った」「百貨店・デパートに買い物に行った」「高級ブランドショップに買い物に行った」「スーパー・小売店・専門店に買い物に行った」「複合施設・アウトレットモールに行った」「飲食店に行った」「本・雑誌を買いに行った」「病院・医療施設に行った」「医薬品を買いに行った」「クルマのディーラー・販売店に行った」「不動産の物件を見に行った」「住宅展示場の会場に行った」「新聞社が行う催しに行った（展覧会・スポーツイベント・花火大会など）」

（注）「問い合わせ・申し込みなどをした」は、最近1年間で新聞広告を見ての行動が以下のいずれか1つ以上の回答者
「懸賞やクイズなどに応募した」「商品やサービスについて問い合わせや資料・サンプル請求をした」「スマートフォンや携帯電話の料金サービスの加入（変更）をした」「旅行の申し込みをした」「保険・金融商品の問い合わせをした」「人材募集の問い合わせや応募をした」「健康食品の通信販売の申し込みをした」「化粧品の通信販売の申し込みをした」「通信販売（健康食品・化粧品以外）の申し込みをした」「通信教育の申し込みをした」

ビデオリサーチ「J-READ（全国新聞総合調査）2018」をもとに作成

新聞広告は、掲載場所や色などで分類することができ、分類区分は広告料金とも連動しています。

掲載場所による分類

記事下広告	記事の下に掲載される最も一般的な新聞広告の形態。段単位でスペースが表される。全面広告、見開き二連版、縦15段1／3、逆L型なども記事下広告に含まれる。
雑報広告	記事面の中に掲載される広告で、新聞社によっては「小型広告」「小枠広告」などと呼ばれることもある。広告が入る場所によって基本的には題字下（ヨコ）、突出し、記事中、記事挟みの4種類があり、それぞれサイズがほぼ一定。これに対して、大型突出しなど規格外のものを一括して特殊雑報と呼ぶ。

［掲載場所による新聞広告の区分例（15段組の場合）］

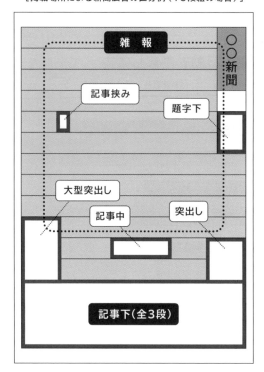

広告内容による分類

営 業 広 告	新聞広告の主流で告知・販促のための商品広告や、企業イメージを伝える企業広告がある。
臨時もの広告	死亡広告（黒枠）や災害時のお見舞い御礼広告、各種のお詫び広告など、臨時に出される広告のこと。
法 定 公 告	決算公告、株式譲渡停止公告など、商法の規定に基づくもので「公告」と記す。
選 挙 広 告	政党広告と候補者個人広告の2種類があり、いずれも公職選挙法でスペースや掲載回数などが規定されている。
人事募集広告	数種類の規格サイズの枠ものと1段以上の段単位で掲載される求人のための広告がある。
案 内 広 告	新聞社で組まれ（社組み）、案内欄と呼ばれる場所にまとめて掲載される行単位の広告。不動産、求人、学校、映画・演劇などさまざまなジャンルがある。

色による分類

モノクロ広告	墨だけで刷られる広告。
カ ラ ー 広 告	単色（＋1色）広告と多色広告があり、単色（＋1色）広告は「墨＋1色」の2色で刷られる。多色広告は「墨＋2色以上」で刷られる広告をいうが、一般的には4色刷り（フルカラー）を意味する。 （注）雑誌広告の「1色刷り」と異なるため注意が必要

広告タイプによる分類

純 　 広 　 告	広告主が制作し（広告会社による制作も含む）、一見して広告とわかる体裁を持つ、一般的な広告。
記 事 体 広 告	パブリシティ、編集タイアップなどの記事風に組んだ広告。

新聞

Newspaper

新聞
Newspaper

色の再現性が高い、大判サイズの広告メディアです

[新聞広告に対する意識]

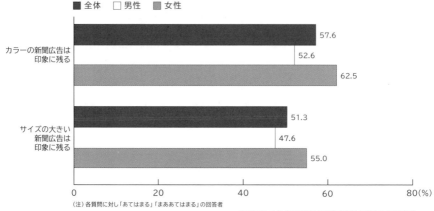

■ 全体　□ 男性　▨ 女性

カラーの新聞広告は
印象に残る
- 全体 57.6
- 男性 52.6
- 女性 62.5

サイズの大きい
新聞広告は
印象に残る
- 全体 51.3
- 男性 47.6
- 女性 55.0

0　　　20　　　40　　　60　　　80(%)

(注) 各質問に対し「あてはまる」「まああてはまる」の回答者

ビデオリサーチ「J-READ（全国新聞総合調査）2018」をもとに作成

カラー広告の出稿が増加しています

[新聞広告全体に占めるカラー広告の割合]

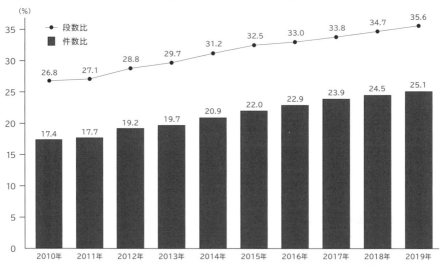

(%)

● 段数比
■ 件数比

段数比
- 2010年 26.8
- 2011年 27.1
- 2012年 28.8
- 2013年 29.7
- 2014年 31.2
- 2015年 32.5
- 2016年 33.0
- 2017年 33.8
- 2018年 34.7
- 2019年 35.6

件数比
- 2010年 17.4
- 2011年 17.7
- 2012年 19.2
- 2013年 19.7
- 2014年 20.9
- 2015年 22.0
- 2016年 22.9
- 2017年 23.9
- 2018年 24.5
- 2019年 25.1

エム・アール・エス広告調査「広告出稿統計」をもとに作成

広告料金の種類と区分

新聞広告の料金体系は他メディアと比べてやや複雑です。このような料金体系は掲載エリア・枠・スペースなどさまざまな選択ができる新聞広告の多様性を表しているといえます。

● 掲載料金（スペース料金）

区　分	適用の内容	料金設定の基準
一 般 記 事 下	記事の下（全面広告含む）に掲載される一般的な広告	1段あたり
雑　　　報	掲載面、種別、スペースごとに個別設定	1枠・1回あたり
臨 時 も の（ 基 本 料 金 ）	各種臨時もののほか、1段未満の記事下広告に適用	1cm×1段あたり
法 定 公 告	法定公告料金を設定している社と臨時もの料金を適用する社がある	1cm×1段あたり
人 事 募 集	①スペースごとに人事募集、規格料金を設定する場合 ②臨時ものとして扱う場合	①1枠・1回あたり ②1cm×1段あたり
案 内 広 告（ 行 も の ）	最低行数設定あり。朝夕刊併載を前提とした料金設定の社もある	1行あたり
地 方 版	地方版ごとに設定され、記事下と雑報がある	一般記事下・雑報と同様

● 付加料金

種　類	適用の内容	料金設定の基準
色 刷 り 料	「単色（＋1色）料金」と「多色料金」の2種類が基本。特殊インク（蛍光色・金・銀）や特練りインクの場合は割り増し加算。一定期間における色刷り出稿回数に応じて割引料金を設定している社もある	段数により区分設定
指 定 料	特定の掲載日・面を指定して掲載する場合の付加料金	定率または 1段あたり定額
切 替 料	版・地域ごとに原稿を切り替えて掲載する場合に付加される（例えば原稿が3種類の場合の切り替え回数は2回）。ただし、異なる本支社に異なる原稿を掲載する場合には必要ない	切り替え 1回あたり定額
二 連 版 料	左右のページがつながった原稿を掲載する場合に適用	定額または定率
変 型 ス ペ ー ス 料	特殊な形の広告を掲載する場合に適用	定額または定率
スプリットラン料	スプリットラン広告実施時に適用	定額または定率

広告の料金体系（記事下）

● 逓減料率体系（スライド制）

一定期間における出稿段数が多いほど、単価が割安に設定される料金体系。
6ヶ月の合計段数を基準とするのが一般的です。雑報においても、一定期間内に一定の回数を超えた場合に、割引を適用している新聞社もあります。

● フラット料金体系

一定期間内の出稿量の多少に関わらず、同一の単価が適用される料金体系です（静岡新聞、京都新聞など）。

新聞 Newspaper

新聞 ·········· Newspaper

即時性を活用した緊急告知活動・情報開示広告

謹告・公告	完売御礼、日時・場所などの変更、商法に基づく各種の法定公告、特許侵害への警告、製品やサービスに関わる欠陥対応告知、不祥事での陳謝などがある。
ご不幸広告	いわゆる「黒枠」と称される新聞広告で、逝去の事実、葬儀に関する事項を告知する「葬儀広告」と事後に掲載する「会葬御礼広告」がある。
災害お見舞い広告	水害や地震などの災害発生時、被災地にお見舞いのメッセージを届ける広告。新聞社主導の連合広告と広告主単独広告とがあり、企業姿勢を示すとともに、緊急時連絡先などの企業告知をすばやく確実に伝えることができる。
財務広告	企業が株主に対して財務諸表を開示し報告するディスクロージャー広告は、新聞の公示性ならでは。上場企業の定款で定められた決算広告に限らず、企業姿勢を公開することは市場価値を高めることにもつながる。
即時広告	電子送稿を活用し、毎日発行される新聞の即時性を生かした広告。電子送稿によって、通常掲載日数日前に入稿すべき原稿が、企業イベントや契約タレントの活躍の翌日などに、ニュース画像とともに広告展開ができるようになった。

エリア戦略手法

地方版地区版	中央紙、ブロック紙、一部の地方紙では「都内版」や「○○県版」などの地方版（面）があり、都内や県内を細分化した「地区版」を設定していることもある。これらの版を使って、それぞれのエリアに即した広告が掲載できる。
センター版	新聞の真ん中、センター部に2ないし4ページの広告特集を本紙と同時印刷して折り込み配布するもの。ノンブルには本紙と区別するためにA、B、C、Dの面記号が付けられるが、本紙と同じ用紙を使えばほとんど見分けがつかない。
地域広告版	2ないし4ページの別刷り広告特集で、簡単にいえば新聞社のノンブル、題字を付けたチラシのようなもの。新聞販売店単位でチラシと一緒に折込み配布するため、最も細分化できる。また、題字があることで広告主や広告内容への信頼性を付与することが可能。

印刷媒体特性や編集・事業機能を活用した手法

タイアップ広告	同一テーマに基づいて同業種あるいは異業種（メーカーと流通など）の複数の広告主が展開する広告。
クーポン広告	割引券や見本請求券などを広告の中に刷り込んだ広告手法で、レスポンス効果が期待できる。
比較広告	価格や機能など競合製品との差を数値で提示し、自社製品の優位性を読者に比較させ、認識させる広告。公正を満たさないと、景品表示法でいう不当表示になる恐れがある。
記事体広告	編集記事風に制作して読者にじっくり読ませる手法。新聞社の制作機能を活用することが多く、編集記事と差別化するために「広告」「PRのページ」などのクレジットを入れる。
意見広告	団体や地方自治体などが自己の意見や主張を広く知らせるための新聞広告。読者から意見を募るなどのリアクションを求めることもある。「意見広告」の表記が必要な場合がある。
事業連動広告	新聞社が実施主体となって運営する事業と連動した立体的な広告展開。事業への集客、開催告知からの採録、事業報告など内容は多岐にわたる。

印刷技術などによる手法

四連版大型広告	別刷り形式での観音開き四連版というワイド紙面。表裏8ページや三連版片観音サイズも可能。四連版は幅160cm、タテヨコ比約 1:3 の世界を実現できる。
FMスクリーン印刷	色の濃淡を従来の新聞印刷で行われていた網点の大きさを変える方法ではなく、網点の密度で表現するのがFMスクリーニング技術。色や階調の再現性に優れている。
スプリットラン	版胴に同一の面の刷版を2枚巻きつけるという輪転機の構造を利用して、2種類の広告原稿を交互に印刷する手法。同一地域に2種類の広告をランダムに配布することができるため、広告原稿の違いによる読者の反応を比較することが可能。近年は版胴に巻きつける刷版が1枚というタイプの輪転機が登場し、スプリットランが不可能なケースもあるため、注意が必要。

新聞

Newspaper

効果指標

ビデオリサーチのACR／exやJ-READ（全国新聞総合調査）は新聞メディアの効果を測定するためにさまざまな項目を調査しています。その調査データの分析においては、下記のように効果指標を定義しています。

● 閲読者／平均閲読者率／閲読者率

閲読者　　　　：当該ビークル（朝・夕刊別）を「読んだ」と答えた人。
平均閲読者率：当該ビークル（朝・夕刊別）の閲読者率（中央紙の場合、0／7から7／7まで）の平均値。
閲読者率　　　：ターゲットの中で閲読者が含まれる割合。

● 精読者／平均精読者率

精読者　　　　：当該ビークル（朝・夕刊別）を「ほとんど全ページ読んだ」と答えた人。
平均精読者率：当該ビークル（朝・夕刊別）の精読者率（中央紙の場合、0／7から7／7まで）の平均値。

● CPM（Cost Per Mille）

CPM（円）＝（広告料金÷ターゲットにおける閲読者数）×1,000人。
ターゲット1,000人あたりの到達コスト（到達はターゲット平均閲読者率をベースに算出）。

● 広告接触率

当該ビークル購読者で、特定の広告を「確かに見た＋見たような気がする」と答えた人の割合。
（確かに見た＋見たような気がする）÷購読者（調査対象者）×100%

● 広告注目率

当該ビークル閲読者で、特定の広告を「確かに見た」と答えた人の割合。
確かに見た÷閲読者×100%

● ビークルリーチ

ターゲットの内、メディアプランで出稿したビークルに対して、いずれかに1回でも接触する人の割合。複数回接触する人の割合の場合は、有効リーチ〇回以上という。

● アドリーチ

ターゲットの内、メディアプランで出稿した広告に対して、いずれかに1回でも接触する人の割合。広告注目率に基づいて推定します。

● フリークエンシー

ターゲットがビークルに接触する平均接触回数。

面別接触率と広告接触率

新聞広告共通調査プラットフォーム「J-MONITOR」では、面別平均接触率と広告接触率を公開しています。

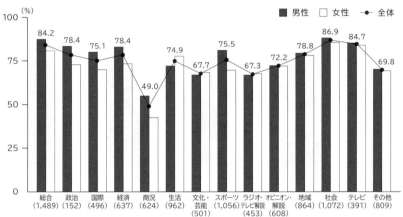

[面別平均接触率 朝刊]

■ 男性　□ 女性　●— 全体

| | 総合 (1,489) | 政治 (152) | 国際 (496) | 経済 (637) | 商況 (624) | 生活 (962) | 文化・芸能 (501) | スポーツ (1,056) | ラジオ・テレビ解説 (453) | オピニオン・解説 (608) | 地域 (864) | 社会 (1,072) | テレビ (391) | その他 (809) |

全体値: 84.2 / 78.4 / 75.1 / 78.4 / 49.0 / 74.9 / 67.7 / 75.5 / 67.3 / 72.2 / 78.8 / 86.9 / 84.7 / 69.8

(注)（ ）内は調査対象件数
(注) 朝日新聞・産経新聞・毎日新聞・読売新聞（首都圏・近畿圏）、日本経済新聞・東京新聞（首都圏）、中日新聞（中京圏）、北海道新聞（北海道）、
　　 神戸新聞（兵庫）、中国新聞（広島）、西日本新聞（福岡）の平均値
(注) 集計対象期間：2016年10月～2019年9月

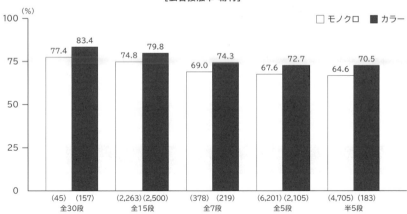

[広告接触率 朝刊]

□ モノクロ　■ カラー

	全30段	全15段	全7段	全5段	半5段
モノクロ	77.4 (45)	74.8 (2,263)	69.0 (378)	67.6 (6,201)	64.6 (4,705)
カラー	83.4 (157)	79.8 (2,500)	74.3 (219)	72.7 (2,105)	70.5 (183)

(注)（ ）内は調査対象件数
(注) 読売新聞（首都圏・近畿圏・中京圏・北海道・福岡）、朝日新聞・産経新聞・毎日新聞（首都圏・近畿圏）、日本経済新聞・東京新聞（首都圏）、
　　 中日新聞（中京圏）、北海道新聞（北海道）、静岡新聞（静岡）、神戸新聞（兵庫）、中国新聞（広島）、西日本新聞（福岡）の定期広告調査の結果を使用
(注) 集計対象期間：2016年10月～2019年9月

J-MONITOR「オフィシャルホームページ」をもとに作成

新聞

Newspaper

新聞

Newspaper

広告浸透効果

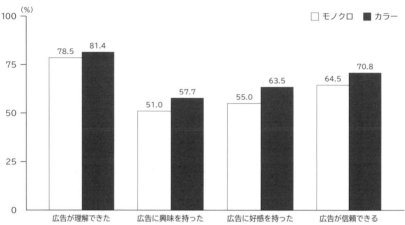

[広告の浸透効果　朝刊]

□ モノクロ　■ カラー

(注) 各質問に対し「あてはまる」「ややあてはまる」の回答者
(注) 朝日新聞・読売新聞（首都圏・近畿圏・中京圏・北海道・福岡）、毎日新聞（首都圏・近畿圏・福岡）、産経新聞（首都圏・近畿圏）、日本経済新聞・東京新聞・サンケイスポーツ・スポーツ報知・ニッカンスポーツ（首都圏）、北海道新聞（北海道）、河北新報（宮城）、新潟日報（新潟）、信濃毎日新聞（長野）、静岡新聞（静岡）、中日新聞（中京圏）、京都新聞（近畿圏（京都・滋賀のみ））、神戸新聞（近畿圏（兵庫のみ））、山陽新聞（岡山）、中国新聞（広島）、西日本新聞（福岡）の個別定型調査の結果を使用（退会社のデータを含む）
(注) 集計対象期間：2016年10月〜2019年9月

J-MONITOR「オフィシャルホームページ」をもとに作成

広告商品の購入意向

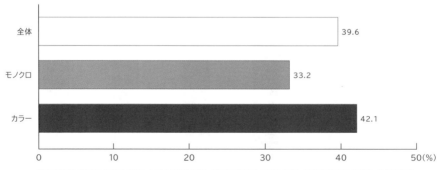

[広告商品の購入意向 朝刊]

(注) 朝日新聞・読売新聞（首都圏・近畿圏・中京圏・北海道・福岡）、毎日新聞（首都圏・近畿圏・福岡）、産経新聞（首都圏・近畿圏）、日本経済新聞・東京新聞・サンケイスポーツ・スポーツ報知・ニッカンスポーツ（首都圏）、北海道新聞（北海道）、河北新報（宮城）、新潟日報（新潟）、信濃毎日新聞（長野）、静岡新聞（静岡）、中日新聞（中京圏）、京都新聞（近畿圏（京都・滋賀のみ））、神戸新聞（近畿圏（兵庫のみ））、山陽新聞（岡山）、中国新聞（広島）、西日本新聞（福岡）の個別定型調査の結果を使用（退会社のデータを含む）
(注) 集計対象期間：2016年10月〜2019年9月

J-MONITOR「オフィシャルホームページ」をもとに作成

J-READ（全国新聞総合調査）

J-READ（全国新聞総合調査）は、全国47都道府県での新聞をはじめとするメディア接触や生活意識、消費行動が把握できるエリアマーケティングデータとして広く活用されてきましたが、2018年度からJ-READ Basic／＋として調査設計を大きく変更しました。

調査時期	毎年10月 特定1週間
調査エリア	全国47都道府県主要エリア
調査対象	満15〜74歳の男女個人
目標有効サンプル数	11,750
対象者抽出	①ビデオリサーチ過去調査対象者リストへのリコンタクト ②ビデオリサーチ過去調査対象者リストで目標有効サンプル数に満たなかった人数を多段抽出（訪問による）
調査方法	郵送調査
ウエイト集計方法	性・年齢×地区ウエイト
出力機能	2年分サンプル合算機能（J-READ+）

J-MONITOR

J-MONITORとは、参加新聞社の読者モニターパネルを定められた共通の手続きと手順に則って構築し、同一の調査システム上で紙面調査を行ってデータを提供する、新聞広告の共通調査プラットフォームのことです。新聞広告データの業界標準化・第三者化を目的として、2011年4月に運用を開始しました。

新聞広告出稿前のプランニングデータとして面別接触率と広告接触率を提供し、出稿後の広告効果検証データとして広告の評価、購入意向などを検証する個別広告調査を実施することができます。個別広告調査には、設問があらかじめ決められている定型調査と、自由に質問を設定できるカスタム調査があります。実査はビデオリサーチが担当し、読者モニターパネルはJ-READ（全国新聞総合調査）の調査対象者の属性にしたがって割り付けしています。

データはJ-MONITORのホームページ（https://www.j-monitor.net/）から閲覧できます。

	首都圏	近畿圏	中京圏	北海道	宮城県	新潟県	長野県	静岡県	岡山県	広島県	福岡県
朝日新聞社	●	●	○	○							○
産経新聞社	●	●									
日本経済新聞社	●										
毎日新聞社	●	●									○
読売新聞社	●	●	◎	◎							◎
北海道新聞社				●							
河北新報社					○						
東京新聞	●										
新潟日報社						●					
信濃毎日新聞社							○				
静岡新聞社								◎			
中日新聞社			●								
京都新聞		○									
神戸新聞社		●									
山陽新聞社									○		
中国新聞社										●	
西日本新聞社											●
ニッカンスポーツ	○										

○ 広告効果検証調査 実施エリア　◎ 広告効果検証調査 ＋ 広告接触率調査 実施エリア　● 広告効果検証調査 ＋ 広告接触率調査 ＋ 面別接触率調査 実施エリア
(注) 首都圏は東京・神奈川・埼玉・千葉、近畿圏は大阪・京都・兵庫・滋賀・奈良・和歌山、中京圏は愛知・岐阜・三重
(注) 神戸新聞社は兵庫のみ、京都新聞は京都・滋賀のみ
(注) 東京新聞は中日新聞社、ニッカンスポーツは日刊スポーツ新聞社

2019年12月現在

新聞　Newspaper

新聞
Newspaper

業種別出稿量

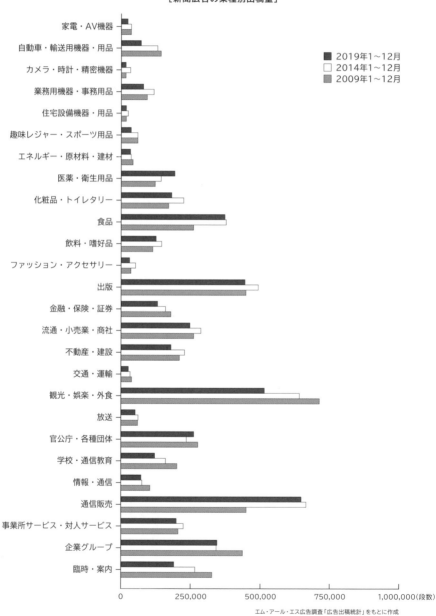

［新聞広告の業種別出稿量］

凡例：
■ 2019年1〜12月
□ 2014年1〜12月
■ 2009年1〜12月

エム・アール・エス広告調査「広告出稿統計」をもとに作成

広告主 出稿量ランキング 上位30社

[新聞の広告主 出稿量ランキング 上位30位]

順位	広告主	2019年1〜12月（段数）
1	オークローンマーケティング	85,520
2	富山常備薬グループ	67,093
3	阪急交通社	66,520
4	興和	43,538
5	世田谷自然食品	40,732
6	日本経済新聞社	40,689
7	サントリーホールディングス	40,478
8	ライフサポート	37,949
9	大正製薬	34,288
10	ACジャパン	30,117
11	ユーキャン	27,779
12	山田養蜂場	25,922
13	日本新聞協会	25,805
14	新日本製薬	25,518
15	クラブツーリズム	25,372
16	新光通販	25,222
17	ユーコー	23,955
18	学文社	23,816
19	マイケア	23,165
20	ホーリ通信	22,387
21	ジャパネットたかた	22,238
22	小林製薬	21,358
23	47クラブ	20,847
24	野草酵素	17,533
25	夢グループ	17,280
26	河野メリクロン	16,911
27	講談社	15,981
28	トヨタディーラー	15,954
29	オリックス生命保険	15,693
30	文藝春秋	15,160

エム・アール・エス広告調査「広告出稿統計」をもとに作成

新聞　Newspaper

フリーペーパーの定義

フリーペーパーとは、特定の読者を狙って、無料で配布または届ける定期発行の地域生活情報紙誌のことで、イベント、タウン、ショップ、求人求職、住宅・不動産、グルメ・飲食店、ショッピング、演劇、エステ・美容、レジャー・旅行、各種教室など多岐にわたる生活情報を記事と広告で伝えるメディアです。

フリーペーパーの種類

コミュニティペーパー	地域生活情報紙誌で、わが国で約1,000紙誌あると思われる最大勢力。新聞販売店、新聞社系が多いが、独立系も多々ある。
ターゲットメディア	フリーペーパーはもともとターゲットメディアで、読者ターゲットを特定の読者に絞り込んだもの。「シティリビング」（OL）、「ahead」（30〜40歳のサラリーマンとパートナー）、「あんふぁん」（幼稚園児→その母親）、「定年時代」（シニア）、「ぶらあぼ」（クラシック音楽ファン）など。
ニュースペーパー	地域のニュースを掲載しているほぼ日刊のフリーペーパー。「経済の伝書鳩」（北見市）、「サンデー山口」など。「メトロ」など欧米型のフリーニュースペーパーはわが国にはない。
タウンペーパー・タウンマガジン	商店街単位や、複数街区をカバーするものなど、歴史も古い。「日本橋」、「わたしの世田谷」など。
広告紙誌	基本的には編集記事がほとんどない広告（クーポンを含む）だけの紙誌。「ぱど」、「HOT PEPPER」など。
広報・PR紙誌・通販などのカタログ・会員紙誌 など	フリーペーパーとは本来は異質のものだが、複数の広告を掲載するオープン型の「広告媒体」は容認しうる。「QooRan」など。
新タイプ	従来の伝統的なフリーペーパーの枠を超えたフリーペーパー。マンガ週刊誌、文庫版PR誌など。かつては無料DVDも話題となった。

発行状況

[フリーペーパー・フリーマガジン発行事業所の状況]

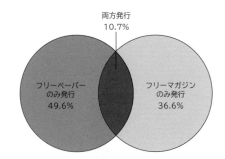

両方発行
10.7%

フリーペーパー
のみ発行
49.6%

フリーマガジン
のみ発行
36.6%

[フリーペーパー・フリーマガジン調査対象発行社（1,419社）と推定発行部数]

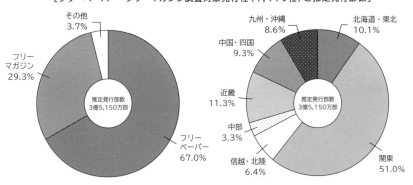

その他
3.7%

フリー
マガジン
29.3%

推定発行部数
3億5,150万部

フリー
ペーパー
67.0%

九州・沖縄
8.6%

北海道・東北
10.1%

中国・四国
9.3%

近畿
11.3%

中部
3.3%

推定発行部数
3億5,150万部

信越・北陸
6.4%

関東
51.0%

[1紙誌あたりの平均発行部数]　　　　　　　[1社あたりの平均発行部数]

	1紙誌あたりの平均発行部数	1社あたりの平均発行部数
全体	191,114	247,740
フリーペーパー	219,764	311,333
フリーマガジン	146,350	172,025
その他（定期発行チラシなど）	203,922	203,922

400,000（部）　200,000　　0　　　0　　200,000　400,000（部）

電通「2018年フリーペーパー・フリーマガジン広告費調査」をもとに作成

新聞・フリーペーパー　Newspaper

発行頻度

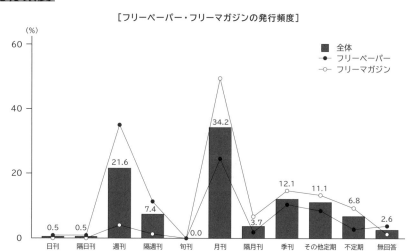

［フリーペーパー・フリーマガジンの発行頻度］

電通「2018年フリーペーパー・フリーマガジン広告費調査」をもとに作成

配布方法

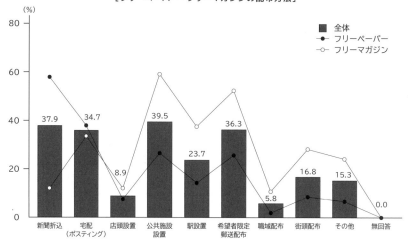

［フリーペーパー・フリーマガジンの配布方法］

電通「2018年フリーペーパー・フリーマガジン広告費調査」をもとに作成

閲読状況

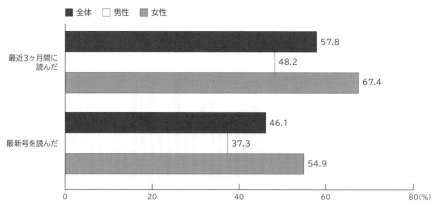

[フリーペーパー閲読状況 男女別]

■ 全体　□ 男性　▨ 女性

最近3ヶ月間に読んだ
- 全体: 57.8
- 男性: 48.2
- 女性: 67.4

最新号を読んだ
- 全体: 46.1
- 男性: 37.3
- 女性: 54.9

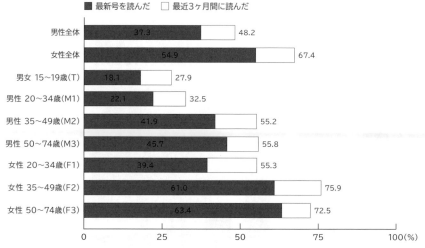

[フリーペーパー閲読状況 性・年代別]

■ 最新号を読んだ　□ 最近3ヶ月間に読んだ

	最新号を読んだ	最近3ヶ月間に読んだ
男性全体	37.3	48.2
女性全体	54.9	67.4
男女 15〜19歳(T)	18.1	27.9
男性 20〜34歳(M1)	22.1	32.5
男性 35〜49歳(M2)	41.9	55.2
男性 50〜74歳(M3)	45.7	55.8
女性 20〜34歳(F1)	39.4	55.3
女性 35〜49歳(F2)	61.0	75.9
女性 50〜74歳(F3)	63.4	72.5

(注) 閲読状況は、特定1週間の日別閲読を対象紙誌ごとに接触頻度で集計

ビデオリサーチ「J-READ（全国新聞総合調査）2018」をもとに作成

新聞・フリーペーパー

Newspaper

新聞・フリーペーパー ———— Newspaper

都道府県別閲読者率

［フリーペーパー閲読状況 都道府県別］

■ 最新号を読んだ　□ 最近3ヶ月間に読んだ

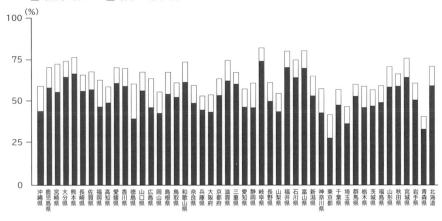

(注) 閲読状況は、特定1週間の日別閲読を対象紙誌ごとに接触頻度で集計

ビデオリサーチ「J-READ（全国新聞総合調査）2018」をもとに作成

情報入手

［フリーペーパー（無料）・クーポン誌から入手する情報］

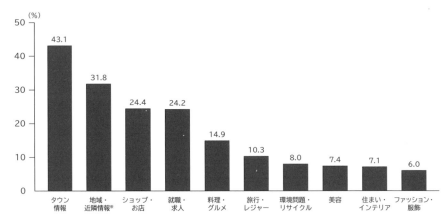

※「地域・近隣情報」は、祭り・イベント含む
(注) 全33回答項目中、上位10位
(注) 閲読状況は、特定1週間の日別閲読を対象紙誌ごとに接触頻度で集計

フリーペーパー閲読者（閲読状況が「最近3ヶ月間に読んだ」の回答者）ベース
ビデオリサーチ「J-READ（全国新聞総合調査）2018」をもとに作成

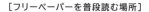

普段読む場所

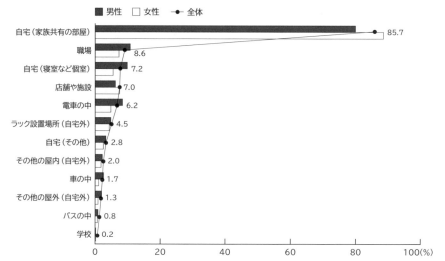

[フリーペーパーを普段読む場所]

■ 男性　□ 女性　-●- 全体

自宅（家族共有の部屋）	85.7
職場	8.6
自宅（寝室など個室）	7.2
店舗や施設	7.0
電車の中	6.2
ラック設置場所（自宅外）	4.5
自宅（その他）	2.8
その他の屋内（自宅外）	2.0
車の中	1.7
その他の屋外（自宅外）	1.3
バスの中	0.8
学校	0.2

フリーペーパー閲読者（フリーペーパー閲読頻度が「フリーペーパー・フリーマガジンは読まない」「不明・回答なし」以外の回答者）ベース
ビデオリサーチ「ACR／ex2019」をもとに作成

閲読頻度

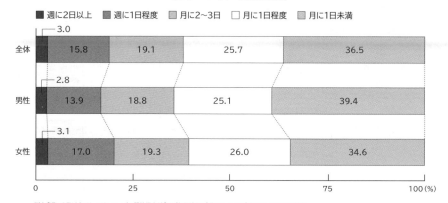

[フリーペーパーの閲読頻度]

■ 週に2日以上　■ 週に1日程度　□ 月に2～3日　□ 月に1日程度　□ 月に1日未満

	週に2日以上	週に1日程度	月に2～3日	月に1日程度	月に1日未満
全体	3.0	15.8	19.1	25.7	36.5
男性	2.8	13.9	18.8	25.1	39.4
女性	3.1	17.0	19.3	26.0	34.6

（注）「週に2日以上」は、フリーペーパー閲読頻度が「ほぼ毎日読む」「週に4～5日」「週に2～3日」の回答者
フリーペーパー閲読者（フリーペーパー閲読頻度が「フリーペーパー・フリーマガジンは読まない」「不明・回答なし」以外の回答者）ベース
ビデオリサーチ「ACR／ex2019」をもとに作成

新聞・フリーペーパー ──── Newspaper

新聞・フリーペーパー ……………… Newspaper

主要フリーペーパー 一覧

	媒体名	配布地域	発行部数	発行日	発行社・系列
あんふぁん	あんふぁん 北海道	北海道 ほか	44,129	月刊・上旬	サンケイリビング新聞社
	あんふぁん 東北	青森・岩手・秋田・山形・福島・宮城・新潟 ほか	63,771		仙台リビング新聞社
	あんふぁん 首都圏(4版)	東京・神奈川・千葉・埼玉 ほか	318,381		サンケイリビング新聞社
	あんふぁん 東海	愛知・岐阜・三重 ほか	65,552		名古屋リビング新聞社
	あんふぁん 関西	滋賀・大阪・兵庫・京都・奈良・和歌山 ほか	128,533		サンケイリビング新聞社
	あんふぁん 広島	広島 ほか	37,000		広島リビング新聞社
	あんふぁん 九州	福岡・佐賀	34,300		サンケイリビング新聞社
			計 691,666		
リビングネットワーク	リビング仙台	宮城(仙台市・多賀城市・富谷市)	197,662	リビング福島 リビング郡山、リビングとちぎ、サンケイリビング首都圏、リビング静岡、サンケイリビング大阪・兵庫、リビングおかやま リビングくらしき、リビングたかまつ、リビングまつやまは週刊・金曜日 リビング滋賀、リビング京都、リビング和歌山、リビングひろしま、リビングふくやま、リビング福岡 リビング北九州、リビング熊本、リビングかごしまは週刊・土曜日 リビング仙台は月3回刊・金曜日 リビング名古屋は月2回刊・金曜日 リビング姫路は月3回刊・金曜日 リビング加古川は月2回刊・金曜日 リビングきりしまは月2回刊・第2・4土曜日	仙台リビング新聞社
	リビング福島 リビング郡山	福島(福島市・郡山市 ほか)	141,621		福島リビング新聞社
	リビングとちぎ	栃木(宇都宮市)	122,167		栃木リビング新聞社
	サンケイリビング首都圏(10版)	東京・千葉・埼玉・神奈川・茨城	1,482,442		サンケイリビング新聞社
	リビング静岡	静岡(静岡市・藤枝市・焼津市)	142,175		静岡リビング新聞社
	リビング名古屋(3版)	愛知(名古屋市・春日井市 ほか)	251,640		名古屋リビング新聞社
	リビング滋賀	滋賀(大津市・草津市 ほか)	143,150		滋賀リビング新聞社
	リビング京都(3版)	京都(京都市・宇治市 ほか)	487,688		京都リビング新聞社
	サンケイリビング大阪・兵庫(9版)	大阪・京都・兵庫	1,280,834		サンケイリビング新聞社
	リビング姫路	兵庫(姫路市・太子町)	155,300		播磨リビング新聞社
	リビング加古川	兵庫(加古川市・高砂市 ほか)	102,300		播磨リビング新聞社
	リビング和歌山	和歌山(和歌山市・海南市・岩出市)	149,953		和歌山リビング新聞社
	リビングおかやま リビングくらしき	岡山(岡山市・赤磐市・倉敷市)	185,050		岡山リビング新聞社
	リビングひろしま	広島(広島県・安芸郡)	181,200		広島リビング新聞社
	リビングふくやま	広島(福山市・岡山(笠岡市)	78,130		福山リビング新聞社
	リビングたかまつ	香川(高松市・丸亀市 ほか)	144,859		高松リビング新聞社
	リビングまつやま	愛媛(松山市・伊予市 ほか)	184,002		えひめリビング新聞社
	リビング福岡 リビング北九州	福岡(福岡市・北九州市 ほか)	536,037		福岡リビング
	リビング熊本	熊本(熊本市・合志市 ほか)	272,182		熊本リビング新聞社
	リビングかごしま リビングきりしま	鹿児島(鹿児島市・霧島市 ほか)	314,261		南日本リビング新聞社
			計 6,552,653		
シティリビングネットワーク	さっぽろシティライフ	北海道(札幌市・札幌市外 ほか)	57,029	週刊・金曜日 (さっぽろシティライフは月刊・金曜日、横浜は月1～2回刊、仙台は月刊・金曜日、京都は月1回刊・金曜日、福岡は月2回刊・金曜日)	道新サービスセンター
	シティリビング(仙台)	宮城(仙台市 ほか)・山形(山形市) ほか	40,115		仙台リビング新聞社
	シティリビング(東京)	東京(千代田区・港区 ほか)	168,866		サンケイリビング新聞社
	シティリビング(横浜)	神奈川(横浜市・川崎市 ほか)	44,803		サンケイリビング新聞社
	シティリビング(名古屋)	愛知・岐阜・三重 ほか	60,674		名古屋リビング新聞社
	シティリビング(京都)	京都(京都市・長岡京市 ほか)	40,519		京都リビング新聞社
	シティリビング(大阪・神戸)	大阪(大阪市 ほか)・兵庫(神戸市 ほか) ほか	108,999		サンケイリビング新聞社
	シティリビング(福岡)	福岡(福岡市 ほか)	71,983		福岡リビング
			計 592,988		
	ontona	北海道(札幌市・北広島市 ほか)	349,300	週刊・木曜日	道新サービスセンター
	読売ファミリー(6版)	大阪・和歌山・奈良・三重・京都・滋賀・兵庫・福井	1,492,723	週刊・水曜日	読売情報開発大阪
	ウイークリーえひめリック	愛媛(松山市・伊予市 ほか)	210,943	週刊・金曜日	愛媛新聞社
	くまにち すぱいす	熊本(熊本市・合志市 ほか)	306,587	週刊・金曜日	熊本日日新聞社

(注)「ontona」は、4月に配布対象と配布方法を大きく変更したため、配布部数は平均4～6月の3ヶ月平均
(注)「サンケイリビング 首都圏」は、4月に版の再編を行ったため、配布部数平均は4～6月の3ヶ月平均
(注)「リビング名古屋」は、5月に版の再編を行ったため、配布部数平均は5、6月の2ヶ月平均

日本ABC協会「フリーペーパー発行社レポート2019年1～6月」をもとに作成

5章－雑誌
Magazine

[Profile]

瀧川千智
Chisato Takigawa

雑誌局業務推進部（兼メディア戦略推進局第二グループ）
メディアプロデューサー。2005年博報堂入社。入社から
8年間マーケティングプランナーとして新商品開発やコミュニ
ケーション戦略などに従事。その後雑誌局に異動し、メディ
アプランニング、ビジネス開発、メニュー開発などを行う。
2012年博報堂キャリジョ研を立ち上げ女性マーケティン
グのナレッジ開発も行う。

雑誌メディアの 2019年 5大ニュース

（News 01） デジタル活用の定番化

紙媒体のみならずデジタルを活用する動きは、いまや定番化しています。
定額の電子雑誌読み放題サービスは既に浸透。各雑誌はウェブ版コンテンツの充実化にも
注力しており、ウェブ版のタイアップ記事も増加傾向にあります。また、雑誌の世界観を反映した
動画を、出版社が制作する動きも加速。制作クオリティが期待を集めています。

（News 02） データ分析・データ活用の活発化

出版社が自ら会員組織を抱えてユーザー分析をするケース、EC事業などの購買データを
通じて分析するケース、また外部パートナー企業のデータと自社データを組み合わせて
活用するケースがあります。博報堂DYメディアパートナーズでも、出版社と共同でデータ分析・
活用基盤を開発し、データを活用した記事配信などを実現しています。

（News 03） 雑誌の「買われ方」に変化あり

幼児誌の、企業とコラボしたおもちゃ付録がヒット。親と子のブランド接点づくりや、
ブランドとの長時間接点を生むという観点から「広告施策」としても注目を集めました。
また、40～60代向けの女性誌は部数増加。ミドルシニア層にとって、
雑誌がマスメディア化しているともいえるでしょう。

（News 04） 他メディアやサービスと掛け算

テレビ番組との連動企画や、タクシーアドで出版社制作のコンテンツを流すなど、
ターゲティングメディアという性質を生かした雑誌コンテンツを、ほかのメディアや交通広告、
サービスと連動させた取り組みを行うケースが増えてきました。
雑誌の世界観や読者分析を活用したEC事業も好調です。

（News 05） クリエイティブスタジオとしての役割

媒体出稿を前提としないコンテンツ開発チームを媒体社社内で抱える「クリエイティブ スタジオ」
の取り組みが増加。コンデナスト・ジャパンの「コンデナスト・クリエイティブスタジオ」や、
集英社の「エディターズ・ラボ」など、雑誌の資産を生かしたコンテンツ制作や、制作クオリティ、
キャスティング力、情報拡散の役割などが期待されています。

雑誌 Magazine

雑誌メディアの2020年大胆予測

コンテンツをつくる力が再評価

広告スペースとしてのメディア力だけでなく、タイアップでのコンテンツ開発力があるのが雑誌の特徴です。出版社の資産である編集力やキャスティング力、読者組織や読者データ、漫画コンテンツなどを、ほかのメディアやデータと掛け合わせることで、広告としての使い方が広がっていきます。特に雑誌媒体がデジタルを活用することが当たり前になってきた今、紙のみならず、ウェブや動画などの手法においても、出版社の「コンテンツをつくる力」があらためて再評価されており、その力の活用の幅が広がっているのが、現在みえている新たな兆しです。

データ分析に基づいたプラニング

来年進む動きの一つは、デジタルにおけるデータ分析やデータ活用でしょう。博報堂DYグループのデジタル・アドバタイジング・コンソーシアム（DAC）が開発・提供するDMP「Audience One」を活用して、出版社のサイトを閲覧している人と似た特性の人を誘致したり、インフルエンサーを起用したり、といったことも現在実施しています。また、出版社のデータを活用できるように開発した「MAGA-CHECK」（マガチェック）では、ウェブタイアップ記事の効果検証が可能になりました。これらのデータと連携して、雑誌のデータ分析をもとにテレビのプラニングをするなど、データの使い方も進化していくでしょう。

専門誌がトライブマーケティングを牽引

また、さまざまな企業のマーケティングが、マスから「トライブ×デジタル」の戦略にシフトしていく中で、専門誌がトライブマーケティングの肝を担う存在になっていくでしょう。趣味嗜好で結びつく小さなトライブを従来から囲い込んでいるのが専門誌です。コアなタッチポイントやネットワーク、有効なアプローチを知っている存在として期待されています。

雑誌に紐づかない受託制作

2019年の5大ニュースの最後に取り上げたクリエイティブスタジオとしての役割は、もっと進化が進んでいくとみられています。海外のように、企業ブランドが出版社をコンサルタントとして活用し、フィーを支払うような動きも出てくるかもしれません。特定の雑誌にひもづかない、出版社としてのコンテンツ開発チームが本格稼働していくとみられています。

メディアとして「スペースを売る」だけでなく、編集者の知恵をマネタイズする方法は、今後も増えていくのではないかと思います。

ミッドファネルに効く雑誌メディア

こうした新たな動きが加速していくのも、編集部が、雑誌という固有の世界観の中で、限定されたターゲットのインサイトを深く知って雑誌を制作しているからです。だからこそ、紙・デジタルの施策を問わず、雑誌にはコミュニケーション・ファネル上でミッドファネルと呼ばれる、ブランドや商品の理解・好意形成・購入意向の部分の広告効果が期待されています。特にデジタル広告では、これまでの雑誌に対する漠然とした「読者の質が高い」というイメージを、データで検証することが可能です。デジタルとうまく掛け合わせながら、雑誌を活用して欲しいと思っています。

Column

Yoshikawa's point

企業マーケティングに資するメディアを越えた存在へ

吉川所長の視点：デジタルも含めた「コンテンツ開発力」と読者の趣味嗜好を知り尽くす「ターゲット理解力」の掛け算で、雑誌はミッドファネル（好意形成、購入意向喚起）に効くメディアとなりました。出版社はこの2つの力を活用してトータルのマーケティング戦略立案に資するメディアを越えた存在へと変貌しつつあります。データを活用した統合型メディアプラニングから企業ブランドのコンサルティングまで。その領域の拡張はさらに進みそうです。

雑誌 Magazine

雑誌

Magazine

出版社の規模

日本の出版社は3,058社あり、資本金、従業者数、年間売上高などからみて、中小規模の会社の占める割合が高いことがわかります。

［出版社の規模　資本金／従業者／年間売上高］

● 資本金：資本金5,000万円未満（資本金なしは除く）の出版社は、2,592社で全体の84.8%を占めます。

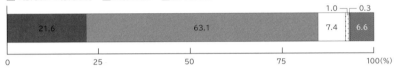

● 従業者：従業者100人未満の出版社は、2,970社で全体の97.1%を占めます。

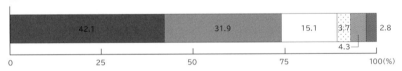

● 年間売上高：年間売上高10億円未満の出版社は、2,821社で全体の92.2%を占めます。

経済産業省「平成30年特定サービス産業実態調査（平成30年7月1日現在で実施）」をもとに作成

主要出版社グループ

出版業界は同族会社やオーナー会社が多く、また複数の会社でグループを形成している企業体が多いことも特徴です。

出版社の業態と収入源

出版社には、主に書籍刊行を主体とする出版社（新潮社、文藝春秋など）と、雑誌発行を主体とする出版社（講談社、小学館、集英社など）があります。また、人材サービス事業や情報サービス事業を展開するリクルートホールディングスや、教育・語学・生活・介護といった事業を多角的に展開するベネッセホールディングスなど、出版事業だけでなくさまざまな業態を持つ出版社もあります。

出版社の収入は、書籍（単行本）の販売収入、雑誌の販売収入、広告収入、その他の収入などから構成されています。近年、その他の収入を拡大するために、出版社がインターネット事業やコンテンツ事業をはじめとする新たな戦略に出ており、出版社の業態や戦略によって収入源やその構成比はさまざまです。

[出版社の収入源（内訳）]

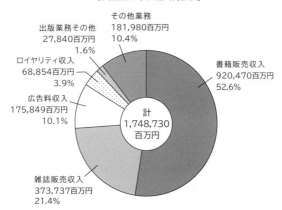

その他業務	181,980百万円 10.4%
出版業務その他	27,840百万円 1.6%
ロイヤリティ収入	68,854百万円 3.9%
広告料収入	175,849百万円 10.1%
雑誌販売収入	373,737百万円 21.4%
書籍販売収入	920,470百万円 52.6%

計 1,748,730 百万円

経済産業省「平成30年特定サービス産業実態調査（平成30年7月1日現在で実施）」をもとに作成

● 広告需要の中心は女性月刊誌

雑誌広告出稿量の中では「女性月刊誌」の占める割合が高く、広告需要において最も重要なジャンルといえます。

[2019年雑誌ジャンル別広告出稿量（ページ）]

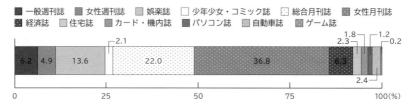

■ 一般週刊誌　■ 女性週刊誌　■ 娯楽誌　□ 少年少女・コミック誌　□ 総合月刊誌　■ 女性月刊誌
■ 経済誌　□ 住宅誌　□ カード・機内誌　■ パソコン誌　■ 自動車誌　■ ゲーム誌

6.2　4.9　13.6　2.1　22.0　36.8　6.3　2.4　2.3　1.8　1.2　0.2

0　25　50　75　100(%)

エム・アール・エス広告調査「広告出稿統計」をもとに作成

雑誌 Magazine

雑誌
‥‥‥‥‥‥‥
Magazine

販売金額の推移

取次ルートを経由した2019年の雑誌全体の販売金額は5,637億円（内訳は月刊誌4,639億円、週刊誌998億円）、その前年比は月刊誌が4.2％減、週刊誌は8.1％減となっています。

[書籍・雑誌の推定販売金額の推移]

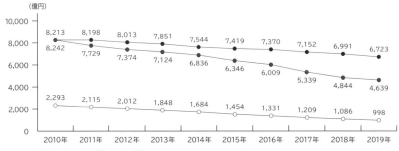

（注）週刊誌は、週1回定期刊行される雑誌
（注）月刊誌は、週刊誌以外の雑誌（旬刊・月2回刊・隔週刊・月刊・隔月刊・季刊・不定期刊誌及びムック・雑誌扱いコミック本）
（注）推定販売部数を本体価格で換算した金額。消費税分は含まない
（注）販売額 ＝ 取次出荷額 － 小売店から取次への返品額

全国出版協会・出版科学研究所「2019年版 出版指標年報」（2010年～2018年）、
「出版月報 2020年1月号」（2019年）をもとに作成

発行部数と発行銘柄数の推移

2019年の雑誌全体の推定発行部数は16億7,766万冊（月刊誌12億2,167万冊、週刊誌4億5,598万冊）、発行銘柄数は2,734点（月刊誌2,652点、週刊誌82点）です。これまでと同様に発行銘柄数は多く、雑誌ビークルの多種多様化の傾向は変わりません。

[雑誌推定発行部数と発行銘柄数の推移]

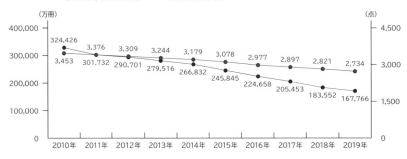

（注）週刊誌は、週1回定期刊行される雑誌
（注）月刊誌は、週刊誌以外の雑誌（旬刊・月2回刊・隔週刊・月刊・隔月刊・季刊・不定期刊誌及びムック・雑誌扱いコミック本）
（注）発行銘柄数は、当年中の発行回数に関係なく1号でも刊行のあった銘柄はすべて1点として数えた

全国出版協会・出版科学研究所「2019年版 出版指標年報」（2010年～2018年）、
「出版月報 2020年1月号」（2019年）をもとに作成

創刊誌と休刊誌

[創刊誌・休刊誌 年次別点数]

凡例：
● 創（復）刊点数
● 休（廃）刊点数

創（復）刊点数：110、119、98、86、87、70、73、69、60、58
休（廃）刊点数：216、158、152、124、169、117、125、107、129、127

2010年〜2019年

全国出版協会・出版科学研究所「2019年版 出版指標年報」（2010年〜2018年）、「出版月報 2020年1月号」（2019年）をもとに作成

配本率

全国配本の多い雑誌ですが、実際は大都市圏エリアへの配本比率が高く、都市型のメディアであるといえます。

[雑誌配本率]

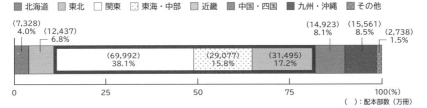

凡例：北海道　東北　関東　東海・中部　近畿　中国・四国　九州・沖縄　その他

（7,328）4.0%、（12,437）6.8%、（69,992）38.1%、（29,077）15.8%、（31,495）17.2%、（14,923）8.1%、（15,561）8.5%、（2,738）1.5%

（　）：配本部数（万冊）

（注）配本部数は月刊誌（旬刊・月2回刊・隔週刊・隔月刊・季刊・不定期刊・ムックも含む）と週刊誌の合計値

全国出版協会・出版科学研究所「出版月報増刊 雑誌の都道府県別配送量 2019」をもとに作成

付録添付点数

2001年の付録基準の緩和によって2002年からはじまった付録ブームですが、現在の傾向としては落ちついています。

[雑誌の付録 添付点数]

凡例：□ 綴じ込み　■ 別添

	2014年	2015年	2016年	2017年	2018年
合計	12,947	12,377	12,000	12,155	11,228
綴じ込み	8,231	7,862	7,932	7,974	7,248
別添	4,716	4,515	4,068	4,181	3,980

全国出版協会・出版科学研究所「2019年版 出版指標年報」をもとに作成

雑誌 Magazine

雑誌は、刊行形態、判型、綴じ、ジャンルなどにより、下記のように分類されます。

刊行形態による分類

雑誌は月刊誌、週刊誌、月2回刊誌、隔週刊誌などの刊行形態によって分類することができます。

判型による分類

判型とは、用紙の標準規格寸法による雑誌の型のことであり、A全判、B全判をそれぞれの基準として多くの種類があります。原稿サイズは同一判型であっても、雑誌によって多少サイズが異なる場合もあります。右表では、代表的なサイズを取り上げています。

判 型	サイズ（mm）
A5判	210×148
B5判	257×182
AB判	260×210
A4変型判	284×210
IG判	297×235

（注）A4変型判には、上記以外のサイズもある

綴じによる分類

雑誌の製本形式には、中綴じ、無線綴じなどがあり、ページ数、コスト、製本強度などによって使い分けられています。

種　類	特　徴
中綴じ	最も単純な製本形式で安価
	50ページ以上の厚さになると、表紙に近いページと中心のページの幅が変わってくる
	開きやすい
無線綴じ	折り丁の背を切断（ガリ入れ）し接着剤で固めるため、ガリ代として3〜4mmが必要
	アート紙・コート紙は、接着性が劣るため接着強度に注意が必要

ジャンルによる分類

ターゲットや内容の傾向が似た雑誌を、ジャンルによって分類することができます。雑誌ジャンルには、日本雑誌協会、日本雑誌広告協会、日本ABC協会の3協会で統一した「雑誌ジャンル区分」があります。

掲載位置による広告分類

掲載位置により、特殊面広告と中面広告に大きく分類することができます。特殊面広告は、雑誌ごとに掲載位置とスペースが固定されていますが、中面広告は、掲載位置やスペースが固定されておらず、任意に出稿することができます。広告料金は、中面広告よりも注目率の高い特殊面広告の方が割高になっています。

特殊面広告	表 4	裏表紙のこと。読者の視覚に訴えやすい広告スペースのため、需要が多く、一般的にスペースが容易には取れない。
	表 2	雑誌の表紙をめくった次のページで巻頭に位置するため、比較的需要の多い広告スペース。1ページと見開きがある。
	表 3	表4の裏に位置し、料金的には中面と同様に扱われることが多い広告スペース。1ページと見開きがある。
	目 次 対 向	目次の対向面を広告スペースに使用したもの。
	センター見開き	中綴じの雑誌の中央のページを見開いた広告スペース。開きやすく、注目されやすいため、需要が多い。
中面広告		特殊面広告以外の、雑誌の中にある広告スペースすべてを指す。1ページ、2ページ、小枠などがある。

印刷形式による広告分類

雑誌広告の印刷形式には、活版、オフセット、グラビアがあります。

色による広告分類

カラー広告とモノクロ広告に分類できます。
カラー広告とは、通常4色のことを指し、4C ※ といいます。
モノクロ広告とは、墨だけのことを指し、1C ※ といいます。

※4Cは、シアン（青）、イエロー（黄）、マゼンタ（赤）、ブラック（黒）で構成される。また、1Cには、活版も含む

雑誌

Magazine

スペースによる広告分類

広告スペースの基本単位は1ページで、1Pと表します。一般的なスペースとしては、4C1P、4C2P、1C1Pなどがあります。そのほか、1Pより小さいスペースのことを小枠といい、1／3P、1／5P、2／5Pなど、雑誌ごとに設定されています。

[小枠の例]

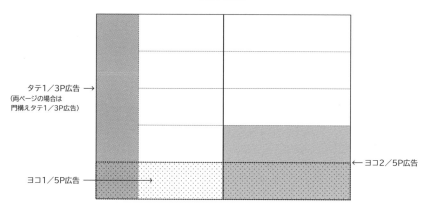

タテ1／3P広告 →
（両ページの場合は
門構えタテ1／3P広告）

← ヨコ2／5P広告

ヨコ1／5P広告 →

（注）小枠は、雑誌によって、また段組みによっても寸法が変化する。また、このほかにも変形スペースは多数ある

タイプによる広告分類

純広告と編集タイアップ広告に分類できます。

● 純広告

よく見られる広告で、広告主または広告会社が制作し、広告主が伝えたいメッセージを訴求したブランド広告であることが多いです。「純広」とも呼ばれ、同じ表現を複数の雑誌で展開することができます。また、純広告の中には、雑誌の記事のような体裁をとっている「記事広告」もあります。あたかも記事と思わせる原稿によって読者の注目を集め、広告内容を読ませることが期待できます。ただし、出版社の事前チェックが必要になるケースが多いため、記事広告制作には注意が必要です。

● 編集タイアップ広告

読者の特性を熟知している出版社が制作する広告です。出版社の持つさまざまなノウハウを生かしながら、その雑誌独自の編集スタイルに合わせて制作するので、読者に対して商品・サービスのイメージや情報を、より自然に強くアピールすることができます。記事の体裁をとることもあるため、記事広告となることもありますが、記事広告であっても純広告とは広告制作主体が異なります。一般的には2ページ以上の広告出稿が必要で、スペース料金以外に制作費がかかります。編集タイアップ広告は、そのタイアップを制作した雑誌のみの掲載（ほかの雑誌には転載できない）が通例です。

雑誌 Magazine

広告手法

雑誌広告には、目的に合わせてさまざまな広告手法があります。広告手法の種類は、技術の進歩、規制緩和などにより年々拡大しています。

● マルチ広告

3ページ以上のスペースで展開する広告です。多くのページを割くことにより、読者の注目を引き、さまざまなメッセージを訴求できます。純広告、編集タイアップ広告ともに頻繁に利用されています。

● 小スペース広告、変形スペース広告

1ページ以下の小さな広告スペースを活用して、目立たせたり、読者に印象づけるための広告です。門構え広告（見開きの両側に3分の1ページ程度の広告スペースを設けたもの）、片ページ連続広告（右ページまたは左ページに小スペース広告を連続して設けたもの）が代表的です。目次下・ヨコの小スペース広告など、既存の広告スペースのほかに独自にスペースを開発することもあります。

● MOOK（ムック）・別冊・付録広告

単独あるいは複数の広告主による広告を、ムック（単行本装丁の雑誌）、別冊（定期刊行雑誌の別冊・増刊として発売するもの）、付録（雑誌本誌に添付するもの）などの形式で展開する手法です。編集とタイアップして、企業・商品の情報や啓蒙したいテーマなどで、1冊まるごとカスタム出版することもできます。

● 特殊仕組み広告

雑誌の広告料金表にはない、オーダーメイドの雑誌広告です。印刷加工・製本加工技術などを用いた広告の仕組みの総称です。特殊仕組み広告は、広告会社の企画力や印刷会社の技術力が集結し、出版社の協力のもと、実現します。特殊仕組みには、特殊印刷加工による、艶出し／香り付きなどや、特殊製本加工による、綴じ込み小冊子（Book in Book）／観音折り／ポップアップ／サンプル・DVDなどの貼り込みなどがあります。また、特殊仕組みは加工工程が多く、手作業の割合も高いため、通常より時間と料金がかかります。

（注）特殊仕組み広告の料金は、広告掲載料金のほかに、制作費（特殊印刷費、加工料など）がかかる

● 他メディア連動企画、イベント連動企画、店頭連動企画

1誌だけではなく、ほかの雑誌と連動した串刺し企画や、新聞・テレビ・ラジオ・アウトドアメディア・インターネットといった他メディアと連動して立体的に展開する広告企画があります。また、イベント、サンプリング、店頭連動など、メディア以外のプロモーション展開も可能です。

雑誌 Magazine

出版社のデジタルへの取り組み

(注)出版社の並び順は50音順

● 講談社

講談社は2000年に開始した「i-VOCE」を皮切りに、雑誌由来のデジタルメディアを拡充する一方で、デジタルファーストメディアとして「ゲキサカ」（06年）、「現代ビジネス」（10年）、「FORZA STYLE」（14年）、「ミモレ」、「ボンボンTV」（15年）を始動。総合出版社として多様な分野をカバーする一方で、それぞれがメディアネットワーク化するのではなく、いわばバーティカルメディアとして濃度の高いファン層獲得のために特化する戦略を採っています。その結果として「ゲキサカ」「ボンボンTV」は、サッカー、ティーン向けエンタメなどのカテゴリーで国内No1規模のメディアに成長しました。ファンベースを基にした有料会員制も、2016年に完全デジタル化した「Courrier Japon」で導入し、記事配信以外にイベントなどのサービス提供も行っています。また、読者の嗜好性データをAIで解析、連携させた広告プラットフォーム「OTAKAD」を2019年11月にリリースし、広告主への提供をはじめています。

● 光文社

雑誌のデジタルの取り組みの柱は、①デジタル版の販売・サブスクリプション、②各ビークルのサイトを中心としたファンの拡大と広告運用です。月刊誌は「CLASSY.」「VERY」「STORY」といったエンゲージメントの高いファンを持つ雑誌ブランド力を生かし、サイトユーザーを拡大。2015年に「JJnet」を皮切りに2019年8月の「美ST ONLINE」「Mart web」まで6媒体をリニューアルしました。月刊・隔月刊誌では8メディアを展開、同サイトを合わせると4,000万PV／月に（2019年10月）。さらに公式SNSや「kokode.jp」（EC）など、ファンのニーズに応じ、さまざまな分野を掘り下げたコンテンツを展開しています。週刊誌では、2018年夏にリニューアルした「WEB女性自身」が飛躍的にPVを伸ばし、単独で7,600万PV／月（同年7〜9月平均）に成長しました。ウェブ単独メディアとしては「和食スタイル」「本がすき。」「re:sumica」などがあります。

● コンデナスト・ジャパン

「VOGUE」「GQ」「WIRED」など世界で影響力のあるメディアを保有し、世界31の市場で展開しています。印刷物8,400万人、デジタル3億8,500万人、ソーシャルプラットフォーム3億9,000万人のオーディエンスを保有し、ビデオの視聴回数は毎月10億回以上。日本のデジタルオーディエンスは、ウェブサイト、SNSを含め毎月合計2,300万人以上に達します。2019年「VOGUE JAPAN」「GQ JAPAN」の公式サイトをグローバル統一プラットフォームにリニューアル。そのほか、Vogue Global Network、調査コミュニティなどグローバル機能を保有するなど、グローバルな視点でのコンテンツ開発やデータ分析を実現し、パートナー各社に奥行きのあるインサイトを届けます。さらにフルサービス・クリエイティブ・エージェンシー「CNX JAPAN」を設立。コンテンツマーケティング、体験型イベントなど幅広いソリューションを提供しています。

● 集英社

女性誌8誌のウェブメディアとキュレーションサイト「ハピプラワン」を包括したメディアネットワーク「HAPPY PLUS」は会員79万人、総PV数約2億。連動する通販サイト「FLAG SHOP」の会員数は110万人を誇ります。またUU数も「SPUR.JP」の月間231万を筆頭に、「Marisol ONLINE」181万、「Daily MORE」166万、「non-no Web」158万に達しています。加えて今年の東京オリンピックに向けて、「Web Sportiva」に特設サイト「Move on! 2020」や、パラリンピックに特化したサイト「パラスポ+（プラス）!」を開設。女性誌・男性誌とも連動した独自記事を配信する予定です。また「少年ジャ

雑誌 Magazine

ンプ+（プラス）」は1,300万DL、DAU110万と業界最大規模で、次々とヒット作を産み出しています。

● 小学館

2010年にオープンした「NEWSポストセブン」は「週刊ポスト」と「女性セブン」をベースとした総合ニュースサイトで2019年9月には総PV3億3,000万を達成しました。2017年には女性誌ブランドの5つのウェブメディアをフルリニューアルし、全5メディアで月間3,000万ユニークユーザーを獲得。また2018年に、広告主の課題解決のための総合サービス「小学館ライフスタイルブランドスタジオ」をスタート。コミック領域では、2014年にマンガアプリ「マンガワン」をリリース、2019年12月には累計2,000万DLを記録。同じくマンガアプリ「サンデーうぇぶり」は300万DL、コロコロミック公式YouTubeチャンネル「コロコロチャンネル」はチャンネル登録者数41万となっています。Tマガジン、dマガジンといった電子雑誌ストアにも配信、電子雑誌広告の取り組みもスタートしています。

● 日経BP

2018年2月に技術系デジタルメディア「日経xTECH（日経クロステック）」を、4月にマーケティング系メディア「日経クロストレンド」を相次ぎ創刊。ウェブ記事に課金する大型の有料デジタル媒体の創刊年となりました。2019年には、1月に「日経ビジネス電子版」を創刊。また、女性向けメディア「日経doors」「日経ARIA」の同時創刊を皮切りに「日経xwoman」プロジェクトをスタートさせました。いずれの有料サービスも月額と年額の課金プランを用意しています。医療情報ポータル「日経メディカル」は2019年10月に大規模リニューアルを実施。経営、技術、医療、ライフスタイルの広い分野でデジタルプラットフォームを展開しています。またリードジェン事業にも注力しており、IT中心の「日経xTECH Active」や経営、製造、建設中心の「日経BizTarget」を展開しています。

● ハースト婦人画報社

1996年に「エル・オンライン」で日本のファッションメディア初のデジタル媒体を立ち上げ、現在10媒体以上を運営。多岐にわたる国内外のコンテンツを発信しています。またファッション領域の強みを生かし、2009年にはeコマース「エル・ショップ」をスタート。100年を超える歴史で培われた充実のコンテンツをオンライン・オフラインと多様なチャネルでユーザーに届けています。2019年からはデジタル領域の知見を生かし、クライアントに向けたソリューションビジネスを本格稼働。マーケティング課題を解決するソリューションとして、コンテンツ制作のノウハウを活用するサービス「ハースト・メイド」や、約70万人の会員データやウェブトラフィックデータを活用する専門組織「ハースト・データ・スタジオ」が誕生し、従来の媒体や広告の枠を超えたソリューション提供企業としての進化を加速しています。

● マガジンハウス

マガジンハウスが持つ各ブランドの特徴を生かし、それぞれのブランドの価値を最大化させるべくさまざまな手法で取り組んでいます。幅広いテーマを取り上げる女性誌として月間3,680万PVを誇る「anan」、数百万PVの規模ながら本誌と同じく独自のテイストで固定ファンをしっかりとらえている「GINZA」「Casa BRUTUS」「クロワッサン」など。「Tarzan」は立ち上げから約1年ですが、急激にファンを増やして大きな反響を獲得しており、「BRUTUS」は独自に記事のサブスクリプションモデルに挑戦しています。またいくつかのブランドではロイヤリティの高いファンを組織化するID戦略を実行中。今後は広告と連動したイベントなど、さまざまな活用法を提供していきます。

雑誌

Magazine

閲読状況

紙の雑誌の閲読率が44.8%に対し、電子雑誌の閲読率は14.5%です。紙の雑誌では男女ともに50代以上が高くなる傾向がありますが、電子雑誌では、男性40代、女性30代が最も高くなります。

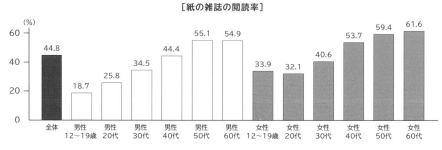

[紙の雑誌の閲読率]

	(%)
全体	44.8
男性12〜19歳	18.7
男性20代	25.8
男性30代	34.5
男性40代	44.4
男性50代	55.1
男性60代	54.9
女性12〜19歳	33.9
女性20代	32.1
女性30代	40.6
女性40代	53.7
女性50代	59.4
女性60代	61.6

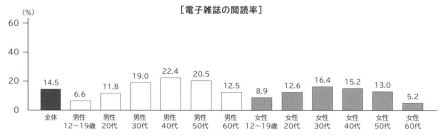

[電子雑誌の閲読率]

	(%)
全体	14.5
男性12〜19歳	6.6
男性20代	11.8
男性30代	19.0
男性40代	22.4
男性50代	20.5
男性60代	12.5
女性12〜19歳	8.9
女性20代	12.6
女性30代	16.4
女性40代	15.2
女性50代	13.0
女性60代	5.2

（注）雑誌の閲読率は、雑誌（それぞれ紙の雑誌及び電子雑誌）閲読頻度が「雑誌はまったく読まない」「不明・回答なし」以外の回答者
（注）電子雑誌とは、発行されている雑誌をデジタルデータにし、パソコンやタブレット端末、スマートフォンや携帯電話などで読めるかたちにしたもの。毎月定額でさまざまな雑誌を読める読み放題サービスも含む

ビデオリサーチ「ACR／ex2019」をもとに作成

閲読頻度

電子雑誌の閲読頻度は、「ほぼ毎日読む」「週に1〜5日」といったヘビーユーザーの割合が紙の雑誌に比べて高くなっています。

[雑誌の閲読頻度]

■ ほぼ毎日読む　□ 週に1〜5日　▨ 月に1〜3日　▨ 月に1日未満

〈男性〉

	ほぼ毎日読む	週に1〜5日	月に1〜3日	月に1日未満
電子雑誌	12.0	35.9	26.3	25.7
紙の雑誌	6.1	35.5	31.3	27.1

〈女性〉

	ほぼ毎日読む	週に1〜5日	月に1〜3日	月に1日未満
電子雑誌	6.5	33.3	27.6	32.5
紙の雑誌	3.7	18.9	40.1	37.2

（注）電子雑誌とは、発行されている雑誌をデジタルデータにし、パソコンやタブレット端末、スマートフォンや携帯電話などで読めるかたちにしたもの。毎月定額でさまざまな雑誌を読める読み放題サービスも含む
雑誌閲読者（雑誌（それぞれ紙の雑誌及び電子雑誌）閲読頻度が「雑誌はまったく読まない」「不明・回答なし」以外の回答者）ベース
ビデオリサーチ「ACR／ex2019」をもとに作成

電子雑誌の市場規模推移

電子出版市場規模全体は拡大傾向にあるものの、電子雑誌については2018年以降、減少となりました。

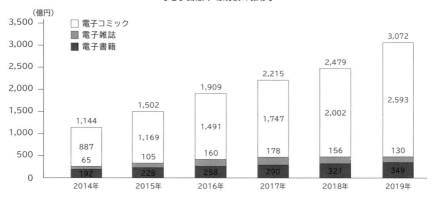

[電子出版市場規模の推移]

全国出版協会・出版科学研究所「出版月報 2020年1月号」より

読み放題サービスの利用者

2019年の読み放題サービスの利用者率は前年と比較すると順調に伸びています。特に男性40代を中心に高くなっています。

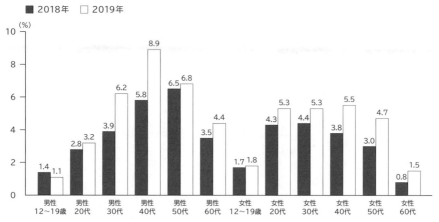

[読み放題サービスの利用者率]

(注)利用しているサービスが「dマガジン」「Fujisan.co.jp」「KindleUnlimited」「U-NEXT」「ひかりTVブック」「タブホ」「ビューン」「フジテレビオンデマンド」「ブックパス」「ブック放題」「楽天マガジン」「その他の読み放題サービス」のいずれかの回答者

ビデオリサーチ「ACR／ex2018・2019」をもとに作成

雑誌

Magazine

購読状況

雑誌閲読者の内、男性の約7割、女性の6割強が雑誌を購入している「雑誌購読者」です。

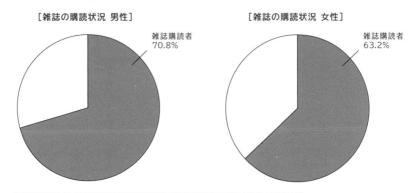

[雑誌の購読状況 男性]

雑誌購読者
70.8%

[雑誌の購読状況 女性]

雑誌購読者
63.2%

(注) 雑誌購読者は、1ヶ月あたりの紙の雑誌の購入金額が「0円（雑誌は買わない）」「不明・回答なし」以外の回答者
雑誌閲読者（紙の雑誌の閲読頻度が「雑誌はまったく読まない」「不明・回答なし」以外の回答者）ベース
ビデオリサーチ「ACR／ex2019」をもとに作成

購入金額

雑誌購読者を1ヶ月あたりの購入金額別でみると、男性では7割弱、女性は約8割の人が1,000円未満でした。1ヶ月あたりの紙の雑誌の平均購入金額も、男性730円、女性497円で、男性の方が高い結果になりました。

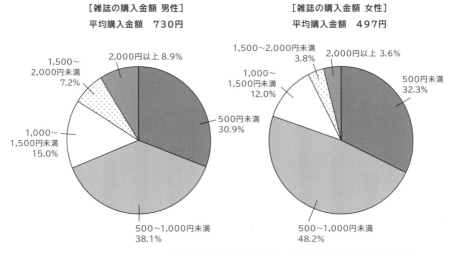

[雑誌の購入金額 男性]
平均購入金額　730円

2,000円以上 8.9%
1,500～2,000円未満 7.2%
1,000～1,500円未満 15.0%
500円未満 30.9%
500～1,000円未満 38.1%

[雑誌の購入金額 女性]
平均購入金額　497円

1,500～2,000円未満 3.8%
1,000～1,500円未満 12.0%
2,000円以上 3.6%
500円未満 32.3%
500～1,000円未満 48.2%

雑誌購読者（紙の雑誌の閲読頻度が「雑誌はまったく読まない」「不明・回答なし」以外の回答者中、
1ヶ月あたりの紙の雑誌の購入金額が「0円（雑誌は買わない）」「不明・回答なし」以外の回答者）ベース
ビデオリサーチ「ACR／ex2019」をもとに作成

購入場所

雑誌の購入場所は、全般的に「書店」が最も多く、次いで「コンビニエンスストア」ですが、雑誌ジャンルによってその傾向は大きく異なります。

[雑誌の購入場所]

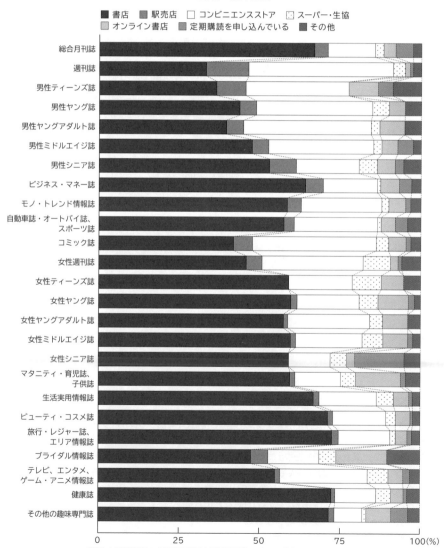

指定ジャンル購読者（ジャンル別の紙の雑誌の主な購入場所が「このジャンルの雑誌を買うことはない」「不明」以外の回答者）ベース
博報堂「HABIT／ex2019」をもとに作成

雑誌

Magazine

雑誌部数

雑誌を量の観点から評価するための代表的な指標として「部数」があります。

発行部数の透明性を求める動きが活発化する中で、現在、雑誌の部数表記には以下の4つの種類があります。

● ABC公査部数

公的機関である日本ABC協会が調査した返品差し引き後の販売部数のことをいいます。上期下期で年に2回、印刷版、デジタル版の部数などが公表されます。デジタル版については印刷版とほぼ同一の体裁・価格で販売されたものが対象です。読み放題サービスについても、ABCレポートに2014年下期からユニークユーザー数を参考データとして表記をはじめています（サービス提供している各社のユニークユーザー数を合算したもの。雑誌それぞれでサービスへの参加状況が異なるため、雑誌ごとの単純比較はできません）。

● 印刷証明付き部数

日本雑誌協会は印刷工業会の協力を得て、協会加盟誌の雑誌1号あたりの「平均印刷部数」を調査しています。「JMPAマガジンデータ」においては年1回、日本雑誌協会のホームページでは年4回、各雑誌の印刷証明付きの平均印刷部数を公表しています。

● 平均発行部数

日本雑誌協会に加盟する雑誌社が、協会に申告している部数のことをいいます。「JMPAマガジンデータ」において、印刷証明付き部数を公表していない雑誌の部数のことを指します。

● 公称部数

上記のいずれにも属さないビークルにおいて、雑誌社が公表する発行部数のこと。自己申告部数ともいいます。

ABCブランドレポート指標

ABCレポートには販売部数だけでなくブランド指標も掲載し、雑誌ブランドパワーを表現しています。

ブランドレポート指標とは、

- Web（ウェブ）：雑誌名を冠したウェブサイト及び関連サイトのURL、画面イメージ、サイト説明。自社サイトのUU・PV数と外部配信先[※]のPV数、ウェブサイトに登録した会員数の数値
- SNS：同じく雑誌名を冠したSNSと関連SNSの数値
- App（アプリ）：ダウンロード数、PV・UU数などの数値
- Newsletter（メールマガジン）：配信数

そのほか、EC、読者組織、イベント、その他といった項目があります。

※外部配信先一覧（ABCレポート掲載協力に応じたサイト・アプリ）

　グノシー、スマートニュース、TRILL、Yahoo! ニュース、LINEアカウントメディア、antenna

雑誌部数（ABC公査部数）

［雑誌部数（ABC公査部数）］

販売部数：万部（1,000未満四捨五入）

雑誌名	販売部数（万部）	読み放題UU数	雑誌名	販売部数（万部）	読み放題UU数
【男性】総合月刊誌			Begin	4.4	182,818
致知	11.5	—	MonoMax	8.7	—
文藝春秋	21.1	—	**【男性】パソコン・コンピュータ誌**		
【男性】一般週刊誌			日経ソフトウエア	1.5	—
AERA	4.0	40,093	日経PC21	4.7	96,011
サンデー毎日	3.8	38,170	Mac Fan	1.7	135,086
週刊朝日	7.4	53,527	**【女性】女性週刊誌**		
週刊アサヒ芸能	5.2	37,627	週刊女性	9.5	94,330
週刊現代	20.8	187,284	女性自身	17.6	120,772
週刊新潮	19.8	144,114	女性セブン	19.3	167,746
週刊大衆	7.5	23,540	**【女性】女性ティーンズ誌**		
週刊プレイボーイ	7.9	163,601	Seventeen	8.5	62,876
週刊文春	28.7	241,041	ニコ☆プチ	6.3	—
週刊ポスト	19.0	191,435	nicola	12.2	—
SPA!	3.8	271,072	ポップティーン	12.8	—
ニューズウィーク日本版	2.7	38,229	**【女性】女性ヤング誌**		
【男性】写真週刊誌			ViVi	6.3	84,206
FRIDAY	8.1	402,360	CanCam	6.3	117,125
FLASH	5.2	353,218	JJ	4.6	148,222
【男性】男性ヤング誌			JUNON	2.3	26,704
smart	5.0	—	non-no	9.1	127,569
MEN'S NON-NO	4.2	99,167	mini	11.0	—
【男性】男性ヤングアダルト誌			Ray	3.2	116,182
Casa BRUTUS	3.6	89,238	**【女性】女性ヤングアダルト誌**		
スポーツ・グラフィック ナンバー	7.1	29,373	ar	3.4	138,973
Tarzan	6.1	127,299	andGIRL	3.8	189,845
BRUTUS	4.2	46,895	InRed	11.4	—
【男性】男性ミドルエイジ誌			with	6.9	139,918
UOMO	2.0	101,249	VERY	11.9	176,119
OCEANS	5.3	93,437	Oggi	6.2	239,691
おとなの週末	2.8	76,783	otona MUSE	7.4	—
サライ	6.6	47,297	CLASSY.	8.0	232,390
MonoMaster	4.1	—	SPUR	2.8	63,069
LEON	3.5	72,571	sweet	15.1	—
【男性】ビジネス・マネー誌			steady.	7.0	—
週刊ダイヤモンド	6.6	67,075	SPRiNG	7.3	—
週刊東洋経済	5.4	62,593	Domani	3.0	190,230
日経ビジネス	* 16.7	—	日経WOMAN	8.5	150,709
日経マネー	3.3	74,232	BAILA	5.6	222,458
プレジデント	13.2	104,797	美人百花	8.9	—
【男性】モノ・トレンド情報誌			mamagirl	6.5	29,787
GoodsPress	1.6	130,534	MORE	10.5	181,086
GetNavi	3.7	250,798	LEE	13.0	185,058
DIME	3.7	233,675	リンネル	17.6	—
日経TRENDY	7.9	126,830			

＊：セット版販売部数（印刷版の読者が、デジタル版を同時に購買している場合、その重複分も含む）

（注）販売部数は、印刷版及びデジタル版の合計販売部数

（注）印刷版販売部数は、対象期間内に販売会社、新聞販売店、予約購読者、直接販売のルートで販売された、返品を差し引いた実売部数で、1号あたりの平均販売部数

（注）デジタル版販売部数は、印刷版とほぼ同一の体裁・価格で販売されたデジタル版が対象で、対象期間内に電子ストアで販売された、1号あたりの平均販売部数

（注）読み放題サービスは、対象期間内にリリースされた号について、以下サービスごとに、1号あたりの平均ユニークユーザー数を算出し、それらを合算した数値
　　　サービス一覧：ビューン・ビューンforWoman・ビューン読み放題スポット・ビューン読み放題マンション・ブック放題・読み放題プレミアムbyブック放題（ビューン）、
　　　ブックパス・スマートパス（KDDI）、dマガジン（NTTドコモ）、タブホ・タブホスポット（OPTiM）、ブックサービス（U-NEXT）、フジテレビオンデマンド（フジテレビジョ
　　　ン）、楽天マガジン（楽天）・楽天マガジン法人プラン、Kindle Unlimited（アマゾンジャパン）、T-MAGAZINE（Tマガジン）

（注）雑誌の配列は、日本ABC協会、日本雑誌協会、日本雑誌広告協会の3団体で統一した「雑誌ジャンル・カテゴリ区分」に準拠、同一カテゴリ内は、雑誌名の50音順

日本ABC協会「雑誌発行社レポート2019年1〜6月」をもとに作成

雑誌

Magazine

雑誌部数（ＡＢＣ公査部数）

［雑誌部数（ＡＢＣ公査部数）］

販売部数：万部（1,000未満四捨五入）

雑誌名	販売部数（万部）	読み放題UU数	雑誌名	販売部数（万部）	読み放題UU数
【女性】女性ミドルエイジ誌			【男女】エリア情報誌		
éclat	5.2	111,908	Kansai Walker	3.0	84,964
大人のおしゃれ手帖	8.7	—	Kyushu Walker	1.4	58,874
家庭画報	7.1	76,148	Tokai Walker	2.8	96,876
GLOW	12.1	—	Tokyo Walker	1.2	81,096
クロワッサン	8.8	111,194	YOKOHAMA Walker	1.9	48,864
STORY	11.4	183,437	【男女】テレビ情報誌		
HERS	3.3	103,125	月刊ザテレビジョン	19.5	—
婦人公論	8.0	—	ザテレビジョン	9.5	—
Marisol	7.4	159,663	TVガイド	9.6	—
【女性】女性シニア誌			【男女】エンターテインメント情報誌		
ハルメク	24.8	61,417	ディズニーファン	7.6	57,643
毎日が発見	5.8	—	日経エンタテインメント!	5.2	32,784
ゆうゆう	4.2	13,118	【男女】業界・技術専門誌		
【女性】生活実用情報誌			Interface	1.3	—
家の光	46.7	—	トランジスタ技術	1.8	—
ESSE	19.1	163,132	日経Linux	1.3	—
サンキュ!	17.9	185,473	【男女】子供誌		
Mart	4.7	137,904	おともだち	7.3	—
【女性】食・グルメ情報誌			たのしい幼稚園	8.5	—
オレンジページ	20.5	177,204	てれびくん	7.9	—
上沼恵美子のおしゃべりクッキング	4.5	48,282	テレビマガジン	6.2	—
栗原はるみ haru_mi	10.0	—	ぷっちぐみ	4.7	—
レタスクラブ	17.2	215,765	ベビーブック	7.1	—
【女性】ナチュラルライフ誌			めばえ	10.5	—
クウネル	3.4	76,291	幼稚園	5.9	—
【女性】ビューティ・コスメ誌			【男女】アウトドア		
& ROSY	6.2	—	BE-PAL	8.1	93,443
VOCE	4.9	97,199	【男女】園芸		
美ST	4.1	126,256	やさい畑	5.5	—
美的	8.8	176,453	【男女】カメラ		
MAQUIA	8.0	173,833	アサヒカメラ	1.3	—
【女性】マタニティ・育児誌			【男女】自然科学		
げんき	2.8	—	ナショナル ジオグラフィック日本版	* 5.1	63,978
【男女】健康誌			【男女】ホビー		
日経ヘルス	6.5	128,182	CQ ham radio	1.5	—

＊：セット版販売部数（印刷版の読者が、デジタル版を同時に購買している場合、その重複分も含む）

(注) 販売部数は、印刷版及びデジタル版の合計販売部数

(注) 印刷版販売部数は、対象期間内に販売会社、新聞販売店、予約購読者、直接販売のルートで販売された、返品を差し引いた実売部数で、1号あたりの平均販売部数

(注) デジタル版販売部数は、印刷版とほぼ同一の体裁・価格で販売されたデジタル版が対象で、対象期間内に電子ストアで販売された、1号あたりの平均販売部数

(注) 読み放題サービスは、対象期間内にリリースされた号について、以下サービスごとに、1号あたりの平均ユニークユーザー数を算出し、それらを合算した数値

サービス一覧：ビューン・ビューンforWoman・ビューン読み放題スポット・ビューン読み放題マンション・ブック放題・読み放題プレミアムbyブック放題（ビューン）、ブックパス・スマートパス（KDDI）、dマガジン（NTTドコモ）、タブホ・タブホスポット（OPTiM）、ブックサービス（U-NEXT）、フジテレビオンデマンド（フジテレビジョン）、楽天マガジン（楽天）・楽天マガジン法人プラン、Kindle Unlimited（アマゾンジャパン）、T-MAGAZINE（Tマガジン）

(注) 雑誌の配列は、日本ABC協会、日本雑誌協会、日本雑誌広告協会の3団体で統一した「雑誌ジャンル・カテゴリ区分」に準拠、同一カテゴリ内は、雑誌名の50音順

日本ABC協会「雑誌発行社レポート2019年1〜6月」をもとに作成

雑誌部数（印刷証明付き部数）

［雑誌部数（印刷証明付き部数）］

販売部数：万部（1,000未満四捨五入）

雑誌名	販売部数	雑誌名	販売部数	雑誌名	販売部数
【男性】総合月刊誌		ビッグコミックスピリッツ	12.8	なかよし	7.5
Wedge	12.9	ビッグコミックスペリオール	9.6	りぼん	14.0
潮	12.2	モーニング	17.0	【女性】手作り	
中央公論	2.4	ヤングマガジン	32.4	すてきにハンドメイド	16.7
【男性】男性ヤング誌		【女性】女性ティーンズ誌		【男女】食・グルメ情報誌	
ENTAME	6.8	duet	7.0	dancyu	11.1
FINEBOYS	7.2	POTATO	6.5	【男女】健康誌	
POPEYE	8.5	Myojo	19.8	NHKガッテン!	14.0
BOMB	2.7	【女性】女性ヤング誌		きょうの健康	12.1
men's FUDGE	8.4	mina	5.8	健康	1.8
【男性】男性ヤングアダルト誌		【女性】女性ヤングアダルト誌		【男女】文芸・歴史誌	
OUTDOOR STYLE GO OUT	6.7	anan	15.2	オール讀物	3.7
Sports Graphic Number PLUS	2.9	& Premium	7.8	群像	0.6
		25ans	7.0	小説新潮	0.9
Pen	6.4	VOGUE JAPAN	6.0	小説宝石	0.6
MEN'S CLUB	5.6	ELLE JAPON	8.3	【男女】テレビ情報誌	
Lightning	6.1	GINZA	3.8	月刊スカパー!	9.5
【男性】男性ミドルエイジ誌		CREA	4.8	月刊TVガイド	21.6
ENGINE	1.9	GISELe	8.5	TV station	11.9
Safari	15.7	装苑	4.5	TV Bros.	2.9
MEN'S Ex	2.9	Numéro TOKYO	4.9	TV LIFE	18.8
MEN'S Precious	2.3	Harper's BAZAAR	4.1	B.L.T.	5.1
【男性】ビジネス・マネー誌		Hanako	7.0	【男女】ゲーム・アニメ情報誌	
DIAMONDハーバード・ビジネス・レビュー	1.9	FUDGE	12.9	アニメージュ	3.6
		フィガロジャポン	7.0	アニメディア	2.9
【男性】スポーツ誌		【女性】女性ミドルエイジ誌		声優グランプリ	2.0
月刊ゴルフダイジェスト	12.0	pumpkin	13.5	Vジャンプ	17.0
週刊ゴルフダイジェスト	10.4	婦人画報	9.4	【男女】子供誌	
【男性】自動車誌		Precious	5.2	いないいないばあっ!	5.7
CARトップ	12.2	ミセス	6.4	NHKのおかあさんといっしょ	4.4
ベストカー	21.8	和樂	4.0	小学一年生	5.4
【男性】少年向けコミック誌		【女性】食・グルメ情報誌		ね〜ね〜	3.7
月刊少年マガジン	29.8	きょうの料理	28.7	【男女】園芸	
コロコロイチバン!	5.8	きょうの料理ビギナーズ	11.7	園芸ガイド	2.8
コロコロコミック	62.0	【女性】マタニティ・育児誌		趣味の園芸	12.5
ジャンプスクエア	17.3	たまごクラブ	5.9	【男女】ペット	
週刊少年サンデー	27.2	ひよこクラブ	9.2	いぬのきもち	6.6
週刊少年ジャンプ	167.0	Pre-mo	2.6	ねこのきもち	8.0
週刊少年マガジン	70.4	Baby-mo	4.3	【男女】カメラ	
【男性】男性向けコミック誌		【女性】旅行・レジャー誌		CAPA	2.3
アフタヌーン	4.7	CREA Traveller	2.9	【男女】自然科学	
イブニング	7.4	【女性】エリア情報誌		Newton	9.8
週刊ヤングジャンプ	46.7	オズマガジン	7.9	【男女】アート・デザイン	
ビッグコミック	26.9	【女性】少女向けコミック誌		芸術新潮	2.7
ビッグコミックオリジナル	45.9	ちゃお	34.3		

（注）雑誌名称、ジャンル・カテゴリー、配列は、出典元に準拠

日本雑誌協会「マガジンデータ2020」をもとに作成

雑誌　Magazine

雑誌ビークルのポジショニング

[雑誌ポジショニングマップ（男女比率と中心年齢）]

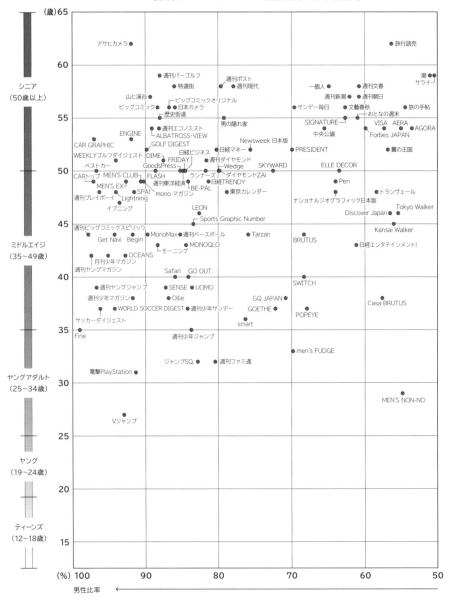

（注）12歳未満は調査対象外となっているため、12歳未満の読者が多い雑誌は年齢が高めになっている

雑誌
········
Magazine

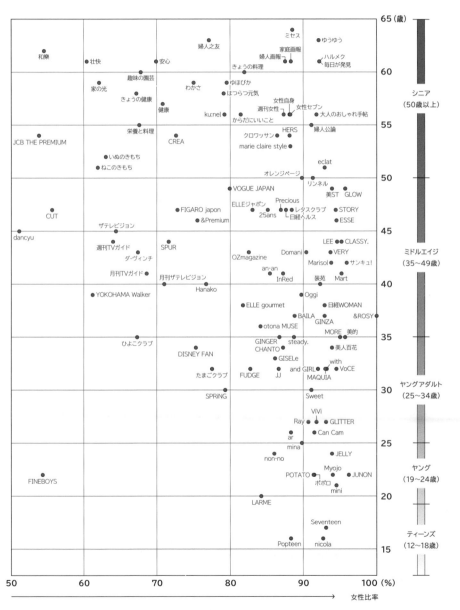

ビデオリサーチ「ACR／ex2019」をもとに作成

さまざまな特性があります

● ターゲットセグメントメディア

ターゲットの性別・年齢・未既婚・家族構成などの属性に加えて、個人の趣味嗜好や興味関心領域に応じて読者が異なる雑誌はターゲットセグメントメディアです。ライフスタイルや興味関心領域によっては、たいへん豊富な種類のビークルがあります。

● ロイヤリティの高いメディア

雑誌は読者が自ら「お金を払って買う」メディアであるため、他メディアと比べて読者が能動的に接する、ロイヤリティの高いメディアといえます（閲読者の約7割弱が購読者）。読者は「よく読む雑誌はだいたい決まっている（閲読者の6割強）」ので、雑誌は読者と"絆（きずな）"を構築しているメディアといえます。

［雑誌閲読者における購読者割合］

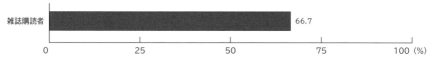

（注）雑誌購読者は、雑誌の1ヶ月あたりの紙の雑誌の購入金額が「0円（雑誌は買わない）」「不明・回答なし」以外の回答者

［雑誌閲読者におけるメディア意識］

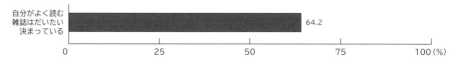

雑誌閲読者（紙の雑誌の閲読頻度が「雑誌はまったく読まない」「不明・回答なし」以外の回答者）ベース
ビデオリサーチ「ACR／ex2019」をもとに作成

● 信頼されるメディア

読者にとっては、雑誌ビークル自体が「ブランド」であり、両者の間には絆が構築されているため、掲載記事はもちろん、編集タイアップのコンテンツに対しても、信頼度が高いといえます。

● 反復効果が期待できます

雑誌は保存性に富んでいるので、繰り返し読まれる傾向があり、反復効果が高いといえます。

［雑誌閲読者の閲読態度］

（注）質問に対し「よくある」「時々ある」の回答者
雑誌閲読者（紙の雑誌の閲読頻度が「雑誌はまったく読まない」「不明・回答なし」以外の回答者）ベース
ビデオリサーチ「ACR／ex2019」をもとに作成

● 理解促進型メディア

内容を詳しく伝えることができる、理解促進型のメディアです。

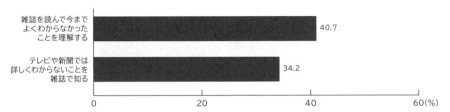

[雑誌閲読者の閲読態度]

- 雑誌を読んで今までよくわからなかったことを理解する 40.7
- テレビや新聞では詳しくわからないことを雑誌で知る 34.2

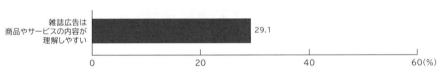

[雑誌閲読者の雑誌広告との関わり]

- 雑誌広告は商品やサービスの内容が理解しやすい 29.1

(注) 質問に対し「よくある」「時々ある」の回答者
雑誌閲読者 (紙の雑誌の閲読頻度が「雑誌はまったく読まない」「不明・回答なし」以外の回答者) ベース
ビデオリサーチ「ACR/ex2019」をもとに作成

● 行動喚起メディア

雑誌に紹介されることで「お墨つき」を与え、行動を喚起するメディアです。

情報欲求：興味を喚起し、もっと知りたいといった情報検索行動を起こす"きっかけ"になっている。

口コミ　：雑誌に掲載されている情報を話題にすることから、周りの人への口コミ効果が高い。

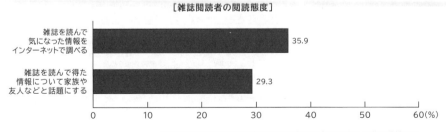

[雑誌閲読者の閲読態度]

- 雑誌を読んで気になった情報をインターネットで調べる 35.9
- 雑誌を読んで得た情報について家族や友人などと話題にする 29.3

雑誌閲読者 (紙の雑誌の閲読頻度が「雑誌はまったく読まない」「不明・回答なし」以外の回答者) ベース
ビデオリサーチ「ACR/ex2019」をもとに作成

雑誌 Magazine

雑誌 Magazine

● ライフスタイルに影響を与えるメディア

実生活や趣味に役立つ雑誌は読者のライフスタイルを豊かにするメディアです。

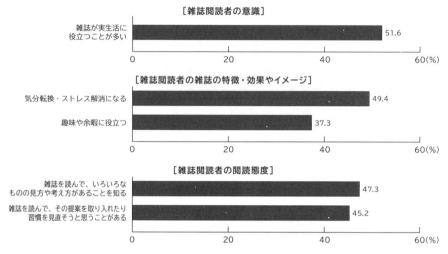

［雑誌閲読者の意識］

雑誌が実生活に役立つことが多い　51.6

［雑誌閲読者の雑誌の特徴・効果やイメージ］

気分転換・ストレス解消になる　49.4
趣味や余暇に役立つ　37.3

［雑誌閲読者の閲読態度］

雑誌を読んで、いろいろなものの見方や考え方があることを知る　47.3
雑誌を読んで、その提案を取り入れたり習慣を見直そうと思うことがある　45.2

雑誌閲読者（紙の雑誌の閲読頻度が「雑誌はまったく読まない」「不明・回答なし」以外の回答者）ベース
ビデオリサーチ「ACR／ex2019」をもとに作成

話題やトレンドを発信しています

雑誌は、常に新しいライフスタイルを提案し、流行を創ってきたメディアです。雑誌から、さまざまなトレンド・ヒット商品、流行語が生み出されてきているほか、雑誌が育てた専属モデルが、その後タレントとして人気を獲得し、それぞれの世界で活躍していることからもそのメディアパワーがわかります。

［雑誌発の流行語・造語］

流行語・造語	意味	発信元
公園デビュー	母親（や父親）が幼児と一緒に近所の公園に行き、地域の親子コミュニティにはじめて触れ合うこと。公園遊び向きの好感度ファッションをママ目線で使った言葉。	VERY
アラサー	Around30の略で、30歳前後の人々のこと。	GISELe
美魔女	才色兼備の35歳以上の女性のこと。「輝いた容姿」「経験を積み重ねて磨かれた内面の美しさ」「いつまでも美を追求し続ける好奇心と向上心」「美しさが自己満足にならない社交性」という条件を備えたエイジレスビューティーな大人の女性のこと。	美ST
終活	「人生の終わりのための活動」の略で、人間が人生の最期を迎えるにあたって行うべきことを総括した意味。	週刊朝日
ひとりっぷ	女性一人旅のこと。「ひとり」と「とりっぷ（trip）」をくっつけた造語。集英社の登録商標となっている。	SPUR
女っぷり	仕事もプライベートも充実し、自然な艶っぽさと経験に裏打ちされた知性と品格を笑顔で包みながら、自分のみならず周囲をもハッピーにしていく。"っぷり"にはきっぷの良さや愛嬌、男前な部分もふくまれる。集英社の商標登録となっている。	Marisol
インスタ映え	写真共有サービス「Instagram」に公開した写真の見栄えが良いこと。インスタ映えに関連したコンテンツを多数生みだした「CanCam」が2017年流行語大賞受賞。	CanCam
闇営業	事務所を通さずに直接営業し、反社会的勢力から金品を受け取る行為。今回はFRIDAYの記事により、脚光を浴び、2019年流行語大賞ベストテンに入賞した。	FRIDAY

（注）「意味」については発信元から提供

情報源として評価されています

ファッション、化粧品に関する情報を雑誌から入手するという人の割合が高く、情報源として評価されています。

[情報入手経路]

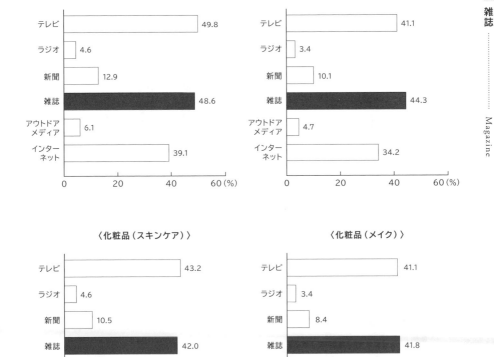

〈ファッション（衣料品）〉

テレビ	49.8
ラジオ	4.6
新聞	12.9
雑誌	48.6
アウトドアメディア	6.1
インターネット	39.1

〈ファッション（雑貨）〉

テレビ	41.1
ラジオ	3.4
新聞	10.1
雑誌	44.3
アウトドアメディア	4.7
インターネット	34.2

〈化粧品（スキンケア）〉

テレビ	43.2
ラジオ	4.6
新聞	10.5
雑誌	42.0
アウトドアメディア	6.0
インターネット	36.9

〈化粧品（メイク）〉

テレビ	41.1
ラジオ	3.4
新聞	8.4
雑誌	41.8
アウトドアメディア	6.0
インターネット	34.7

雑誌 Magazine

（注）ファッション（雑貨）はバッグ・靴・腕時計・アクセサリーなどの雑貨
（注）情報の入手経路が、テレビは「地上波民放テレビ」、ラジオは「AMラジオ」「FMラジオ」、新聞は「一般紙」「スポーツ紙」、アウトドアメディアは「交通機関（電車・駅構内などの情報・広告）」「屋外（看板・ネオン・屋外ビジョン）」、インターネットは「ブログやSNSの書き込み」「企業・ブランドのインターネットサイト」「企業以外のインターネットサイト」の回答者
女性・各メディア接触者（テレビ視聴頻度（リアルタイムまたは再生視聴）、ラジオ聴取頻度、新聞朝刊・夕刊閲読頻度、雑誌閲読頻度、電車利用頻度、「パソコン」「タブレット端末」「スマートフォン」「携帯電話・PHS」でのインターネット利用頻度が「非接触／非利用」「不明・回答なし」以外の回答者）ベース
ビデオリサーチ「ACR／ex2019」をもとに作成

雑誌

Magazine

購買行動につながります

雑誌は読者の「購買プロセス（商品の存在を知り、欲しいと思い、その商品の詳細を理解して、購入するという一連の行動）」に強い影響を与えます。

[購買プロセス別 情報入手経路]

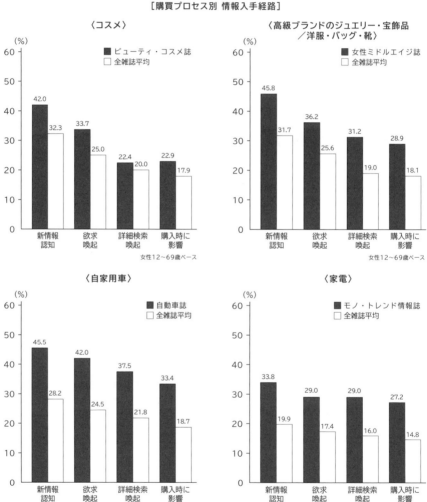

《コスメ》
(%)
■ ビューティ・コスメ誌
□ 全雑誌平均

新情報認知: 42.0 / 32.3
欲求喚起: 33.7 / 25.0
詳細検索喚起: 22.4 / 20.0
購入時に影響: 22.9 / 17.9

女性12〜69歳ベース

《高級ブランドのジュエリー・宝飾品／洋服・バッグ・靴》
(%)
■ 女性ミドルエイジ誌
□ 全雑誌平均

新情報認知: 45.8 / 31.7
欲求喚起: 36.2 / 25.6
詳細検索喚起: 31.2 / 19.0
購入時に影響: 28.9 / 18.1

女性12〜69歳ベース

《自家用車》
(%)
■ 自動車誌
□ 全雑誌平均

新情報認知: 45.5 / 28.2
欲求喚起: 42.0 / 24.5
詳細検索喚起: 37.5 / 21.8
購入時に影響: 33.4 / 18.7

男性12〜69歳ベース

《家電》
(%)
■ モノ・トレンド情報誌
□ 全雑誌平均

新情報認知: 33.8 / 19.9
欲求喚起: 29.0 / 17.4
詳細検索喚起: 29.0 / 16.0
購入時に影響: 27.2 / 14.8

男性12〜69歳ベース

(注)「購買プロセス別 情報入手経路」は、購買の4プロセス（新情報認知／欲求喚起／詳細検索喚起／購入時に影響）において、「雑誌（雑誌広告＋雑誌記事）」から、該当商材の情報を入手している読者含有率をビークルごとに集計し、ビークル全体平均と親和性のある該当ビークルジャンル平均を比較
(注) サンプル数が30以上のビークルを選択
(注) ジャンルは、日本雑誌広告協会が日本雑誌協会、日本ABC協会の協力を得て、3協会加盟雑誌を対象に設定した「雑誌ジャンル・カテゴリ区分」を使用

ビデオリサーチ「ACR／ex2019」をもとに作成

ソリューションを提供できます

[出版社の資産（出版社プロパティ）]　　　　　[掛け合わせる外部プロパティ]

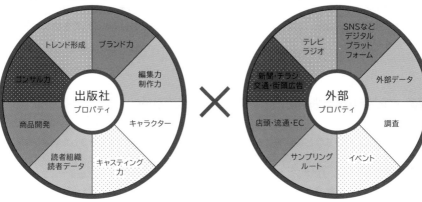

雑誌 .... Magazine

○ **ブランド力**
商品パッケージや販促物、広告主サイトなど
で、ロゴ活用

○ **編集力・制作力**
カタログ、小冊子、ウェブ、動画制作

○ **キャラクター**
広告制作、商品パッケージ、販促物、ウェブコ
ンテンツで活用

○ **キャスティング力**
モデル、タレント、美容家、文化人、作家、イン
フルエンサーを広告活用

○ **読者組織・読者データ**
サンプリング、モニター施策、読者アンケートか
らコンテンツを制作

○ **商品開発**
編集部や読者の意見を反映して、ファッション
や雑貨、食品などの商品を開発

○ **コンサル力**
編集部が読者インサイトや業界知見をもとに、
広告主のコンサルテーションをし課題解決

○ **トレンド形成**
読者のインサイトがわかるからこそ、トレンドと
なるキーワードを開発

○ **SNSなどデジタルプラットフォーム**
ウェブタイアップで制作したページに、SNSの
ADから誘導する「外部誘導」
出版社のSNSアカウントでタイアップ内容を掲載

○ **外部データ**
広告主データ（2nd party data）や、ビッグ
データ（3rd party data）を連携させ、タイ
アップ閲読者の分析や、拡張配信に活用

○ **調査**
出版社のオンライン読者を、アンケートフォーム
に誘導して、タイアップの効果検証を行う

○ **イベント**
女性向け大型イベントや、出版社のイベントなど

○ **サンプリングルート**
書店、自社店舗、保育園・学校など。出版社独
自のルートもある

○ **店頭・流通・EC**
店頭POPや、広告主のECサイトで、雑誌ロゴや
タイアップ記事を活用し、売り場で目立たせる

○ **テレビ・ラジオ・新聞・チラシ・交通・街頭広告**
雑誌タイアップでつくったグラフィックや動画
を、テレビやチラシなどのほかのメディアで展
開することも可能

ビークルのイメージを広告商品に利用できます

雑誌のイメージはビークルにより異なりますが、ビークルイメージは広告として掲載された商品やサービスのイメージに転化される傾向があります。雑誌は読者にとって親近感があり、説得力や理解促進力に優れているため、雑誌の中で紹介された商品やサービスは、その魅力を読者に強力に訴えかけるからです。

編集と広告の連動がとりやすいメディアです

雑誌には独自の編集スタイルがあり、読者はその記事に興味や関心があるだけではなく、ページレイアウト、モデル、センスなどの編集スタイルも含めて雑誌を選んでいます。そうした読者のことを熟知している編集者と広告主が協働して広告ページをつくることによって、より読者にアピールする広告制作が可能となります。これを「編集タイアップ」といいます。雑誌では編集タイアップが日常的に行われており、重要な役割を担っています。編集タイアップは、誌面のページ制作だけではなく、イベントやウェブなど他メディアとの連動にも及んでいます。

[編集タイアップ広告の割合]

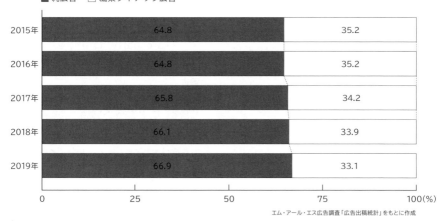

エム・アール・エス広告調査「広告出稿統計」をもとに作成

さまざまな広告手法が活用できます

雑誌は、広告目的に合わせてさまざまな広告手法を活用して展開することができます。ブックインブック、サンプリング広告などの特殊仕組み広告や変形スペース広告、イベント連動、ウェブ連動、店頭連動などの広告手法があります。こうした柔軟性の高さが雑誌広告の強みの1つです。

効果指標

雑誌メディアや雑誌広告の効果を測るさまざまな指標があります。

〈雑誌の読まれ方の指標〉

雑誌の読まれ方には、下記のような指標があります。

● 平均閲読率／閲読者率

閲読者 ：2号の内、いずれかもしくは両方「読んだ」と答えた人。
平均閲読：閲読率（0号／2号、1号／2号、2号／2号）の平均値。
閲読者率 ：ターゲットの中で、閲読者（1号以上読んだ人）が含まれる割合。

● 平均精読率

精読者 ：2号の内、いずれかもしくは両方「ほとんど全ページ読んだ」
　　　　　と答えた人。
平均精読率：精読率（0号／2号、1号／2号、2号／2号）の平均値。

● 平均購読率

購読者 ：2号の内、いずれかもしくは両方「買って読んだ」と答えた人。
平均購読率：購読率（0号／2号、1号／2号、2号／2号）の平均値。

● 回読人数

1冊の雑誌が何人に読まれているかを表す人数。回読人数＝閲読者÷購読者。

〈雑誌広告の効果を測定する指標〉

● 広告注目率

ビークル閲読者の中で、特定の広告を「確かに見た」と答えた人の割合。

● ビークルリーチ／アドリーチ

ビークルリーチは広告出稿したビークルに対して、アドリーチは出稿した広告に対して、1回以上接触する人の割合。アドリーチは広告注目率に基づいて推定。

● フリークエンシー

リーチ1回以上の人を対象に算出される平均接触回数。

● 有効リーチ／有効フリークエンシー

単に接触したということではなく、効果的に接触したかどうかを計る指標。有効リーチとは、有効な回数だけ接触している人の到達指標。有効とされる回数が有効フリークエンシー。

● CPM（Cost Per Mille）

ターゲット1,000人に到達するために必要な広告料金。
CPM＝（広告料金÷ターゲットにおける閲読者数）× 1,000人

	雑誌A		雑誌B	
	1号目	2号目	1号目	2号目
個人1	●	●		
個人2			●	●
個人3	●			
個人4		●		●
個人5		●		
個人6		●	●	
個人7			●	
個人8				
個人9	●		●	
個人10	●			
閲読率	70%		50%	
平均閲読率	40%		45%	

（注）ビデオリサーチのACR／exでは、雑誌2号分の表紙写真と主な記事内容を提示して調査を行っている

[ビークルAのCPM計算例]

ビークル	平均閲読率（%）	エリア内ターゲット人口（千人）	広告料金（千円）	全国配本部数	指定地区推定配本部数
A	11.6	5,696.6	1,900	335,482	173,043

$$\text{CPM} = \frac{\text{4C1P料金} \times \text{地域比率}^{※}}{\text{ターゲット人口} \times \text{閲読率}} \times 1{,}000 = \frac{1{,}900{,}000 \times \dfrac{173{,}043}{335{,}482}}{5{,}696{,}600 \times 0.116} \times 1{,}000 = 1{,}483\,（円）$$

※地域比率＝ $\dfrac{\text{指定地区推定配本部数}}{\text{全国配本部数}}$

雑誌　Magazine

縦書き：雑誌 / Magazine

博報堂DYメディアパートナーズオリジナル
雑誌広告効果検証メニュー「MAGA-CHECK（マガチェック）」

「雑誌広告は効果検証できない」と思われがちで、それが原因で広告コミュニケーションプランから雑誌が外されてしまうケースもありました。そこでデータに基づく効果検証を可能にするために開発されたのが「MAGA-CHECK（マガチェック）」というメニューです。

これまでの雑誌広告の効果検証調査では、アンケート画面に誌面タイアップの画像を貼ってアンケートすることがほとんどでしたが、今はウェブタイアップであれば「データ」を組み合わせることで、より深いアンケート調査をすることも可能です。

● 実施ステップ

❶ 出版社のサイトにタイアップを掲載

（注）誌面なしで、ウェブタイアップのみでも
　　　実施可能な媒体社も増えてきている

雑誌タイアップ

雑誌タイアップを
出版社サイトに掲載 or
ウェブタイアップのみ実施

**❷ Aone データ分析とアンケート調査の
　2つの視点で効果検証**

出版社のサイト全体に Aone タグを貼り、オンライン読者データを把握。そのオンライン読者で、且つクエリダパネル（Aone データ連携ができる、マクロミルの調査パネル）の該当者を導き出し、その該当者に対してアンケートを実施

（注）「AudienceOne(Aone)」とは、博報堂DYグループのデジタル・アドバタイジング・コンソーシアム（DAC）が取り扱う DMP のこと

［Aone データ］
ウェブ行動の把握

［アンケート］
タイアップの評価
ブランドリフト把握

❸ 拡張配信

調査結果をもとに、ターゲットを決定し、そのターゲットに似た人に、SNS などで拡張配信

（注）拡張配信なしで「調査のみ」の実施も可能

● マガチェックで把握できること

通常のウェブタイアップの効果検証では、PV数やクリック数などの量的評価が一般的ですが、マガチェックでは、マクロミルのアンケートを実施しているので、より深い質問によって質的評価が可能になります。

一般的な"量的"評価	マガチェックの"質的"評価
●タイアップページの ・PV数 ・クリック数 ・UU数 ・読了率　（リッチレポートの場合） ・滞在時間　（リッチレポートの場合） ・外部誘導のレポート	●サイト読者の特性把握 ・性年齢などデモグラフィック、趣味嗜好 ・生活意識、情報感度、カテゴリー意識 ●ブランドファネル分析 ・各ブランドの認知、理解、購入率など ・各ブランドのブランドイメージ ●タイアップ評価 ・好意度、理解度、印象など ・タイアップを見る前、見た後を比較して、ブランドファ 　ネルやブランドイメージの変化を数字で証明

集英社×博報堂DYメディアパートナーズで実施したテストケースをもとに、レポートの分析視点をご紹介します。

● 分析視点①　サイト読者の特性把握
<一般層との"差"を出し、読者特性を数字で表現>

読者層だけでなく「一般層」も比較のため調査をすることで、一般層vs読者層のスコアの差が把握でき、オンライン読者が「どれだけ高感度層なのか」を数字で表現することができます。

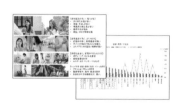

● 分析視点②　量的・質的な効果検証
<生声まで詳しく分析>

タイアップを見た上での好意度・理解度などを量的に把握したり、タイアップの印象などについては自由回答形式で質的調査します。たくさん集まった自由回答の結果はグルーピングして傾向を分析します。

● 分析視点③　広告主ブランドのファネル分析
<「ミッドファネル」の効果を検証>

広告主のブランドだけでなく、競合ブランドまで含めて全30ブランドほどを分析対象に設定、ファネル項目（認知度、理解度、好意度、購入意向、購入経験など）や、ブランドイメージを全ブランドについて検証します。媒体社としてブランドデータベースを有することになり、今後、さまざまな広告主への提案時にデータを活用することも可能になります。

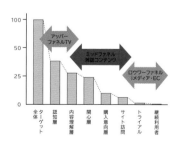

雑誌 Magazine

雑誌広告効果測定調査「M-VALUE」

雑誌広告の効果を測定するために、日本雑誌協会と日本雑誌広告協会は、広告会社とビデオリサーチの協力のもと、2013年から「M-VALUE」調査を実施しています。

この調査は、雑誌広告に関して業界共通で利用できる客観的な基準値を整備・蓄積すること、また得られた結果を雑誌広告の効果検証やプラニングに活用していくことを目的として、各出版社からの雑誌エントリーと、広告会社及びビデオリサーチの出資による共同調査となっています。

調 査 目 的	雑誌の広告効果に関して業界共通で利用できる客観的な基準値を整備、蓄積する
調 査 エ リ ア	全国主要7地区（17都道府県）
調 査 対 象 者	調査エリアに居住する15～69歳の男女個人に対し、インターネット調査にて対象誌の閲読経験（過去6号中1号以上）を確認し、調査を依頼
目標有効標本数	1誌あたり、150サンプル目標 (注)ビデオリサーチ「MAGASCENE/ex」の対象誌閲読者の性・年齢構成比に基づき割付
調 査 方 法	インターネット調査 ・調査対象号の発売日に雑誌を郵送し、一定の閲読期間後に調査実施 ・広告素材は、雑誌保有を確認の上、雑誌を手元に用意してもらい再認させる
調 査 広 告 素 材	1誌につき最大20素材 ・表2・目次対向・センター・表3・表4は原則必須選定 ・その他素材は、出版社による自社選定、もしくは、掲載ポジション・掲載ページ数・広告種類・広告商品ジャンルについてその雑誌の実態を加味して、ビデオリサーチが選定
調 査 項 目	・広告接触率／広告注目率／広告精読率／広告精読者比率 ・広告内容事前認知度 ・広告商品・サービスへの興味関心度／購入・利用意向度 ・広告商品・サービスへの理解度／信頼度／好感度 ・心理変容・レスポンス行動 ・広告感想／クリエイティブへの好意度
実 査 機 関	ビデオリサーチ

主な雑誌広告効果指標

個別ケース（広告素材）の効果を把握することはもちろん、業種別、商品別、ビークルジャンル別、掲載位置別、広告タイプ別（純広告、記事広告・タイアップ広告）、ユニット別、表現別など、さまざまな角度から効果の傾向を分析することができます。

雑誌広告効果は「広がり」と「深さ」の両面からとらえられます。
　①広がり＝どのくらい多くの読者に接触するか
　②深さ＝それによってどのような広告効果がもたされるのか
の2つのベクトルでとらえます。

①の主な測定指標は広告接触率や広告注目率などで、どのくらい広告が雑誌閲読者に到達したかを把握します。②の主な測定指標は広告商品やサービスへの理解度／信頼度／好感度／興味関心度／購入・利用意向度、または心理変容・レスポンス行動などの広告効果指標になります。

雑誌

Magazine

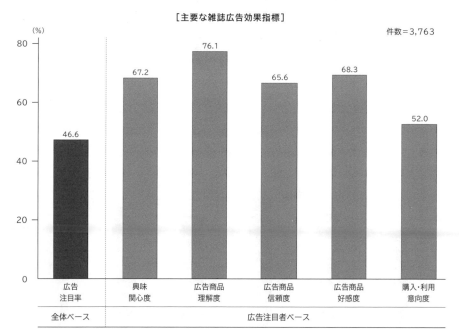

[主要な雑誌広告効果指標]

件数＝3,763

	広告注目率	興味関心度	広告商品理解度	広告商品信頼度	広告商品好感度	購入・利用意向度
(%)	46.6	67.2	76.1	65.6	68.3	52.0
	全体ベース	広告注目者ベース				

(注) 広告注目率は全体（≒雑誌購読者）ベース、興味関心度、広告商品理解度、広告商品信頼度、広告商品好感度、購入・利用意向度の指標は広告注目者ベースにて算出
(注) この調査は、過去の当該誌閲読経験者に調査対象号を送付して実施。そのため「全体」とは、当該雑誌の疑似的な「購読者」となる
(注)「広告注目者」とは、「全体」の内、当該広告を「確かに見た」人を指す
　　　日本雑誌協会／日本雑誌広告協会「M-VALUE第2回（2015年）・第3回（2016年）・第4回（2017年）・第5回（2018年）・第6回（2019年）」、博報堂DYメディアパートナーズ「オリジナル調査」をもとに作成

ユニット・タイプ別 広告効果指標

M-VALUEでは、さまざまな広告効果指標において、ユニット別、広告タイプ（純広告、記事広告・タイアップ広告）別による効果差を比較検証することができます。

[雑誌広告効果 ユニット別]

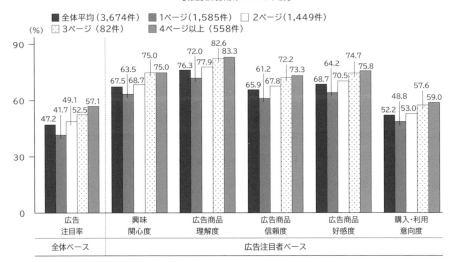

[雑誌広告効果 広告タイプ別]

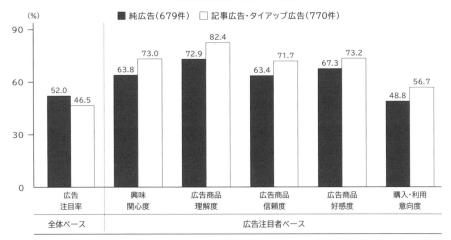

「雑誌広告効果 広告タイプ別」は、2ページ掲載ベース

（注）広告注目率は全体（≒雑誌購読者）ベース、興味関心度、広告商品理解度、広告商品信頼度、広告商品好感度、購入・利用意向度の指標は広告注目者ベースにて算出
（注）この調査は、過去の当該誌閲読経験者に調査対象号を送付して実施。そのため「全体」とは、当該雑誌の疑似的な「購読者」となる
（注）「広告注目者」とは、「全体」の内、当該広告を「確かに見た」人を指す

日本雑誌協会／日本雑誌広告協会「M-VALUE第2回（2015年）・第3回（2016年）・第4回（2017年）・第5回（2018年）・第6回（2019年）」、
博報堂DYメディアパートナーズ「オリジナル調査」をもとに作成

心理変容・レスポンス行動についての調査項目

[雑誌広告接触による心理変容とレスポンス行動]

		広告感想	平均値（%）
広告感想	ブランドや商品・サービスについて	機能・性能がよくわかる	32.5
		イメージがよく伝わる	44.5
		親しみを感じる	22.4
		信頼感が湧く	15.5
		良い印象を持つ	25.9
		高級感を感じる	17.4
		質の高さを感じる	23.8
		オリジナリティ（ほかに代わるものがない）を感じる	14.5
		自分向けだと感じる	9.4
		以前より興味・関心が高まる	9.6
	クリエイティブについて	タレント・モデル・キャラクターが印象的	14.0
		写真・イラストが印象的	25.3
		キャッチフレーズなど使われている言葉が印象的	12.1
		ブランドや商品・サービスの名称が目につく	12.0
		センスを感じる	16.3
		自分の好みに合っている	11.0
		利用シーンが想像できる	14.7
		ほかのメディアの広告を思い出す	1.3
	内容について	自分への提案やヒントを与えてくれる	13.1
		趣味や娯楽に役立ちそう	9.1
		生活に役立ちそう	15.3
		仕事に役立ちそう	2.6
心理変容・レスポンス	気持ちの変化	気になったり、目につくようになった	25.0
		もっと詳しい情報を知りたくなった	29.8
		店頭へ見に行きたくなった	20.9
		キャンペーンやイベントがあったら参加してみたいと思った	9.2
		まわりの人と話したいと思った（ブログ・SNSでの発信含む）	4.8
		人に薦めたいと思った	3.6
		評判・評価を知りたくなった	10.3
	実際の行動	インターネット以外で調べた	1.4
		メーカーやサービス提供会社、企業の公式サイトで調べた	8.6
		メーカーやサービス提供会社、企業の公式サイト以外で調べた	3.6
		店頭へ見に行った	4.5
		購入・利用を実際に検討した	4.2
		店頭など（インターネット以外）で購入・利用した	1.4
		インターネットで購入・利用した	0.6
		キャンペーンやイベントに参加した	0.3
	クチコミ行動	まわりの人と話した	9.3
		人に薦めた	2.4
		口コミサイトやブログ、SNSなどに自ら投稿した	1.1
		口コミサイトやブログ、SNSなどのほかの人の投稿にコメントしたり共有をした	1.1

雑誌 .... Magazine

日本雑誌協会／日本雑誌広告協会「M-VALUE第2回（2015年）・第3回（2016年）・第4回（2017年）・第5回（2018年）・第6回（2019年）」、
博報堂DYメディアパートナーズ「オリジナル調査」をもとに作成

純広告と編集タイアップ広告

純広告は、広告主が伝えたい商品のメッセージやブランドの認知を獲得することに有効です。一方、編集タイアップ広告は、雑誌のテイストに合わせた表現によって、より自然に読者にアピールすることができるため、商品への理解を促進し、編集による「オススメ」感も後押しして商品を選択・検討させることに有効です。

(注) 広告主の使用目的や、広告表現内容によって、役割は異なってくる

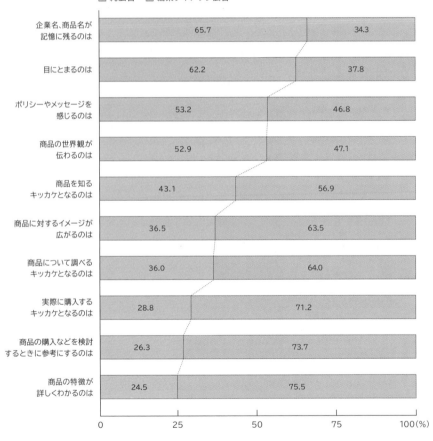

[純広告と編集タイアップ広告の評価]

■ 純広告　■ 編集タイアップ広告

	純広告	編集タイアップ広告
企業名、商品名が記憶に残るのは	65.7	34.3
目にとまるのは	62.2	37.8
ポリシーやメッセージを感じるのは	53.2	46.8
商品の世界観が伝わるのは	52.9	47.1
商品を知るキッカケとなるのは	43.1	56.9
商品に対するイメージが広がるのは	36.5	63.5
商品について調べるキッカケとなるのは	36.0	64.0
実際に購入するキッカケとなるのは	28.8	71.2
商品の購入などを検討するときに参考にするのは	26.3	73.7
商品の特徴が詳しくわかるのは	24.5	75.5

(注)「GINZA、MAQUIA、LEON、VOGUE JAPAN (2016年2月調査)」「ENGINE、ALBA TROSS-VIEW (2016年10月調査)」「25ans、SPUR、STORY、エル・ジャポン (2017年10月調査)」「LEON、Safari、sweet、VOGUE (2018年11月調査)」「Begin、ViVi、SPuR、Oggi (2019年11月調査)」計18誌の加重平均

(注) 各誌サンプル数は、「GINZA=163、MAQUIA=157、LEON=152、VOGUE JAPAN=158 (2016年2月調査)」「ENGINE=165、ALBA TROSS-VIEW=155 (2016年10月調査)」「25ans=165、SPUR=164、STORY=161、エル・ジャポン=163 (2017年10月調査)」「LEON=172、Safari=169、sweet=163、VOGUE=172 (2018年11月調査)」「Begin=161、ViVi=158、SPuR=160、Oggi=166 (2019年11月調査)」

博報堂DYメディアパートナーズ「オリジナル調査 (2016年2月・2016年10月・2017年10月・2018年11月調査・2019年11月調査)」をもとに作成

雑誌 .... Magazine

事前認知度別広告効果

M-VALUEでは、商品・サービスの事前認知度別に広告効果の分析を行うことができます。
調査回答時点で広告に掲載された商品・サービスについて「雑誌広告・記事ではじめて知った」
人、調査以前から「ある程度知っていた」人、「よく知っていた」人別に分析が可能です。

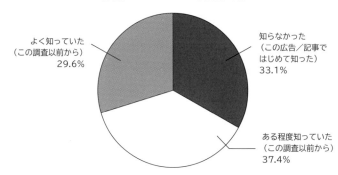

[商品・サービスなどの事前認知度]

よく知っていた
（この調査以前から）
29.6%

知らなかった
（この広告／記事で
はじめて知った）
33.1%

ある程度知っていた
（この調査以前から）
37.4%

（注）知らなかった N=67,920、ある程度知っていた N=76,787、よく知っていた N=60,788

広告注目者ベース（N=205,495）
博報堂DYメディアパートナーズ「M-VALUE 第3回（2016年）・第4回（2017年）・第5回（2018年）・第6回（2019年）個票サンプル特別集計」をもとに作成

商品・サービスの事前認知度別で集計した広告効果は、はじめて知った人が最も低く、認知度が深
まるごとにその指標は高くなりました。事前に得ていた商品・サービスの情報が広告効果を底上げ
していました。

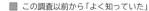

[商品・サービスなどの事前認知度別でみた広告効果]

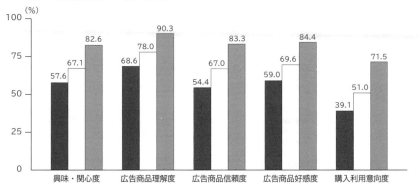

■ 知らなかった（この広告／記事ではじめて知った）　□ この調査以前から「ある程度知っていた」
■ この調査以前から「よく知っていた」

	興味・関心度	広告商品理解度	広告商品信頼度	広告商品好感度	購入利用意向度
知らなかった	57.6	68.6	54.4	59.0	39.1
ある程度知っていた	67.1	78.0	67.0	69.6	51.0
よく知っていた	82.6	90.3	83.3	84.4	71.5

博報堂DYメディアパートナーズ「M-VALUE 第3回（2016年）・第4回（2017年）・第5回（2018年）・第6回（2019年）個票サンプル特別集計」をもとに作成

雑誌 Magazine

業種別出稿量

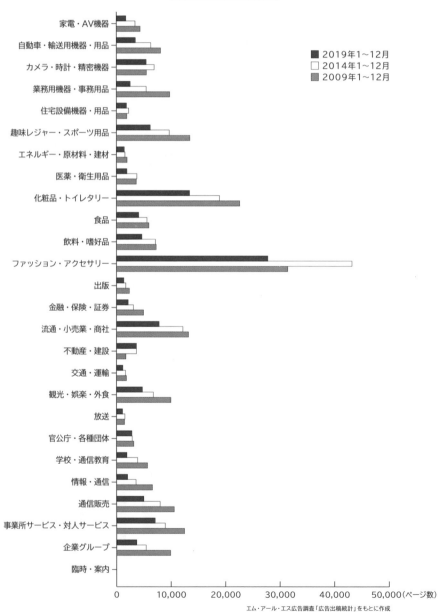

［雑誌広告の業種別出稿量］

■ 2019年1～12月
□ 2014年1～12月
■ 2009年1～12月

エム・アール・エス広告調査「広告出稿統計」をもとに作成

広告主 出稿量ランキング 上位30社

[雑誌の広告主 出稿量ランキング 上位30位]

順位	広告主	2019年1〜12月（ページ数）
1	シャネル	1,388
2	マッシュスタイルラボ	928
3	日本たばこ産業	821
4	リシュモンジャパン	821
5	資生堂	782
6	パルファンクリスチャンディオール	756
7	三陽商会	529
8	スウォッチグループジャパン	523
9	パナソニック	517
10	ルイヴィトンジャパン	505
11	ブリティッシュアメリカンタバコジャパン	472
12	旭化成ホームズ	457
13	キャロウェイゴルフ	452
14	八木通商	451
15	ランコム	429
16	コーセー	418
17	ユーキャン	409
18	ユナイテッドアローズ	407
19	サザビーリーグ	401
20	ELCジャパン	374
21	アールシーコア	367
22	ラルフローレン	363
23	ディーゼルジャパン	353
24	グッチジャパン	347
25	大和ハウス工業	346
26	東京ノーストクリニック	344
26	プラダジャパン	344
28	サマンサタバサジャパンリミテッド	326
29	アサミ美容外科	322
30	クリスチャンディオール	319

エム・アール・エス広告調査「広告出稿統計」をもとに作成

雑誌 Magazine

ビークル 出稿量ランキング 上位30誌

[雑誌のビークル 出稿量ランキング]

順位	ビークル	刊行形態	2019年 （ページ数）
1	週刊実話	週刊	1,948
2	VERY	月刊	1,919
3	日経ビジネス	週刊	1,491
4	SENSE	月刊	1,458
5	週刊ゴルフダイジェスト	週刊	1,457
6	LEON	月刊	1,414
7	25ans	月刊	1,411
8	週刊文春	週刊	1,304
9	週刊新潮	週刊	1,243
10	プレシャス	月刊	1,224
11	Lightning	月刊	1,178
12	Safari	月刊	1,176
13	マキア	月刊	1,145
14	STORY	月刊	1,139
15	CLASSY.	月刊	1,127
16	美的	月刊	1,103
17	sweet	月刊	1,099
18	ELLE・ジャポン	月刊	1,058
19	週刊東洋経済	週刊	1,033
20	OCEANS	月刊	1,018
21	週刊女性	週刊	1,010
22	pen	月2回刊	999
23	VoCE	月刊	990
24	女性自身	週刊	986
25	SPuR	月刊	986
26	週刊パーゴルフ	週刊	981
27	Begin	月刊	928
28	週刊大衆	週刊	919
29	an・an	週刊	918
30	オレンジページ	週刊	896

[雑誌のビークル 出稿量 増分ランキング]

順位	ビークル	2019年 （ページ数）	2018年 （ページ数）	前年増分 （ページ数）
1	GINZA	785	628	157
2	GISELe	394	291	103
3	KyushuWalker	178	98	80
4	VoCE	990	912	78
5	Newsweek	438	370	68
6	JCB THE PREMIUM	378	312	66
7	美ST	499	438	61
8	2nd	345	288	57
9	TIMEジャパン版	393	340	53
10	週刊実話	1,948	1,898	50
11	TokaiWalker	127	81	47
12	CasaBRUTUS	401	358	43
13	日経TRENDY	388	352	36
14	日経トップリーダー	131	95	35
15	an・an	918	883	35
15	おとなの週末	230	195	35
17	driver	177	143	34
18	la farfa	94	64	30
19	Goods Press	221	192	29
19	MEN'S CLUB	560	531	29
21	日経コンピュータ	514	488	25
22	pumpkin	133	108	24
23	TokyoWalker	160	136	24
23	GO OUT	512	488	24
25	Tarzan	330	307	23
26	ひととき	312	289	23
27	YOKOHAMAWalker	95	73	22
27	男の隠れ家	341	319	22
29	ダイヤモンドハーバード ビジネスレビュー	131	111	20
30	ELLE DECOR	250	231	19

（注）2018年の期中及び2019年から集計対象誌になったビークルは除く
エム・アール・エス広告調査「広告出稿統計」をもとに作成

雑誌
Magazine

6章- インターネット

Internet

📱インターネットメディアの2019年5大ニュース

[Profile]
清水康隆
Yasutaka Shimizu

統合アカウントプロデュース局　デジタル戦略推進部。一貫してデジタル領域に特化して、データやテクノロジー活用、運用型広告を活用したメディアプロデュース業務に従事。現在はテレビ領域のデジタル化など、デジタルテクノロジーを軸に幅広くメディア業務を対応。

インターネット

Internet

(News 01) 運用型広告の自動化が進む

インターネット広告の主流は運用型広告へ。グローバルの大手プラットフォーマーには、広告運用の自動化を前提にし、AIなどを活用したシステム開発や提供を進めている様子も多数みられます。人を介して変数を設定するのではなく、目標値を入れて自動で効果を最適化させる広告運用への動きは、2019年でさらに進んだといえるでしょう。

(News 02) データ取り扱いに関する規制と整備が強化

GDPRやAppleによるプライバシー機能など、データの取り扱いに関する動きは一層進みました。グローバル企業だけでなく日本企業のデータ取り扱いもかなり厳しくなっています。データを扱うことに対して、エージェンシーやデータベンダーにもリテラシーが求められています。

(News 03) 他メディアとの併用、役割分担が求められる

マーケティング戦略上、デジタル施策の重要度が非常に高まっている今だからこそ、ほかのメディアと併用する時にはメディアごとの役割分担を考え、フルファネルで消費者にアプローチしていく動きが加速しました。特に、ブランド系の企業やリアル店舗を持つ企業は、テレビとインターネットメディアとの役割分担を意識した最適化を行っていた印象が強いです。

(News 04) マーケティングテクノロジーと広告配信との融合

クライアント自身が保持するデータをマーケティングに活用していきたい意向が高まったこともあり、CRMデータなどを含むマーケティングテクノロジーと広告配信を連携活用する動きが進みました。ウェブ閲覧データと顧客情報を連携させたり、クライアントが構築しているデータベースを活用して広告配信を行ったりする動きが進化しました。

(News 05) グローバルプラットフォーマーの台頭

GAFAを中心とした、プラットフォーマーのシェアは、ますます増えています。この流れを受けて、日本独自のメディアやプラットフォーマーの差別化や統合も進みました。日本市場をよく知るローカル企業と、圧倒的なデータ量を持つグローバル企業で、広告市場の中での棲み分けが進んでいるともとらえられます。

インターネットメディアの2020年大胆予測

ネット結線された環境の整備が進む

2020年以降のインターネット広告市場をとらえる上でヒントとなるのは、世の中のさまざまなモニターが結線されていくことです。テレビモニターや屋外広告・タクシー内広告など、従来のインターネット広告の対象だったPC・スマートフォンデバイス以外のモニターデバイスがインターネットにつながることで、あらゆるモニター上の広告でターゲティングや運用ができるようになっていくと考えられます。

視聴環境や効果の違いに注目が集まる

こうした中で広告は、従来の「テレビCMか、デジタル広告か交通広告か」といったメディア起点の切り分けから、モニターのフォーマットに準じた広告効果による切り分けへと変化していくはずです。テレビモニターでもスマートフォンのモニターでも、同じ動画やテレビ番組を見ることができるようになるからこそ、視聴空間や画面サイズ、音声環境、その体験による広告効果の違いに注目が集まるようになってくると考えられます。

効果の面では、例えば、テレビは結線されることで、デジタル媒体と同様にデータを取得することも徐々に進んできています。店舗などオフラインの場でもデータを取得し、来店効果などを算出する動きも出てきています。

メディアの境界を越えてデータを取得できるようになっているからこそ、今や費用対効果の可視化は、フルファネルで求められているのです。

広告市場が結線されたモニタービジネスへと変化していくと、横並びでの広告効果や費用対効果の可視化の動きが、来年以降も一層進んでいくと思われます。

クライアント社内のデータ蓄積と活用

クライアント自身が持つ1stパーティーデータを活用することは、より精緻に顧客像を明らかにし、広告効果を高めることも可能になります。今後さまざまなマーケティングに活用できるテクノロジーが出てくることが予想されますが、その連携の中心はクライアント自身が持つデータになると考えられます。こういったデータを最大限に活用できる状態を構築するためのインフラ環境の整備が一層進むと予想されます。

Column

Yoshikawa's point

データ取り扱いの規制と整備がますます重要に

吉川所長の視点：オールメディアのデジタル化の進展は、その広告効果の可視化をさらに進めます。デジタルとテレビCM、屋外広告などメディア間でデータは比較され、施策は最適化されていきます。さらにクライアントデータとも連携は進み、PDCAサイクルはより高速になっていくでしょう。以上を順調に進めていくためにも、データ取り扱いに対する規制と整備への対応がこれまで以上に求められ、データを「取る」リスクが認識されることになりそうです。

インターネットの利用状況

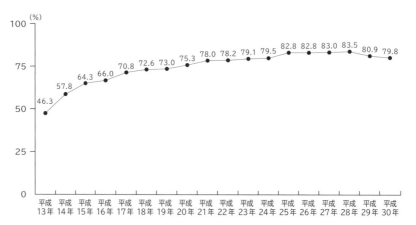

[インターネット利用者の割合の推移]

[インターネット利用状況 性・年代別]

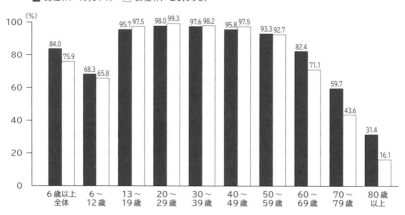

■ 男性(N=19,674)　□ 女性(N=20,990)

(注) 無回答については除いて算出している

総務省「平成30年 通信利用動向調査の結果」をもとに作成

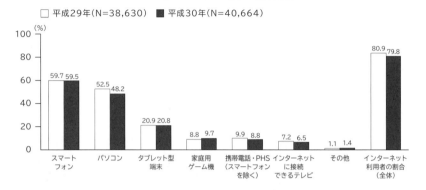

[インターネット端末の利用状況]

□ 平成29年(N=38,630)　■ 平成30年(N=40,664)

インターネット

Internet

[インターネット端末の利用状況 年代別]

■ スマートフォン　■ 携帯電話・PHS(スマートフォンを除く)　パソコン　□ タブレット型端末

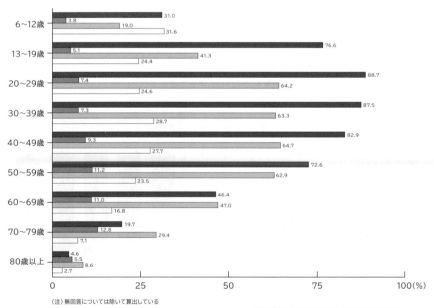

(注)無回答については除いて算出している

総務省「平成30年 通信利用動向調査の結果」をもとに作成

携帯電話・スマートフォンの契約数

[携帯電話・スマートフォンのキャリア別契約数の推移]

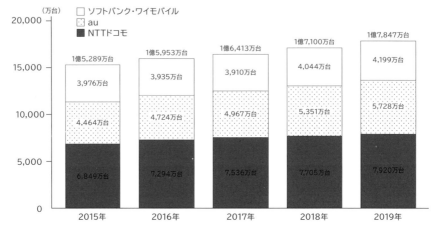

(注) 各年第2四半期 (9月末) データで作成
(注) 契約数は1万台以下で四捨五入
(注) 契約数にはスマートフォンも含む。MNP (番号持ち運び制度) の利用数は集計していない
(注) ソフトバンク・ワイモバイルは、PHS除く
(注) ソフトバンク・ワイモバイルは、2016年よりワイモバイルも集計対象とする

電気通信事業者協会 ホームページ資料「携帯電話・PHS契約数」をもとに作成

携帯電話・スマートフォンの出荷状況

[移動電話国内出荷実績 年度推移]

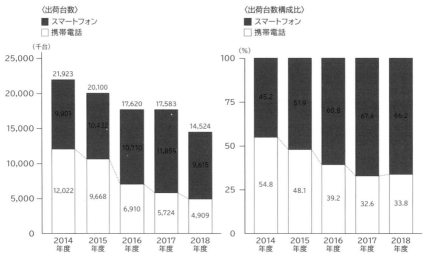

(注) 携帯電話に、2016年11月まで公衆用PHSを含む

電子情報技術産業協会 ホームページ資料「統計データ」をもとに作成

スマートフォン・タブレット端末の所有状況　地区別

[スマートフォン所有状況]

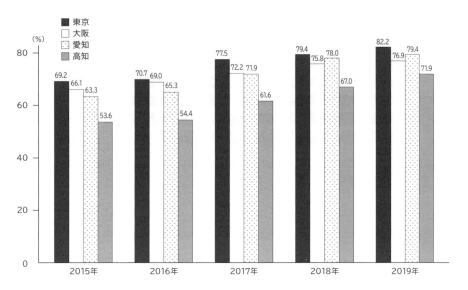

[タブレット端末所有状況]

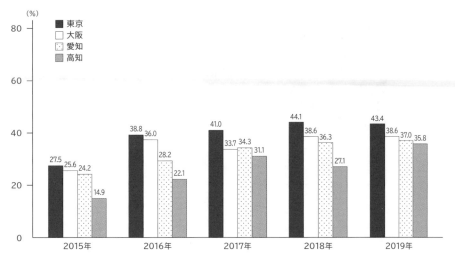

博報堂DYメディアパートナーズ メディア環境研究所「メディア定点調査2015〜2019」をもとに作成

インターネット

Internet

スマートフォン・タブレット端末の所有状況 性・年代別

インターネット

Internet

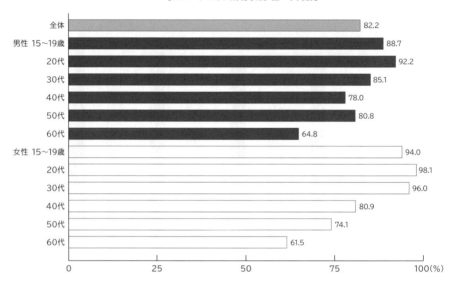

[スマートフォン所有状況 性・年代別]

全体		82.2
男性 15〜19歳		88.7
20代		92.2
30代		85.1
40代		78.0
50代		80.8
60代		64.8
女性 15〜19歳		94.0
20代		98.1
30代		96.0
40代		80.9
50代		74.1
60代		61.5

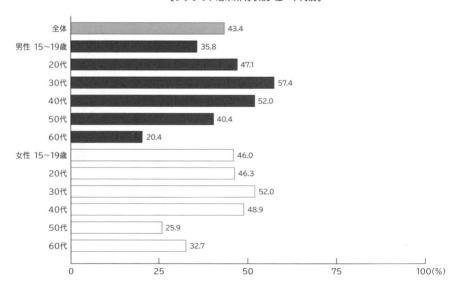

[タブレット端末所有状況 性・年代別]

全体		43.4
男性 15〜19歳		35.8
20代		47.1
30代		57.4
40代		52.0
50代		40.4
60代		20.4
女性 15〜19歳		46.0
20代		46.3
30代		52.0
40代		48.9
50代		25.9
60代		32.7

博報堂DYメディアパートナーズ メディア環境研究所「メディア定点調査2019（東京）」をもとに作成

スマートフォン・タブレット端末の利用機能

インターネット
Internet

[スマートフォン利用機能]

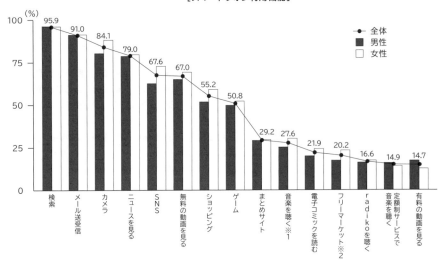

凡例：全体　男性　女性

95.9　91.0　84.1　79.0　67.6　67.0　55.2　50.8　29.2　27.6　21.9　20.2　16.6　14.9　14.7

検索／メール送受信／カメラ／ニュースを見る／SNS／無料の動画を見る／ショッピング／ゲーム／まとめサイト／音楽を聴く※1／電子コミックを読む／フリーマーケット※2／radikoを聴く／定額制サービスで音楽を聴く／有料の動画を見る

スマートフォン所有者ベース

[タブレット端末利用機能]

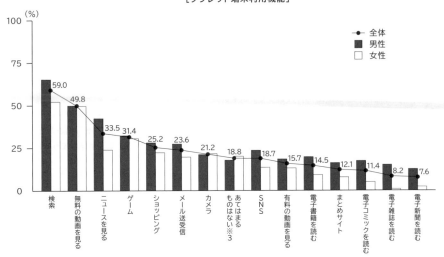

凡例：全体　男性　女性

59.0　49.8　33.5　31.4　25.2　23.6　21.2　18.8　18.7　15.7　14.5　12.1　11.4　8.2　7.6

検索／無料の動画を見る／ニュースを見る／ゲーム／ショッピング／メール送受信／カメラ／あてはまるものはない※3／SNS／有料の動画を見る／電子書籍を読む／まとめサイト／電子コミックを読む／電子雑誌を読む／電子新聞を読む

タブレット端末所有者ベース

※1 CDから取り込んだりiTunesなどからダウンロードして音楽を聴く
※2 メルカリ、フリル、ラクマなどフリマアプリやフリマサイトでの購入・出品
※3 あてはまるものはない・利用していない
（注）全25回答項目中、上位15位　　　　　博報堂DYメディアパートナーズ メディア環境研究所「メディア定点調査2019（東京）」をもとに作成

Yahoo! JAPANとLINEの経営統合

Yahoo! JAPAN（ヤフー）を有するZホールディングスとLINEは、2019年11月18日、経営統合に関する基本合意書の締結を発表しました。両社は、大手コミュニケーションサービスと大手メディアサービスの統合により①マーケティング事業、②eコマース領域への集客、③Fintech事業、④AIなどの新規事業／システム開発を中心に統合効果を発揮し、世界をリードするAIテックカンパニーを目指すと表明しています。

今回の統合の目的には、インターネット市場において米国・中国海外企業が圧倒的に優勢な状況であること、日本国内においてAIやテクノロジーのさらなる活用が期待されている状況であることが挙げられており、経営統合後は、日本国内でのサービス提供に注力するとともに、その事業モデルをLINEが展開しているアジア地域へ広げていくとしています。

一方、両社が展開するPayPayとLINEPayの統合を含め、国内市場におけるデータの寡占化が法的に認められるかが今後の大きな焦点となっています。

（注）Fintechとは、金融（Finance）と技術（Technology）を組み合わせた造語で、情報処理技術を利用した新しい金融サービスのこと

「GAFAM」の台頭

スマートフォンなどモバイル端末のシェア拡大を背景に、インターネットでの検索やショッピング、SNSなどで収集した膨大なデータをもとにサービス基盤を構築する「デジタルプラットフォーマー」が急速な成長を遂げています。その中でも、世界企業の時価総額ランキング上位を占め、巨大な影響力を持つのが「Google」「Apple」「Facebook」「Amazon」の4社で、それぞれの頭文字をとって「GAFA（ガーファ）」と呼ばれていましたが、さらにその4社に「Microsoft」を加えて「GAFAM（ガーファム）」とも呼ばれるようになりました。

「Google」はYouTube、「Apple」は決済サービス、「Microsoft」は法人向けサービスを中心に成長を続けています。また、「Facebook」では欧州、北米以外の新興国で大きくユーザー数を伸ばしており、デーティングなどの新サービスを続々と発表しています。2019年に売り上げが首位となった「Amazon」では物流コストなどへの投資を拡大しており、長期的な成長戦略がとられています。5社ともにこれらの成長領域が堅調に伸長しています。

「GAFAM」を中心としたデジタルプラットフォーマーは、私たち生活者にさまざまなメリットをもたらしてくれますが、その一方で、寡占化・独占化する傾向や、個人情報の取り扱いの不透明さなどを世界的に指摘されており、日本においてもデータの取引ルール整備などに向けた検討がはじまっています。

（注）デーティングサービスとは、出会い系（マッチング）サービスのこと

「BAT」の急成長

中国で最大の検索エンジンを提供する「Baidu（百度／バイドゥ）」、コマース事業を中心に中国のインターネット市場を牽引する「Alibaba（アリババ）」、コミュニケーションツールやゲーム領域などのサービスを広く提供する「Tencent（テンセント）」の3社は、いずれも中国最大手のインターネット企業で、それぞれの頭文字をとって「BAT（バット）」と呼ばれています。

中国ではインターネット規制が厳しく、海外の検索サービスやSNSの利用が遮断されているため、この3社を中心に中国国内のデジタルプラットフォーマーが急成長を遂げています。

また、特に「Alibaba」「Tencent」の2社は徐々に日本への進出に乗り出しています。訪日中国人向けに両社が提供する「Alipay（アリペイ）」や「WeChat Pay（ウィーチャットペイ）」が使える店も増えて、2020年の東京オリンピックでは放送システムにAlibabaのクラウドが採用されました。こうした日本への進出も含めて、「BAT」は世界進出の動きを強めていくと予想されています。

GDPR（一般データ保護規則）

企業活動がグローバル化し、多くのデータが国境を越えて流通する中、プライバシーの保護や自国内の産業保護、安全保障の確保などを目的に、越境するデータを規制する動きが世界的に進行しています。その代表例が、2018年5月にEU（欧州連合）で施行された「一般データ保護規則（GDPR：General Data Protection Regulation）」です。EU域内の個人データをEU域外（正確にはEUに北欧などを加えた欧州経済地域（EEA）の域外）に持ち出すことを原則禁止したもので、対象範囲や違反した際の制裁金などが厳格に定められています。EUに子会社・支店・営業所がある日本企業や、日本からEUに商品やサービスを提供している企業なども対象となりますが、EUと同レベルの保護水準にある国は例外措置が認められます。

EU域内から域外へ個人データを移転するには一定の条件を満たさなくてはなりませんが、欧州委員会が十分なレベルの個人データ保護を保障している旨を決定している国と地域に、日本も含まれています（2019年1月時点）。

インターネット　……………　Internet

インターネットサービスのリーチ

2019年におけるトータルインターネットでの平均月間リーチは、Googleが前年までトップの
Yahoo! JAPANを抜いて56%と最も高くなりました。次いでYahoo! JAPANが54%、3位は
YouTubeの50%、4位はLINEで48%でした。

[日本におけるトータルインターネット月間リーチ]

	サービス名	平均月間リーチ (%)
1	Google	56
2	Yahoo! JAPAN	54
3	YouTube	50
4	LINE	48
5	Rakuten	41
6	Facebook	41
7	Amazon	38
8	Twitter	36
9	Instagram	30
10	Apple	27

(注) PCは2歳以上、スマートフォンは18歳以上の男女
(注) Brandレベルを使用
(注) 平均月間リーチは日本の2歳以上の人口をベースに算出
(注) 2019年1月〜10月データ

ニールセン「Nielsen Digital Content Ratings」をもとに作成

スマートフォンアプリのリーチと利用時間シェア

スマートフォンアプリのリーチは、多くのサービスが対昨年増加率でプラスとなりました。LINEは7年
連続の1位で2ポイント増加、2位のYouTubeは5ポイント増加してGoogle Mapsを上回り、
Apple Musicは昨年トップ10圏外でしたが、+16ポイントで6位にランクインしています。
アプリの利用時間シェアでみると、1位LINE、2位YouTubeはリーチと変わりませんが、3位は
Twitter、4位Yahoo! JAPANとなり、Instagram、スマートニュース、Facebook、メルカリと
いったSNS系やニュース系のアプリがトップ10に入ってきています。

［日本におけるスマートフォンアプリ アクティブリーチ］

	サービス名	平均月間 アクティブリーチ（%）	対昨年増加率 （Pt）
1	LINE	83	2
2	YouTube	61	5
3	Google Maps	60	2
4	Google App	53	2
5	Gmail	51	2
6	Apple Music	45	16
7	Twitter	44	2
8	Google Play	44	-2
9	Yahoo! JAPAN	43	3
10	McDonald's Japan	32	2

（注）アプリからの利用 18歳以上の男女
（注）2019年1月〜10月データ
（注）Apple MusicはiTunes Radio／iCloud含む

ニールセン「Nielsen Mobile NetView」をもとに作成

［日本におけるスマートフォンアプリ 利用時間シェア］

	サービス名	平均月間 利用時間シェア （%）
1	LINE	13
2	YouTube	5
3	Twitter	5
4	Yahoo! JAPAN	4
5	Google App	2
6	Instagram	2
7	スマートニュース	2
8	Facebook	1
9	メルカリ	1
10	Google Maps	1

（注）アプリからの利用 18歳以上の男女
（注）2019年1月〜10月データ
（注）モバイルキャリア系サービス、eメールサービスを除いて集計

ニールセン「Nielsen Mobile NetView」をもとに作成

インターネット Internet

インターネット

Internet

インターネットのデバイス別利用状況

● インターネットの月間アクティブユーザー数（MAU）

2016年にスマートフォン利用者がパソコン利用者を追い抜き、2019年にはスマートフォンからのインターネット利用者(月間平均)は7,000万人を超えました。

[PCとスマートフォンからのインターネット月間平均利用者数]

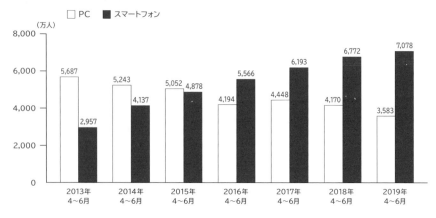

（注）「NetView」は2歳以上の男女、「Mobile NetView」は18歳以上の男女が対象
（注）2016年10月までは2010年国勢調査、2016年11月以降は2015年国勢調査結果をもとに拡大推計を行っている
（注）PC版のNetViewは2015年10月データからの新システムへの移行に伴いデータの連続性が失われている
Nielsen NetView「家庭および職場のPCからの利用」、Nielsen Mobile NetView「ブラウザおよびアプリからの利用」をもとに作成

媒体価値の評価指標

ページビュー （Page View）	ウェブサイトのページが開かれた延べ回数。
ユニークブラウザ	一定の期間中にウェブサイトに訪問したブラウザ数。Cookieを利用してカウントされる。従来ユニークユーザーと同義で使用されていたこともあったが、1人で複数のブラウザを使用することが多くなったため、ユニークブラウザとして区別して使用される。
アクティブユーザー （Active User）	一定期間中にログインしたり、サービス利用したユーザー数。主にソーシャルメディアやサービスの利用者を表す値として使用されている。
MAU （Monthly Active Users）	1ヶ月あたりのアクティブユーザー数。
DAU （Daily Active Users）	1日あたりのアクティブユーザー数。

ソーシャルメディア

ソーシャルメディアとは、ウェブサイト上でユーザー自身が情報発信や情報交換できるメディアの総称です。マスメディアが発信する情報のように、ユーザーが発信する情報が広く伝わり、新たなコミュニケーションやつながりが生みだされる可能性があります。ソーシャルメディア上の生活者の声を収集して企業や商品・サービスに対する評判やニーズなどを分析・測定するソーシャルリスニングや、生活者との直接的な対話や意見交換が可能など、広告コミュニケーションにおいて注目されています。

SNS、動画共有サイトや商品比較サイトなどさまざまなソーシャルメディアがありますが、中でもユーザー同士が交流できるコミュニティ型の会員制サービスであるSNSは生活者の意識やつながりなどが把握しやすいのが特徴です。

最近はライトなコミュニケーションやリアルの知り合い同士のコミュニケーションへのニーズから、日本ではLINE、米国ではSnapchatなどのメッセージ（チャット）アプリ系のプラットフォーム利用が増えています。SNSは非常にユーザー数が多いメディアに成長しており、日本でのLINE利用率は8割を超えるまでになりました。こうした背景からSNS広告は従来のディープなコミュニケーションだけでなく、ブランディング広告におけるリーチメディアとしての活用も多くなっています。

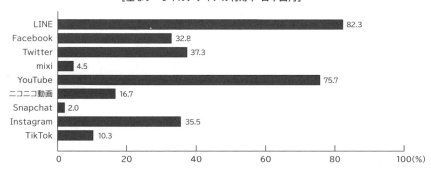

［主なソーシャルメディアの利用率 日本国内］

LINE	82.3
Facebook	32.8
Twitter	37.3
mixi	4.5
YouTube	75.7
ニコニコ動画	16.7
Snapchat	2.0
Instagram	35.5
TikTok	10.3

［主なソーシャルメディアの利用率 年代別・性別］

(%)

	10代	20代	30代	40代	50代	60代	男性	女性
LINE	88.7	98.1	93.4	87.7	82.6	52.8	79.0	85.7
Facebook	17.0	47.4	49.8	36.7	29.3	14.4	32.8	32.8
Twitter	66.7	76.1	41.6	34.0	23.0	9.0	37.5	37.0
mixi	2.8	9.1	5.4	5.6	2.6	1.7	5.2	3.8
YouTube	91.5	92.8	88.7	81.8	73.3	40.5	77.0	74.3
ニコニコ動画	31.2	35.4	16.0	13.6	11.1	6.0	20.3	13.1
Snapchat	5.7	7.7	0.8	0.3	0.7	0.3	1.8	2.2
Instagram	58.2	63.2	44.0	35.8	24.4	8.0	28.4	42.8
TikTok	39.0	21.1	7.8	6.5	4.8	0.3	9.0	11.6

総務省「平成30年度 情報通信メディアの利用時間と情報行動に関する調査報告書」をもとに作成

インターネット　Internet

インターネット .... Internet

インターネットサイトのポジショニング

[インターネットサイトポジショニングマップ（男女比率と中心年齢）]

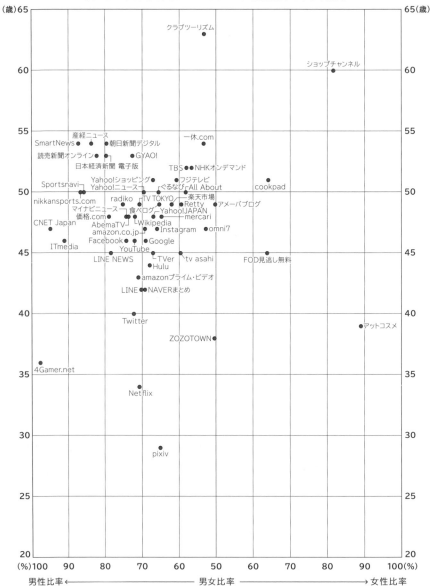

男性比率 ←——————— 男女比率 ———————→ 女性比率

(注)12歳未満は調査対象外となっているため、12歳未満のユーザーが多いインターネットサイトは年齢が高めになっている
(注)「パソコンを利用デバイスとして、各サービス・コンテンツを利用する」の回答者

ビデオリサーチ「ACR／ex2019」をもとに作成

スマートフォンアプリのポジショニング

[スマートフォンアプリポジショニングマップ（男女比率と中心年齢）]

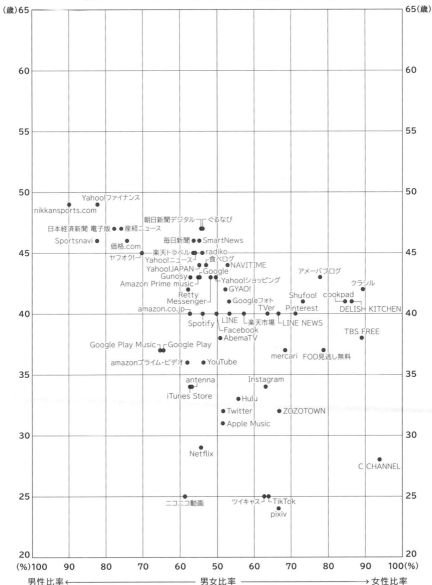

(注) 12歳未満は調査対象外となっているため、12歳未満のユーザーが多いアプリは年齢が高めになっている

ビデオリサーチ「ACR／ex2019」をもとに作成

広告市場での変化

● 広告市場規模

インターネット広告市場では、モバイル広告が伸びを牽引しています。2018年のインターネット広告媒体費14,480億円の内、モバイル広告費は10,181億円（70.3%）となり、デスクトップ広告費4,298億円（29.7%）を大きく上回っています。

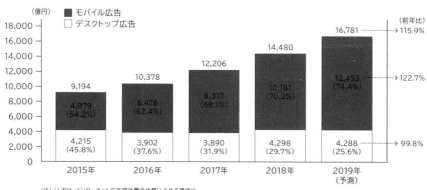

［インターネット広告媒体費 推移と予測］

(注) ( )内は、インターネット広告媒体費全体額に占める構成比
(注) 2015～2016年の数値は、D2C／サイバー・コミュニケーションズ「2016年インターネット広告市場規模推計調査」の参考値
D2C／サイバー・コミュニケーションズ／電通「2018年 日本の広告費 インターネット広告媒体費 詳細分析」をもとに作成

● 取引手法別構成比

インターネット広告媒体費を取引手法別にみると、運用型広告が11,518億円で全体の79.5%を占め、それに対して予約型広告は1,971億円で13.6%となっています。さらに取引手法別×広告種別で分析すると、運用型の検索連動型広告の構成比が全体の39.4%と最も規模が大きく、次いで運用型のディスプレイ広告が28.0%と続きます。

プライベートマーケットプレイス（PMP）やプライベート・エクスチェンジなどの媒体社と広告主を限定したクローズドな広告取引市場を通じて取引された媒体費は、およそ150億円規模と推定されています。

［インターネット広告媒体費 取引手法別 構成比］

取引手法別		取引手法別×広告種別	
予約型広告	1,971億円（13.6%）	予約型のビデオ（動画）広告	289億円（2.0%）
		予約型のディスプレイ広告	1,589億円（11.0%）
		予約型のその他のインターネット広告	92億円（0.6%）
運用型広告	11,518億円（79.5%）	運用型のビデオ（動画）広告	1,737億円（12.0%）
		運用型のディスプレイ広告	4,049億円（28.0%）
		運用型の検索連動型広告	5,708億円（39.4%）
		運用型のその他のインターネット広告	24億円（0.2%）
成果報酬型広告	990億円（6.8%）	成果報酬型広告	990億円（6.8%）
全体		1兆4,480億円（100%）	

(注) ( )内は、インターネット広告媒体費全体額に占める構成比
D2C／サイバー・コミュニケーションズ／電通「2018年 日本の広告費 インターネット広告媒体費 詳細分析」をもとに作成

インターネット .... Internet

動画広告市場の拡大

2018年の動画広告費は2,027億円、その内76.1％はモバイル広告が占めていました。2019年には、モバイル広告の大幅な伸長（前年比139.3％）に加え、デスクトップ広告の着実な伸長（同103.7％）が期待されることから、動画広告費は2,651億円まで拡大（同130.8％）すると予測されています。

動画広告の媒体やフォーマットの選択肢は、企業のマーケティング目的に合わせて広がっています。その結果、大手広告主を中心に、自社製品やサービスのブランディングを目的とした動画広告の出稿は定着し、ますます拡大する傾向がみられます。媒体やフォーマットに合わせた動画クリエイティブを制作する企業も増加しており、動画広告需要全体の拡大につながっています。

また、5Gの実用化も動画広告市場の拡大に大きく寄与すると予想されています。5Gが実用化されれば、データ通信の速度が100倍以上速くなるといわれており、現在の4Gで10秒かかる動画のダウンロードが0.1秒未満で終わる計算になります。日本の大手キャリアは2019年から5Gの試験運用と一部実用化を実施、2020年の商用化を目指しており、2020年以降、ウェブ動画コンテンツはますます進化して動画広告市場がさらに拡大していくと考えられます。

[動画広告市場 推移と予測]

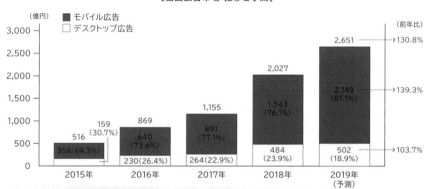

（注）（）内は、動画広告全体額に占める構成比
（注）2015～2016年の数値は、D2C／サイバー・コミュニケーションズ「2016年インターネット広告市場規模推計調査」の参考値
　　　D2C／サイバー・コミュニケーションズ／電通「2018年 日本の広告費 インターネット広告媒体費 詳細分析」をもとに作成

インターネット広告の透明性

本格的なインターネット広告の市場拡大に伴い、インターネット広告の透明性に関する議論が活発化しています。インターネット広告の透明性は大きく3つのテーマに分類され、それらは①アドフラウド（Ad Fraud）、②ブランドセーフティ（Brand Safety）、③ビューアビリティ（Viewability）になります。Non Human trafficといわれる人間以外のアクセスによる広告表示（アドフラウド）、不適切な掲載面に広告が表示されることによるブランド毀損（ブランドセーフティ）、広告は表示されているがユーザーが視認できる状態にないこと（ビューアビリティ）など、インターネット広告の信頼性に関わる問題がいくつも発生しました。これらのテーマが大きく取り上げられたのは、2017年1月に米国インタラクティブ広告業界団体IAB（Interactive Advertising Bureau）の会合においてP&Gの最高ブランド責任者マーク・プリチャード氏が行った上記問題に関する講演や、YouTube上の不適切コンテンツに広告が掲載されたことによる複数の大手広告主の出稿自粛などがきっかけといわれています。各プラットフォーマーや媒体社は自社の広告メニューの品質の改善、広告主や広告会社は第三者の計測システムの導入やプランニングのルールを設けることでこれらの課題への取り組みを進めています。

アドフラウド（Ad Fraud）

アドフラウドとは広告詐欺を意味します。bot（robotの短縮形でインターネット関連の自動化プログラムのこと）などによって無効なインプレッションやクリックを発生させ、広告費や成約数、広告効果などを水増しする悪質な詐欺行為のことです。

CHEQ AI Technologies（以下、CHEQ）が実施した世界的な調査によると、日本で直接的に経済へ及ぼすオンライン広告詐欺における被害総額は680億円に上り、広告主や媒体社の信頼性低下、技術革新の減少、及びオンライン広告への投資意欲の低下など、間接的に経済及び社会に与える被害を考慮すると、被害総額はさらに上昇すると予測されます。急成長している日本のオンライン広告業界（年間1兆7,590億円規模）において、この広告費を狙った広告詐欺の影響は全体の4～10%程度と予測されています。広告詐欺で失われた広告費用は高単価広告商品、低単価広告商品問わず混在している状況ですが、低単価広告商品における影響度が甚大であることが明らかになっています。さらにグローバルでは、オンライン広告詐欺被害は230億ドル（2兆4,890億円）規模に上るとCHEQの調査で予想されています。

アドベリフィケーション（Ad Verification）

運用型のディスプレイ広告配信ではDSPやSSP、アドネットワーク、アドエクスチェンジといったさまざまなプラットフォームを経由するため、最終的な配信先ページが確認できないケースがあり、広告主が希望しないサイトやコンテンツに掲載されてしまうリスクがあります。その問題をテクノロジーで解決するのがアドベリフィケーションです。米国IABでは2012年にアドベリフィケーションのガイドラインが出されています。

アドベリフィケーションでは独自のアルゴリズムでサイトを評価してブラックリスト／ホワイトリスト化し、不適切なページには掲載されないようにアラートしたり、掲載されたサイトやページの確認ができるような運用が可能です。

ビューアブルインプレッション

ビューアブルインプレッション（Viewable Impression）とは、実際にユーザーが目視可能な状態になった広告インプレッションのことを指します。

従来インターネット広告のインプレッションは、広告を配信するサーバが「ユーザーからのアドリクエスト」を受けた時点でカウントされていました。しかし、2004年に米国IABによって広告素材がユーザーに届いたことが確認できたときにカウントする「クライアントサイド・カウンティング」が推奨され、この方式が実装されるようになりました。それでも実際には、ユーザーのブラウザに広告が配信されていてもその位置までスクロールしないと見ることができない広告があるなど、その広告インプレッションが本当に人によって視認可能な状態にあったのかどうかを判定することはできませんでした。しかしインターネット広告はダイレクトマーケティング的な利用が主流だったことから、当初インプレッションよりもクリックなどのレスポンス指標が重視されてきた経緯により大きな問題には発展しませんでした。その後、ディスプレイ広告や動画広告のブランディングへの活用が進み、米国ではIABやMRC（The Media Rating Council）、3MS（Making Measurement Make Sense）、ANA（全米広告主協会）、AAAA全米広告業協会などの団体が連携して協議を重ね、2011年からビューアブルインプレッションに関する調査を実施することで、2014年6月にビューアブルインプレッションの定義と測定の仕方について規定するガイドライン「MRC Viewable Ad Impression Measurement Guidelines」が発表されました。IAB／MRCによって規定されているビューアブルインプレッションの定義は以下になります。

ディスプレイアド	条件① 　広告ピクセルの50%以上がビューアブルなスペースに表示される 条件② 　1秒以上連続して上記ピクセルが表示される （注）時間の計測前に、50%以上のピクセルが表示されなくてはならない
動画広告 （インストリーム型）	条件① 　広告ピクセルの50%以上がビューアブルなスペースに表示される 条件② 　2秒以上連続して動画が再生される （注）時間の計測前に、50%以上のピクセルが表示されなくてはならない （注）かならずしも最初の2秒でなくてもよい

JIAA（IAB Japan）は、日本においても上記の定義に準拠し、これを採用することを「ビューアブルインプレッション測定ガイダンス」の中で表明しています。

● 媒体社やプラットフォーマーの対応

2015年9月、Googleはディスプレイ広告の単価制に、従来のCPMから画面上に表示された場合のみ課金するvCPM（viewable CPM）を採用すると発表しました。その基準はIAB/MRCのガイドラインに準拠したものです。

インターネット広告のブランディングへの活用が進み、広告主のニーズが高まる中で、「ビューアブルインプレッション」を軸にした広告メニューは増加しつつあります。

インターネット Internet

基本分類（フォーマット）

インターネット広告にはさまざまな広告形態があります。下記はその基本分類ですが、それぞれの種類に複数の広告フォーマットや掲載方法（契約形態）があります。

[主なインターネット広告の種類]

ポジショニング

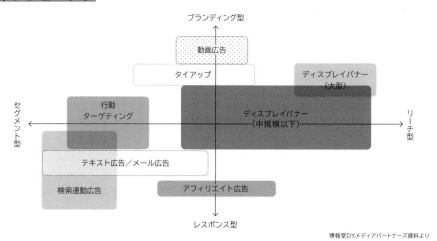

博報堂DYメディアパートナーズ資料より

ディスプレイ広告

ディスプレイ広告は画像や動画などで表現される広告のことで、取引タイプ別にみると、下記のように大別されます。

● 予約型ディスプレイ広告

掲載場所や掲載料金、掲載期間があらかじめ定められている媒体サイトの特定広告枠で、媒体社が自社枠として販売しており、単に「予約型広告」と呼ばれることもあります。代表的なものにYahoo! JAPANの「ブランドパネル」があります。

● 運用型ディスプレイ広告

特定広告枠ではなく、広告インプレッションやクリックごとにリアルタイムに入札方式で取引される広告です。ユーザーの行動履歴や、指定したコンテンツ内容などデータに基づいて広告を表示させます。主なものに下記があります。

①GDN（Google Display Network）
・Googleが提供する入札方式のアドネットワークサービス。
　Google AdSenseのサイト、DoubleClick Ad Exchange のサイト、YouTubeなど関連サイト
②YDN（Yahoo! Display AdNetwork）
・ヤフーが提供するプロモーション広告の1つで、入札方式のアドネットワークサービス
・Y!ニュース、ヤフオク!、Y!TOP含むコンテンツサイト、提携メディアサイト
③DSPの利用
・DSPを利用して複数のメディアやアドネットワーク、アドエクスチェンジによるアドマーケットプレイスから入札・購入
・MarketOne、FreakOut、MicroAd BLADE、DoubleClick Bid Manager、Yahoo!プレミアムDSPほか

インターネット …………… Internet

リスティング広告

リスティング広告は運用型広告の代表的な種類の1つで、検索連動広告のことを指します。

● 検索連動広告

検索連動広告は、検索サイトにおいてユーザーが検索窓に入力したキーワードに関連性の高い情報を広告として、検索結果ページに表示するものです。検索という能動的な行動をとっているユーザーに限定して表示することで、興味や購入行動が顕在化しているユーザーにアプローチできるため、通販などのダイレクトレスポンスには特に効果が高い広告ですが、広義なキーワードに対して広告を表示させる設定をすることにより、ブランディング目的に使われることも多く、幅広い活用が可能です。また、キーワードに関連するサイトでディスプレイ広告を配信する機能もあります。

動画広告

動画広告はビデオ広告とも呼ばれ、インターネット上で映像と音声を用いて効果的にメッセージを伝えることができる広告手法です。

動画広告には、動画コンテンツの前・中・後に挿入されるインストリーム広告、バナー広告スペースに流れるインバナー広告、ニュースなどの記事コンテンツの中に設置されるインリード広告、スマートフォンのSNSサービスなどのフィードの中に設置されるインフィード広告などがあります。

インターネット広告は、これまでクリック数や会員登録や資料請求といったコンバージョン数などが効果指標として重視されてきましたが、動画広告は企業や商品ブランドの認知やイメージといったブランディング効果を上げるために実施されることが多く、テレビCMに近い手法といえます。動画広告にテレビCM素材が使われることも多く、テレビスポットと同時に出稿するケースも増えています。それによりテレビだけではリーチできない層への到達拡大と複合接触による広告認知率向上などの広告効果が期待できます。

● 主な動画広告メニュー

○インストリーム広告…動画コンテンツの前・中・後に挿入される動画広告
　・プレロール（コンテンツの前）
　・ミッドロール（コンテンツの中）
　・ポストロール（コンテンツの後）
○アウトストリーム広告
　・インバナー広告 … バナー広告のスペースに流れる動画広告
　・インリード広告 … 記事コンテンツの中に設置される動画広告
　・インフィード広告 … キュレーションやSNSのフィード上に設置される動画広告

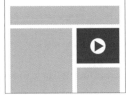

ネイティブ広告

ネイティブ広告とは、「デザイン、内容、フォーマットが、媒体社が編集する記事・コンテンツの形式や提供するサービスの機能と同様でそれらと一体化しており、ユーザーの情報利用体験を妨げない広告を指す」とJIAA（日本インタラクティブ広告協会）によって定義されています。ネイティブ広告には媒体の記事・コンテンツと広告との見分けがつきにくい場合もあったため、JIAAは2015年に「ネイティブ広告に関するガイドライン」を策定し、ネイティブ広告の種類と推奨規定を発表しました。

○種類①インフィード広告

記事・コンテンツと一体感のあるデザインやフォーマットで設置された広告枠に表示する広告を指します。広告のリンク先は、その媒体のコンテンツ内（例：タイアップ広告）や広告主サイトになります。また、広告枠の中で動画コンテンツなどを表示するだけの場合もあります。

○種類②レコメンドウィジェット広告

媒体の記事・コンテンツページの中に、「レコメンド枠」として表示される広告枠を指します。このレコメンド枠はその媒体以外の第三者が提供するウィジェットと呼ばれるツールを用いることが多く、このツールを用いることで媒体はユーザーに応じたオススメ広告を表示することができ、広告主は複数の媒体に同時に広告掲載することが可能になります。

○種類③タイアップ広告

媒体社が編集記事やコンテンツのフォーマットで制作する広告コンテンツを指します。

○ネイティブ広告に関する推奨規定

ネイティブ広告の種類や掲載サイズによっても異なりますが、基本的には、広告主体者を明示し、広告枠内に「広告」「PR」「AD」などの表記を行うことが推奨されています。

アフィリエイト広告

アフィリエイト広告は、資料請求や商品購入などの成果数に応じてサイト運営者に報酬が発生する成果報酬型の広告取引をいいます。広告主にとっては獲得コストを1件あたりで設定できるため、費用対効果をコントロールしやすいというメリットがあります。しかし、広告掲載するかどうかは媒体社の任意によるため、どこの媒体に掲載されているのか確認することが難しい場合もあります。

アフィリエイト広告を健全に利用できるよう、JAAA（日本広告業協会）は2019年7月に「アフィリエイトに関する発注ガイドライン」及び「アフィリエイト業務に関する覚書（JAAAモデル案）」を発表しました。このガイドラインは、アフィリエイトサイト運営者及びアフィリエイト・サービス・プロバイダーが遵守すべき事項を定めたものです。これを踏まえてアフィリエイト広告を実施することが広告主・広告会社・アフィリエイト事業者に求められます。

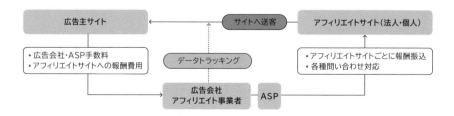

インターネット ……………… Internet

取引手法

● 予約型広告

掲載期間、掲載場所、固定の掲載料金などがあらかじめ定められている広告取引で、媒体社による自社販売広告枠を指します。純広（告）やプレミアム広告と呼ばれることもあり、運用型広告の対比となる概念です。

● 運用型広告

運用型広告とは、「膨大なデータを処理するプラットフォームにより、広告の最適化を自動的もしくは即時的に支援する広告手法のこと。検索連動広告や一部のアドネットワークが含まれるほか、DSP／アドエクスチェンジ／SSPなどが典型例として挙げられる。なお、枠売り広告・タイアップ広告・アフィリエイト広告などは運用型広告には含まれない」（電通「日本の広告費」より）。

具体的には、Googleが提供するGDN（Google Display Network）、DoubleClick Bid Managerや、ヤフーが提供するYDN（Yahoo! Display AdNetwork）、各DSP、Yahoo!プレミアムDSP、そして検索連動広告などを指します。

● PMP（Private Market Place）広告

プログラマティック広告の一種ですが、信頼できるプレミアムな媒体の組み合わせで構築し、一部予約型での購入も可能なため、純広・枠売広告に近い掲載条件が確保でき、意図しない場所に掲載されることのない、安全な広告です。

取引契約形態

広告スペースを購入する際には、そのスペースやスペースの特徴によっていくつかのタイプがあります。主なものとして「期間保証型」「インプレッション保証型」「インプレッション課金型」「クリック保証型」「クリック課金型」「成果報酬型」の6タイプがあります。

①期間保証型	ある期間（1週間、1ヶ月間）を指定して掲載する契約。ほとんどの場合、指定された期間中に同じ場所で常に表示された状態となる。インプレッションは期間中の目安としてあらかじめ提示されるが、保証はされない。
②インプレッション保証型	表示する回数を広告主が指定し、同一スペースで複数社によってローテーション掲載をする契約。表示回数ごとに表示単価が設定されており、掲載する期間は在庫次第だが、自由に決めることができるメニューが多い。
③インプレッション課金型	露出回数、期間、クリック数などは保証されない。1回あたりの露出に対して課金される。動画メニューの場合は、再生数に応じた課金形態をとるケースもある。
④クリック保証型	表示回数を保証するのではなく、クリック数を保証したローテーション掲載契約。期間は目安として設定されるが、その期間中に保証されたクリック数に到達しない場合、期間を延長して保証されたクリック数に達するまで掲載を継続する場合がある。
⑤クリック課金型	クリック1回あたりの単価をあらかじめ設定し、該当期間にクリックされた回数に応じて料金を支払う広告契約。掲載されるだけでは料金は発生しないが、その分掲載されるインプレッション数は保証されていない場合が多い。
⑥成果報酬型	実際に顧客サイトで販売・契約された売上・個数・契約数などのマーケティング目標をベースに掲載料金を支払う契約。

メール広告の場合には、主に以下の2つのタイプがあります。

①枠指定	メールマガジン各号の枠の位置を指定して掲載料を支払う契約。
②配信数保証	配信対象者数を指定して配信を行う契約。

どのタイプでも、保証回数、保証期間によってボリュームディスカウントが適用される場合が多いです。

● リアルタイムビディング（RTB）

オンライン広告の入札の仕組みのことで、バナー（広告）のインプレッションが発生するたびに枠の競争入札を行い、配信する広告を決定する方式です。

RTB入札のプロセスは、以下のとおりです。

①入札者選定　：リアルタイム入札の仕組みが、そのオークションに勝つ可能性が高いと思われる入札予定者を選定

②入札リクエスト：入札に必要な情報とターゲティングの情報を入札者に送る

③入札レスポンス：入札条件を評価する。入札者は入札リクエストに対して必ずレスポンスを返さなければならない

④オークション　：オークションで落札者を決定

⑤広告配信　：落札者の配信を希望する広告HTMLがブラウザにロードされる

JIAA「インターネット広告掲載に関するガイドライン集／基本実務・用語集 2019年度版」をもとに作成

第三者配信（3PAS）

バナー広告やテキスト広告などのディスプレイ広告は、ウェブサイトを運営する媒体社ごとにその媒体社の広告配信サーバから配信されていました。多数のウェブサイトに出稿する広告主にとっては広告配信するサーバが複数あるため、ウェブサイトごとの広告効果を比較したり、サイト間の相関的な影響を把握することが困難な状況でした。そこでそれぞれの媒体社に依存しない第三者のサーバによる広告配信（第三者配信）を行うことで、さまざまなウェブサイトに掲載する広告を効率的に一元管理して広告効果を一律に評価することができるようになりました。その評価をもとに素材の配信比率を最適化することもできますし、従来の広告配信では難しかったポストインプレッション効果（閲覧による広告効果）やビュースルーコンバージョンの測定が可能になりました。

縦書き：インターネット ・・・・・・ Internet

DMP（Data Management Platform）

DMPはData Management Platformの略で、主にターゲットに関する自社や外部のさまざまなデータを一元化管理するプラットフォームのことです。DMPで蓄積・統合されたデータを分析してターゲティングを行い、ユーザーに合致した適切なメッセージの発信や最適なタイミングでの広告配信を行います。

DMPは大きくは「プライベートDMP」（1stパーティデータ）と「パブリックDMP」（3rdパーティデータ）に分けられます。前者は広告主企業が所有している顧客に関してのさまざまなデータのことで、アクセスログや広告レスポンスデータ、会員情報、購買情報などになります。後者はデータセラー事業者によるDMPで、事業者が独自に収集したデータを提供するプラットフォームを利用して広告配信に用います。また媒体社の有するオーディエンスデータを2ndパーティデータと呼ぶ場合もあります。

プライベートDMPは、これまで広告主が社内で個別に持っていたデータを統合管理することでマーケティング活用するためのプラットフォームになります。さらに外部のパブリックDMPとリンクさせることで、さまざまなマーケティング施策を実行することができます。データを広告配信に活用する場合はパブリックDMPとリンクさせ、CRMやリードナーチャリングなどで活用する場合はマーケティングオートメーションとリンクさせることになります。

［広告活用としてのDMPの全体像］

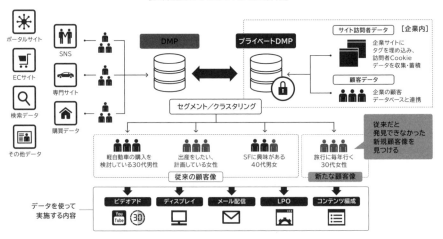

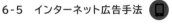

アドマーケットプレイスの構造

広告の取引がリアルタイムのオークション形式で行われるシステムをリアルタイムビッディング（RTB）といいます。RTBは広告枠の入札取引を即時に処理することを可能にしました。あらかじめ、広告主や広告会社がターゲットの属性データ（オーディエンスデータ）を指定して入札をしておくと、広告在庫が発生した時点で自動オークションが行われ、対象に適合した入札の中から最も高い値を付けた広告が配信されます。

アドマーケットプレイスは、広告主（広告会社）側のシステムである「DSP（Demand Side Platform）」と、媒体社側のシステムである「SSP（Supply Side Platform）」の2つが連結することで成り立っています。DSPでディスプレイ広告を入札する際に、DMPで蓄積・統合されたデータを分析してターゲティングを行い、ユーザーに合致した適切なメッセージの発信や最適なタイミングでの広告配信を行います。

［ディスプレイ広告取引のエコシステム］

広告主／広告会社

アナリティクス
- ウェブサイト解析
- トラッキング
- アプリ解析
- ソーシャル分析
- ビジネスインテリジェンス

プランニング
- 視聴率データ
- 出稿量調査データ
- メディアプランニング

DSP

リスティングマネジメント

アドサーバ(3PAS)

Ad Exchange

DMP

タグマネジメント

媒体社アドサーバ

Ad Network

SSP

媒体社

生活者

デジタル・アドバタイジング・コンソーシアム 資料より

インターネット Internet

プログラマティックバイイング

プログラマティックバイイング（Programmatic buying and selling of advertising）は、媒体社の人を介した自社販売広告枠取引ではなく、オーディエンスデータによるターゲティングをベースにした、さまざまな広告プラットフォームを介した広告の自動取引全般のことをいいます。

一般にDSP、SSPを介するRTBが知られていますが、それ以外にもGDNやYDN、FacebookやTwitter広告の取引の一部もプログラマティックバイイングに移行しています。

プログラマティックバイイングには、プライベートマーケットプレイス（PMP）という取引形態もあります。米国IABでは4つの形態に分類されています。

①Automated Guaranteed：在庫予約型で（オークションではなく）固定単価の取引

②Unreserved Fixed Rate ：固定単価でリアルタイム取引

③Invitation Only Auction：オークションへの参加者が限定されているリアルタイム取引

④Open Auction ：オープンなオークション形式で一般的にRTBといわれているリアルタイム取引

[IABによるプログラマティックな広告販売の分類]

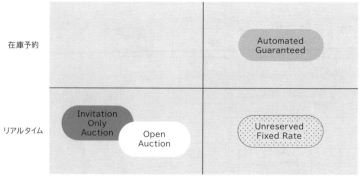

プラットフォーム・ワンホームページ資料「プログラマティックと自動取引〜媒体社の視点から〜」より

プライベートマーケットプレイス（PMP）

広告主にとっては、RTBのリアルタイムオークション型取引はいつでも必要なときに必要なターゲットを適正な価格で購入できるというメリットがある反面、ブランド広告においては、どこに出ているのかわからないというブランド毀損の問題や、在庫予約ができないという問題があります。

そこで広告主側にはブランド毀損のない信頼できるメディアに配信先を絞りながらDMPを活用した正確なターゲティングも得たいというニーズが生まれ、一方の媒体社側も素性がわからない広告主によるメディアイメージ低下の問題がある中、限定した広告主に実勢に近い価格で売れることは大きなメリットがあることで、両者にとってプライベートマーケットプレイス（PMP）という取引が成立する要因となっています。

純広告（プレミアム広告）とプログラマティックの4形態を整理すると下図のようなポジショニングになります。PMPは、プログラマティックバイイング内のオークションではない固定単価取引の「Automated Guaranteed」や「Unreserved Fixed Rate」を使った取引や招待制オークションの「Invitation Only Auction」を含みます。

現行のインターネット広告では、純広＝プレミアム広告枠、PMP（AG、UFR、InA）、そしてRTB（Open Auction）といった階層別に広告を調達するプラットフォームが存在するので、広告の目的やKPIによって最適な選択と組み合わせをプランニングすることが重要になります。

[純広（プレミアム広告）とプログラマティックバイイング]

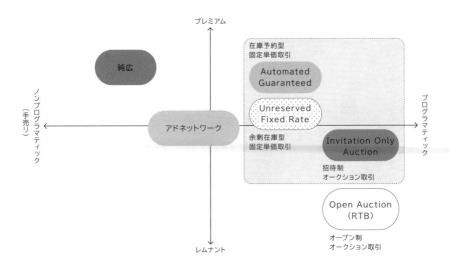

広告のターゲティング配信

インターネット広告は、もともと初期のアドサーバ導入の時代からサーバ自体の機能で多様なターゲティング配信が可能でしたが、ダグやIDを用いたデータ管理技術の発展によってさらに高度なターゲティングが行えるようになってきました。

広告のターゲティング対象は、大きく「面（プレイス、コンテクスト）」と「人（オーディエンス）」の2つに分類されますが、ターゲティング手法は、従来のデモグラフィックやサイコグラフィックのデータに行動観察データを加味して「人」にフォーカスする、オーディエンスターゲティングが重視され進化してきました。しかし一方で総体的に広告効果を考えると、「面」へのターゲティングはとても重要で、特に質を重視する広告では「面」のコンテクストや掲載位置、タイミング、デバイスといった要素が重視すべきポイントになります。

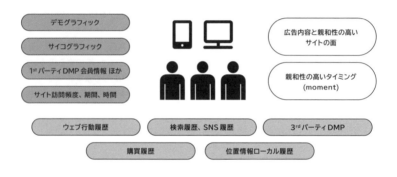

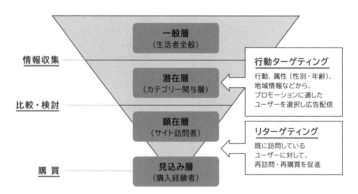

［購買ファネルとターゲティング広告］

データフィード広告

データフィード広告の「フィード」という言葉は「供給する」という意味があり、IT用語では「ウェブサイトが更新情報やページの一覧や概要などをまとめたデータを配信すること」を意味します。実態としてはさまざまなフィードが存在しますが、一般にはブログやSNS、ニュースサイトなどにおいて、新着記事の一覧やサイト内のページ一覧などを公開するのに使われています。

このフィードの技術を商品情報に応用した広告がデータフィード広告で、主にEC（電子商取引）や通販事業者が利用しはじめ、旅行、人材、不動産といった業態にも広がりをみせています。

● 商品リスティング広告 PLA（Product Listing Ads）

PLAはGoogleの検索結果に連動して商品が画像付きでリスト化されて表示される広告です。通常のGoogle広告はテキストだけですが、画像や価格まで表示できるので、その商品を探している顕在化したユーザーに高い効果があります。Yahoo!検索にも同様のサービスがあります。

● ダイナミック（動的）リターゲティング広告

従来のリターゲティング広告はユーザーにサイトへの再訪を促すための広告として単一の入稿クリエイティブを配信していましたが、ダイナミックの場合は個別にユーザーが閲覧していた商品やサービスのデータを利用して、ターゲットごとに最適化した商品情報を掲載した広告を表示します。

代表的なものはヤフーの第三者配信に指定されている「Criteo」とGoogleの「動的リマーケティング」ですが、Facebookや、DSPのMicroAd BLADE、FreakOutも対応していますし、米国のAdRollも2015年に日本進出しました。今後は、SalesforceなどがMA（Marketing Automation）との連携を進めてより効率化を図っていきますし、Appierのように人工知能AI活用という手法も進化していくと思われます。

インターネット　Internet

広告業務フロー（予約型）

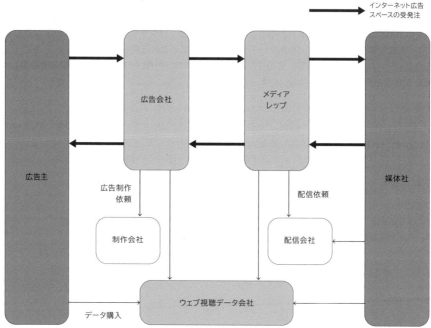

（注）広告スペースの取引にはメディアレップを経由しない、媒体社と広告会社間の受発注もある

● インターネット広告ビジネスに携わる事業者

○メディアレップ

インターネット上の多数の媒体社と広告会社を仲介して媒体社の営業を代行します。主なメディアレップには電通系列のサイバー・コミュニケーションズ（cci）、博報堂DYグループのデジタル・アドバタイジング・コンソーシアム（DAC）があります。

○配信会社

媒体社に代わって広告配信を一括して行う事業者です。広告配信数、クリック数などの各種データを一元化して測定管理し、レポーティングを行います。

○ウェブ視聴データ会社

インターネットユーザーから対象者を募ってパネル調査を実施し、視聴行動データを収集して提供する会社です。ビデオリサーチインタラクティブのWeb Report、ニールセンのNetViewなどがあります。

○制作会社

広告スペースのクリエイティブを担当します。バナーやキャンペーンサイトのウェブページ制作など編集タイアップコンテンツの制作や、媒体社のコンテンツ制作受託を行う場合もあります。

広告業務フロー（運用型）

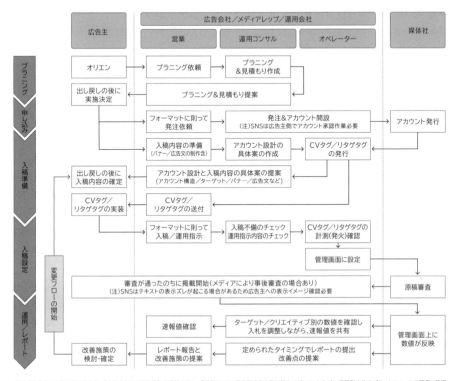

（注）「広告主」は運用委託者全般、「広告会社」は運用受託者全般を指し、「媒体社」は、運用型広告を取り扱うメディア、ならびに運用型広告のプラットフォームを開発・管理運営するDSPなどの事業者を指す

（注）「運用コンサル」は、特定のプラットフォームに関して専門的な知識を有し、運用の設計・分析改善を行う担当者を指し、「オペレーター」は管理画面を実際に操作する担当者を指す

業務プロセスの理解	広告会社は、運用型広告の業務を開始する前に、標準的な業務プロセスを広告主に理解してもらい、広告主側で発生する確認や作業を正しく把握してもらう必要がある。標準的な業務プロセスから逸脱する場合には、都度、申し込み・配信開始前に説明し合意を求める。
標準フォーマットの利用	広告主と広告会社が運用型広告の配信準備を行う際、各プラットフォーム別に標準化されたアカウント開設書、入稿フォーマット、運用指示書に必要項目を記載し、実際に設定作業を行うオペレーターへ確実に送付する。その際、広告主、広告会社双方でフォーマットに記載された内容のチェックがなされていることが望ましい。
計測・ターゲティングのための媒体タグの設置	コンバージョン計測や、ターゲティングに利用する媒体タグの発行、企業サイトへの設置、計測テストという一連のタグ関連業務については、広告配信開始までに必要なプロセスであることを理解し、広告主側へも迅速な対応を依頼する。また、このプロセスが完了しない場合に配信開始が遅れたり、広告効果に影響が出る可能性がある点についても広告主に説明を行う。

JIAA「インターネット広告掲載に関するガイドライン集/基本実務・用語集 2019年度版」をもとに作成

インターネット ………………… Internet

インターネット広告プランニングの基本要素

● 広告の目的：ダイレクトマーケティングとブランディング

インターネット広告はもともとバナーという最低限の広告スペースでアウェアネス（関心）をとって、クリック（興味）した先で内容を伝える（理解）というだけの極めてシンプルな手法でした。

その後、EC（電子商取引）が発展し、そのままダイレクトに購入する、あるいは会員登録するといったアクイジション（獲得）まで、ワンストップで行える手法が確立して主流になり、ダイレクトマーケティングの考え方が導入されました。今では、「ウェブマーケティング」や「ネットマーケティング」＝ダイレクトレスポンス型マーケティングとなりました。獲得が最終目標の投資という意味合いから「ROI」という概念が重視されるようになっています。

一方で、マスメディア広告ではブランド認知やブランドイメージの向上が主目的の広告出稿が行われていますが、インターネット媒体もそこに集まるユーザー数が増えてマスメディア規模になり、同様のリーチメディアとしての価値が出てきました。また、マスメディアだけでは接触できない若い世代が現れてきたことで、リーチの補完としての価値も出てきました。このような意味合いにおいて、ブランディング目的のインターネット広告出稿も盛んに行われています。

● 広告モデル（形態）：予約型（プレミアム）広告、運用型広告

広告目的がダイレクトレスポンスなのか、ブランディングなのかでメディア選択の基準はまったく異なります。特にダイレクトでは獲得数とそのためのコスト効率が重視され、ブランディング型では掲載される面の質が重視されます。インターネットメディアやプラットフォームは非常に数多くあり、広告手法もテクノロジーの進化とともに多種多様なものが生まれています。

● ターゲティング：「面（プレイス、コンテクスト）」「人（オーディエンス）」

数年前、DSP・SSPやDMPが出現したときには「面」から「人」へとよくいわれました。広告が表示されるメディアサイトの特性やコンテクスト、ページの特色よりも、ユーザーの個人特性を判別して、場所を問わず広告を接触させる方が効果的という考え方です。しかし最近では広告を接触させるタイミング、場所、そのときユーザーが感じていることなど、モードの重要性が見直されています。

上記の3要素を基本に、さらにメディア・プラットフォーム、広告フォーマットという要素も考慮して、広告ポートフォリオを考える必要があります。

[インターネット広告ポートフォリオ]

		ブランドマーケティング		ダイレクトマーケティング	
予約型広告	TARGETING（面）	広告メニュー① 広告メニュー②	各ウェブサイト 広告メニューの 位置づけ・役割を 意識した設計が大切	広告メニュー③ 広告メニュー④	
	TARGETING（人）	…………		…………	
運用型広告	TARGETING（面）	広告メニュー⑤ 広告メニュー⑥		広告メニュー⑦ 広告メニュー⑧	
	TARGETING（人）	…………		…………	

広告の効果

インターネット広告の効果には、ユーザーが広告に接触した段階で得られるインプレッション効果、目的のサイトに誘導するトラフィック効果、広告に接触した後に行動を促すコンバージョン効果があります。これらの効果はすべて計測が可能です。

これまで、インターネット広告の効果は、クリック率やコンバージョン率をもとに評価されてきました。しかし近年、インターネット広告がブランディング目的でも利用されるようになったため、広告がどの程度見られたのかというインプレッション効果を測定し評価することも多くなっています。

具体的には、個々の広告メニューのインプレッション数に加え、リーチ（人数／率）やフリークエンシーを測定したり個々の広告メニューやデバイスによる重複を排除してキャンペーン全体で把握しようとする動きもあります。

さらには広告が、人の目に見える範囲に表示されていたか（ビューアブル率）、狙ったターゲットに届いたのか（オンターゲット率）、広告に接触したことによってそのブランドに対する態度は変わったのか（ブランドリフト効果）など、インターネット広告のブランディングへの活用が拡大するにつれて重視される広告指標も変化しています。

インターネット .... Internet

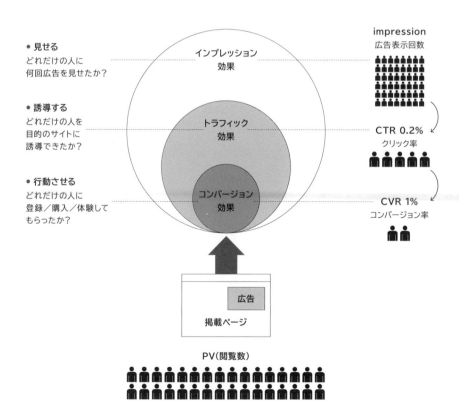

インターネット
Internet

広告効果指標と広告投資効率指標

広告の接触効果を示す指標として、主に以下のような指標が用いられます。

区分	広告接触指標	レスポンス系指標	ブランド系指標
主な指標	インプレッション数 ビューアブルインプレッション数 ビューアブル率 視聴完了率 ユニークブラウザ数 ユニークユーザー数 リーチ・フリークエンシー オンターゲット率 など	クリック数 クリック率 ランディングページ訪問数 コンバージョン数 （見積・資料請求・会員登録など） など	広告認知率 ブランド認知率 ブランド好意率 ブランド理解率 ブランド購入意向率 など

広告の投資効率を示す指標として、主に以下のような指標が用いられます。

CPM（Cost Per Mille）　　　　　：インプレッション単価
vCPM（viewable CPM）　　　　：ビューアブルインプレッション単価
CPV（Cost Per View）　　　　　：視聴完了単価
CPC（Cost Per Click）　　　　　：クリック単価
CPA（Cost Per Acquisition）：獲得単価
CPB（Cost Per Brand Lift）　：ブランドリフト単価　　　　など

効果測定ツール

● 広告効果測定ツール

インターネット広告を出稿した場合、媒体社から提供されるレポート指標は主にインプレッション数、クリック数、クリック率（CTR）の3つで、クリックして来訪したユーザーが広告主サイトで最終目的のコンバージョンに至ったかどうかといったことは把握することができませんでした。また、媒体社ごとに広告配信サーバが異なり、測定基準もバラバラだったことから、コンバージョンをはじめとする広告のクリック以降の情報を取得するツールとして、アドトラッキングツールが誕生しました。ただし最近では、媒体社によるコンバージョン計測やプラットフォーマーの解析ツールの登場によって、単体で利用されることは少なくなってきています。

● アクセス解析ツール

アクセス解析ツールは、広告主サイトを基点に、ターゲットの流入経路・サイト内の動線を解析するツールです。サイトを訪れたユーザーはどこから来たのか、動線は適確かどうかなど、集客に役立てるために、その経路を測定、分析することができます。広告効果測定ツールとアクセス解析ツールの基本的な仕組みは同じで、①ウェブビーコン方式、②サーバログ方式、③パケットキャプチャー方式のいずれかになります。また、2つの機能を統合したツールも出ています。一般的にはトラッキング専用ツールの方がシンプルで初心者でも使いやすく、統合型はより多くのデータを扱うため、設定や分析に時間がかかり、上級者向けです。「Googleアナリティクス」や「Adobeアナリティクス」のようにプラットフォーマーが提供しているものもあり、Facebookやヤフーなども解析ツールを提供しています。

● 第三者配信（3PAS）

広告配信だけでなく、ポストインプレッション効果、ビュースルーコンバージョンといった広告効果を計測することができます。また、複数媒体への出稿においてもユニークユーザー数、リーチ、フリークエンシーなどが測定可能です。アトリビューション分析を行うためには、この配信方法の導入が必要となります。

インターネット　Internet

広告効果最適化手法（オプティマイゼーション）

インターネット広告の効果最適化はダイレクトマーケティングによって発展してきた経緯があり、広告の効果的かつ効率的な配分のための分析手法が発達しています。

● アトリビューション分析

アトリビューションとは本来「帰すること」「〜に起因する」という意味を持ちます。インターネット広告におけるアトリビューションとは、成果に対する広告の貢献度を明らかにすることです。従来、広告主はバナー広告やリスティング広告、メール広告などさまざまな広告を実施して、目的のコンバージョンに至った広告（ラストクリック）のみを評価するといった運用が行われていました。それに対して、実際にはそれ以前に接触した広告も間接的にコンバージョンに貢献しているのではないか、といった疑問が投げかけられ、「コンバージョン・パス」（コンバージョンに至るまでのユーザーのオンライン上の行動履歴）を測定し、その間に接触したチャネルをすべて把握し、コンバージョンに至るまでの間接的な効果をとらえるようになりました。このように成果に対するそれぞれの広告の貢献度を明らかにし、広告投下の予算配分に役立てることができます。なお、ビュースルーコンバージョンのように、それぞれの広告の接触時（インプレッション）からのデータが必要になるため、第三者配信とアクセス解析ツールの導入が前提となります。

○ラストクリック重視（例）

効果の評価対象

○アトリビューション分析モデル（例）

効果の評価対象

アトリビューション分析モデルでは各施策の貢献度をもとに広告予算配分を最適化します。
例えば、バナー広告Aと検索連動広告Cの貢献度が高い場合、バナー広告Aと検索連動広告Cの予算配分を高くするなど、貢献度に応じて予算配分します。Googleアナリティクスでは「終点アトリビューションモデル」「線形アトリビューションモデル」「接点ベースアトリビューションモデル」など、7つのモデルが設定されています。

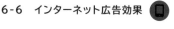

● オーディエンスデータ分析

広告主は自社サイトの会員登録情報などのデモグラフィックデータや、ユーザーのサイト内行動履歴などのデータ（プライベートDMP）を所有していますが、それだけでは効果的かつ効率的な広告のプラニングはできません。プライベートDMPに加えて、広告出稿データや第三者配信データ、外部のDMPデータを連携させてオーディエンス分析することによって、出稿のタイミングやクリエイティブなどターゲットに最適な広告のプラニングが可能になります。

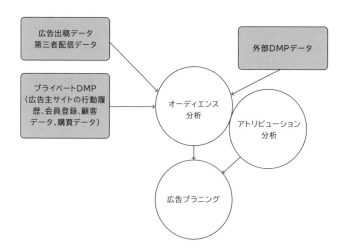

インターネット　　　　Internet

テレビ広告とのクロスメディア効果

米国では、ミレニアル世代（1981～1996年の間に生まれた人たち）といわれるデジタルネイティブな若者たちのテレビ離れと視聴デバイスの分散化で、テレビの個人視聴が断片化してしまったため、テレビの広告到達量を補うためにオンラインの動画広告で補完するという考え方が生まれました。日本でも米国ほどではありませんが、相対的に若年層のテレビ接触量が減ってきていて、動画広告によってリーチを補完するという考え方が広がっています。

特定ターゲット層の広告到達量（TRP）をオンライン動画などのインターネット広告で補うという考え方には、テレビの広告到達とインターネット広告到達の意味と広告効果の統一が必要になります。

> ターゲットGRP（TRP）＝Reach×Frequency　　Viewable impression＝UU×Frequency

これによりターゲットにおけるテレビ広告の到達量とインターネット広告の到達量を、理論上は一元的に評価できることから、テレビの到達量の少ないターゲットをインターネット広告で補完する（インクリメンタルリーチの獲得）というプランニングが可能になります。つまり広告延べリーチと認知の関係はインターネット広告でもテレビ同様の方法で算出できるので、テレビ広告の補完的役割をインターネット広告によって実現するという考え方です。

さらにリーチの補完（インクリメンタルリーチ）だけでなく、テレビ広告とインターネット広告の重複接触によってブランドリフト効果の増幅を最大化するといった手法も考えられます。インターネット広告にはその特性上、精緻なターゲティングが可能であり、メジャラブルでインタラクティブな特性を利用することで、特定ターゲットの補完に適しているといえます。また目標とするマーケティング上のKPIに応じて、テレビ広告とインターネット広告とで異なる広告表現を使ったり、ティザー広告はインターネットを先行させて実施するなど、テレビ広告とインターネット広告を1つのキャンペーンの中で立体的に組み合わせることで相乗効果を考慮した広告展開を行うことも可能です。

テレビのデータについては、近年、エム・データが提供している放送内容のメタデータや、スイッチ・メディア・ラボのリアルタイム視聴データ、家電メーカーによるスマート（インターネット結線された）テレビの視聴データなどが取得されています。また、ビデオリサーチやインテージなどの調査会社によるシングルソースパネル調査でもテレビやインターネットの視聴データは取得されており、こうしたデータを活用したテレビとインターネット広告の統合プランニングがますます重要になってきています。

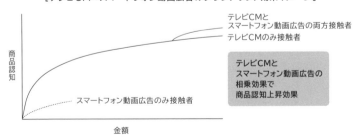

［テレビCM×スマートフォン動画広告のブランドリフト効果イメージ］

インターネット用語集

ASP	Application Service Provider。アプリケーションソフトの機能をインターネット経由で顧客に提供する事業者、または、そのソフトウェアやサービス。
A／Bテスト	広告やウェブデザインなどの最適化を図るため、異なるパターンのクリエイティブやフローを複数（A/B/…）用意して実際にユーザーに利用させることで効果を比較検証するテスト。
BAT	中国で最大の検索エンジンを提供する「Baidu（百度／バイドゥ）」、コマース事業中心の「Alibaba（アリババ）」、コミュニケーションツールやゲーム領域などのサービスを提供する「Tencent（テンセント）」の3社の頭文字をとって「BAT（バット）」と呼ぶ。
CPA	Cost Per Acquisition、または、Cost Per Action。ウェブ広告の評価指標の1つで商品購入や会員登録など顧客を1人獲得するのに必要な広告コスト。
CPC	Cost Per Click。広告の露出によって得られるユーザーの広告クリック1回あたりの費用。またクリック課金型の広告取引の場合におけるクリック単価。
CPM	Cost Per Mille。広告到達または広告露出1,000回あたりの費用。
CPO	Cost Per Order。商品1個を販売するのにかかった費用。
CPR	Cost Per Response。見込客1人の獲得にかかった費用。
CPV	Cost Per View。ユーザーに動画広告を1回視聴（再生）させるための費用。
CRM	Customer Relationship Management。顧客との間に継続的な関係を構築するためのノウハウやソリューション。
CTR	Click Through Rate。総インプレッション数の内、広告がクリックされた回数の割合。クリックレート、クリック率。
CVR	Conversion Rate。ある指標に対して目的とする成果が得られた率。例えばサイト訪問者における成約率など。
DAU	Daily Active Users。ウェブサイトやアプリ、各種オンラインサービスにおいて、1日に1回以上利用や活動があったユーザーの数。
DMP	Data Management Platform。自社や外部のさまざまなデータを一元的に管理するプラットフォーム。集積したデータを分析して広告配信の最適化などに活用する。
DSP	Demand Side Platform。広告主や広告会社など広告主側が、広告在庫の買い付け、広告配信、掲載面、オーディエンスのターゲティングなどを一括して行えるプラットフォーム。複数のSSPやアドネットワークに接続することで広告主の求める在庫を必要なときに必要な分だけ確保できる。
GAFA	巨大な影響力を持つデジタルプラットフォーマーの、Google、Apple、Facebook、Amazonの4社の頭文字をとって「GAFA（ガーファ）」と呼ぶ。「GAFA」にMicrosoftを加えて「GAFAM（ガーファム）」と呼ばれることもある。
IAB	Interactive Advertising Bureau。オンライン広告市場の発展のために啓発活動を行っている米国の業界団体。650以上の主要なメディア及びテクノロジー企業から構成され、米国のニューヨークに本拠地がある。

インターネット ……………… Internet

インターネット

Internet

I o T	Internet of Things。さまざまな製品にインターネット通信機能を持たせることでインターネットを通じて自動認識や自動制御、遠隔計測などが行えるようになること。
K G I	Key Goal Indicator。ビジネスの最終目標を定量的に評価できる指標。
K P I	Key Performance Indicator。目的に対する達成の程度を定量的に計る指標。
M A U	Monthly Active Users。ウェブサイトやアプリ、各種オンラインサービスにおいて、1ヶ月に1回以上利用や活動があったユーザーの数。
M R C	Media Rating Council。メディアに関する信頼性が高く有効な測定サービスを確保することを目的として活動する米国の団体。各媒体社、広告主、広告代理店や事業者団体からなる。
O 2 O	Online to Offline。ネット上のユーザー行動が、実店舗での購買に影響を与えたり、または実店舗での購入につなげるためにネット上で行われるマーケティング活動。
P D C A	Plan Do Check Action。計画を立案（Plan）、実行（Do）、結果を検証（Check）、より最適なプランを推進する（Action）サイクル。インターネット広告ではインプレッション数やクリック数、行動経路を完全に捕捉できる特長を生かして広告効果を正しく測定・分析して、広告出稿プランをさらに改善するサイクルが重視される。
P M P 広告	プライベートマーケットプレイスを利用した広告のこと。
P V	Page View。ウェブページが一定期間に閲読された総ページ数。インターネットサイトの媒体価値を示す基本指標。
R O A S	Return On Ad Spend。広告の費用対効果を表す指標で、（売上高÷広告費）×100で算出し、投資した広告費に対して何倍の売上を得ることができたかを表す。
R T B	Real Time Bidding。ユーザーのサイト閲覧（インプレッション）が発生する度に瞬時にクッキーによるユーザー情報と最低入札価格などの広告枠情報を複数のDSPに渡して最高価格で入札した広告を表示するインターネット広告枠オークションシステム。
S E M	Search Engine Marketing。SEOや検索キーワード連動広告などを駆使して検索サイトを利用するユーザーの自社サイト誘導を促進するマーケティング手法。
S E O	Search Engine Optimization。自動検索エンジンを実装する検索サイトでランキング上位に表示されるようなページの記述やサイト設計に改善を施すこと。
S S P	Supply Side Platform。複数のDSPやアドネットワークと接続して、純広単価やRTBの入札単価などを比較、最高単価の広告を瞬時に選んで表示することで媒体社側の収益を最大化するプラットフォーム。
アウトストリーム広告	ディスプレイ広告枠などの動画コンテンツ外で表示される動画広告。ウェブ上の広告枠や記事のコンテンツ面などで表示される。
アクセス解析ツール	アクセスしたユーザーのさまざまな情報（IPアドレス、日時、アクセスされたファイル、リンク元のURLなど）をログデータとして記録し、マーケティングに有用な情報を得る目的でこれを解析するツールのこと。
アクティブユーザー	ウェブサイトやアプリなどのサービスで、定期的に利用があったユーザーのこと。会員制のウェブサイトなどで、会員登録があっても実際に利用していないユーザーを除いた、実際の利用実態を表す指標として用いる。

アドエクスチェンジ	DSPとSSP及びアドネットワーク、さらに媒体社との広告在庫需要を仲介するプラットフォーム。
アドトラッキングツール	インターネット広告の効果測定手法。ユーザーのサイトアクセスデータを収集・集計しユーザーの行動を分析するツール。
アドネットワーク	複数の媒体社サイトを広告配信対象としてネットワークを組み、広告の受注を請け負って自前のアドサーバから広告の一括配信を行うサービス。広告販売代行を行うだけでなく、広告枠の在庫管理・掲載業務・レポーティングなども行う。サイトコンテンツを絞り込んでカテゴリーごとの配信や行動ターゲティングなどもできる。
アドフラウド	botなどによって無効なインプレッションやクリックを発生させ、広告費や成約数、広告効果などを水増しする悪質な詐欺行為のこと。
アドブロック	ウェブサイトやスマートフォンのアプリなどに表示される広告を表示しないようにするソフトウェア。ウェブブラウザのアドオンや、スマートフォンのアプリとして提供される。
アドベリフィケーション	DSPやアドエクスチェンジを通じて配信される運用型の広告が、広告主の意図・条件に沿ったサイトや場所に掲載されているかを検証する機能。
アドマーケットプレイス	広告主とメディアが直接取引する広告市場、またはそのサービスのこと。
アトリビューション分析	ラストクリックなど直接的なコンバージョン以外の間接的な行動パターンを把握して、全体のアクションにおける最終成果への貢献度を測る分析手法。
アフィリエイト広告	広告掲載だけでなく、資料請求や商品購入など成果数に応じて報酬が発生する仕組みの広告。成果報酬型広告。
アプリ	アプリケーションソフトウェア。ある特定の作業を行うためにインストールするプログラムのことで、近年ではスマートフォンにおけるブラウザとの対比的な存在として重要視される。
インクリメンタルリーチ	インクリメンタルとは増分を積み上げる意味で、テレビ広告の到達量にインターネット広告の到達量を積み上げること。若年層などテレビ広告リーチの少ないターゲットへの到達をインターネット広告のリーチによって補完すること。
インストリーム広告	動画本編の前後、中間に掲載される動画広告。
インバナー広告	通常のディスプレイ広告枠に動画ファイルを使用して流す動画広告。アウトストリーム広告の一種。
インフィード広告	コンテンツが表示される場所に、コンテンツに溶け込んだ形で違和感なく表示されている広告のこと。例えば、Facebook上ではフィードという表示があり、投稿が表示されている情報や場所を指すが、そのフィード上に掲載される広告がインフィード広告となる。
インフルエンサー	影響力の大きい人物のこと。ソーシャルメディアの台頭により、著名人でなくても多数のファンやSNSのフォロワーを抱える人が出現し、インフルエンサーのマーケティング活用が注目されている。
インプレッション	インターネット広告セールスの基本単位でブラウザ上でのインターネット広告表示回数のこと。
インリード広告	コンテンツを閲覧する流れの中で、ブラウザ上で画面をスクロールし、動画の表示領域が一定以上表示された時点で再生が開始される動画広告。アウトストリーム広告の一種。

インターネット ………………… Internet

インターネット

Internet

インライン型広告	スマートデバイス向けの広告フォーマットで、ブラウザやアプリケーションの中に貼り付けられて表示される。
運用型広告	膨大なデータを処理するプラットフォームにより、広告の最適化を自動的もしくは即時的に支援する広告手法のこと。検索連動広告や一部のアドネットワークが含まれるほか、DSP／アドエクスチェンジ／SSPなどが典型例。枠売り広告・タイアップ広告・アフィリエイト広告などは含まれない。
オーガニック検索	検索エンジンのアルゴリズムに従って表示された検索結果。通常、検索キーワード連動広告やPR情報とは明確に区別されて表示される。ナチュラル検索とも呼ぶ。
オーディエンス	ウェブサイトや広告を閲覧する不特定多数のインターネットユーザーのこと。
オーディエンスターゲティング	オーディエンス（ユーザー）の属性情報や行動履歴情報などを組み合わせたデータを利用して広告を配信するターゲティング手法。
オムニチャネル	実店舗やECサイトをはじめとする、あらゆる販売チャネルから同じように商品やサービスを購入できる環境。
間接効果	ユーザーがアクションを起こす直前に接触した広告やコンテンツだけでなく、それ以前に接触した広告やコンテンツもまたそのアクションに対して貢献しているという考え方。間接効果を明らかにするのがアトリビューション分析。
キュレーションメディア	ほかのコンテンツメディアなどのニュースや情報を収集し、構成して提供するメディア（プラットフォーム）。運営主体には収集する情報の正しさへの責任や権利処理など、高いリテラシーが求められる。
クッキー	ウェブサイトの提供者が、ブラウザを介して訪問者のコンピュータに一時的に簡単なデータを書き込む仕組み。訪問者の識別や認証、訪問回数の記録に利用される。
クッキーシンク	DSP、SSP、DMPなどで、各々管理しているブラウザクッキーを同期させ、ユーザー（ブラウザ）識別のための ID を連携させる仕組み。
クローラ	ウェブ上の文書や画像などを定期的に巡回して取得し、自動的にデータベース化するプログラム。スパイダー（Spider）、ロボット（Robot）などとも呼ぶ。クローラを使ってウェブ上の情報を取得、解析を行うことを「クローリング」という。
検索連動広告	ユーザーが検索エンジンで検索したキーワードに関連する広告を検索結果画面に同時に表示するテキスト広告のこと。
広告 ID（広告識別子）	スマートフォンやタブレット端末のアプリで利用される広告用の端末識別ID。AppleのiOS は「Advertising Identifier（IDFA）」、Google の Android OS は「Google Advertising ID（AAID）」を提供している。
行動ターゲティング	インターネット上の行動履歴情報を利用して広告を配信するターゲティング手法。行動履歴とは、サイトの閲覧履歴や検索履歴、広告への反応履歴、ECサイトでの購買履歴などで、ブラウザのクッキーやスマートデバイスの広告IDによって把握される。
コンテンツマーケティング	ユーザーの関心の高いコンテンツを提供することで、ユーザーの行動を促すマーケティング手法。
コンテンツメディア	キュレーションメディアのように自らニュースや情報を編集して提供するメディア。
コンテンツ連動広告	ウェブサイトのコンテンツ内容の文脈やキーワードを解析し、コンテンツ内容と関連性の高い広告を自動的に配信する広告。

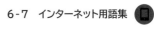

コンバージョン	ウェブサイト上で最終的に得られる成果のことで、資料請求、成約、購入など、どの指標をコンバージョンとするかはその目的によって異なる。
在庫	広告在庫。インターネット広告の販売可能枠量のこと。
サードパーティ・クッキー	ユーザーが訪問するウェブサイトやサービスの運営主体以外の事業者（アドネットワーク、データプロバイダーなどの第三者）が設定しているクッキー。
ジオフェンシング	特定エリアに仮想的な「フェンス（柵）」をつくる仕組みのこと。ユーザーがそのフェンス内に入ってくると、あらかじめ設定しておいたメッセージやクーポンなどを送ることが可能。
推定接触者数	インターネットオーディエンス測定データにおいて、分析対象サイトに接触した推定人数（推定ユニークユーザー数）を指す。インターネットオーディエンス測定結果をもとに、インターネットユーザー推定人口を使って算出する（推定接触者数＝パネル内の分析対象サイト接触者出現率×インターネットユーザー推定人口）。
スキッパブル	動画コンテンツ再生前や再生中に挿入される動画広告を視聴するか、しないかを選択できる動画広告手法。
ステルスマーケティング	企業が自らまたは第三者に依頼して、消費者に商品やサービスの宣伝と気づかれないように宣伝行為をすること。略して「ステマ」と呼ぶ。報酬を得ているにも関わらず、あたかも公平な評価であるかのようにみせかけた記事をサイトに掲載したり、一般消費者を装って好意的な感想や推薦するコメントをSNSに投稿したりするなど、宣伝であることを意図的に隠すことによってユーザーの印象を操作しようとする行為。
スポンサードコンテンツ	コンテンツそのものは媒体社の編集側が制作し、そのコンテンツ及びそれらが掲載されているページなどへ広告主がスポンサードするもの。「タイアップ広告」の場合は記事調に作られたコンテンツがすなわち広告であるが、「スポンサードコンテンツ」の場合は、コンテンツはあくまでも編集側の制作であり、広告主の商品などを説明する広告コンテンツではない。
成果報酬型広告	広告の掲載だけでなく、資料請求や商品購入など成果数に応じて報酬が発生する仕組みの広告。アフィリエイト広告。
セッション	ウェブにおけるアクセスログから解析されるマーケティングの単位の1つ。ユーザーの単一ブラウザ内の連続した行動を1セッションと呼び、特定のウェブサイトにおける1セッションが1ビジットとなる。ただし、連続した行動であっても、あるウェブページの読み出しから次の読み出しまで30分程度の間隔があいた場合、別のセッションとしてカウントされる場合が多い。
ソーシャルリスニング	ソーシャルメディア上の顧客の声を収集し、企業、ブランド、商品・サービスに対する評判やニーズ、トレンドなどを分析・測定してマーケティングに活用する手法。
ターゲティング配信	ターゲットを指定して表示する広告配信。ユーザーデータを分析して対象となるユーザー群を指定するオーディエンスターゲティングや、ウェブサイトやコンテンツを分析してカテゴリーを指定するコンテンツターゲティングなどの手法がある。
タイアップ広告	ネイティブ広告の1つで、媒体社側で編集記事コンテンツのフォーマットに合わせて制作した広告。
第三者配信	広告主側でキャンペーン全体を統合管理するために、複数の媒体を横断してセントラルサーバから広告を配信する仕組みのこと。3PAS。さまざまなデータの計測やクリエイティブ、フリークエンシーなどのコントロールができ、媒体社ごとの広告レポートではわからない複数サイトのユニークユーザーの把握が可能なほか、ポストインプレッション効果をトラッキングできる利点もある。

インターネット ……………… Internet

インターネット .... Internet

ダイナミック（動的）リターゲティング広告	ウェブサイトの商品やサービスのページを訪れたことのあるユーザーに対して、その訪問履歴をもとに再度の訪問と購入を促すために、その商品やサービスに関する広告を自動生成して表示するリターゲティング手法。
タグ配信	広告素材の代わりにデータ転送させるタグを配信して、ユーザーのブラウザから別のアドサーバに広告画像のリクエストをかける手法。第三者配信サーバ（セントラルサーバ）で広告配信を行う場合、そのサーバ側で発行されたタグが媒体社に送られ、媒体社のアドサーバからは広告掲載面にこのタグが配信される。
チャットボット	人工知能（AI）を使った自動応答プログラムのこと。ボット（bot）はロボットに由来する。
直接効果	ユーザーがアクションを起こす直前に接触した広告やコンテンツの効果だけを成果として認める考え方。
直帰率	ユーザーが広告をクリックしてリンク先のウェブページ（ランディングページ）にアクセスした後、そのページからどのページにも進むことなく、離脱またはもとのページに戻る（直帰）割合。ランディングページの妥当性を検討する際に用いられる指標。
ディスプレイ広告	ウェブサイトやアプリ上の広告枠に表示される画像や動画、テキストなどの形式による広告。
データエクスチェンジ	ユーザーの属性や行動履歴などのオーディエンスデータを事業者間で交換する仕組み。
データフィード広告	データフィード技術を駆使してユーザーの訪問履歴や検索行動に合わせて自社の商品やサービスの情報を広告配信先のフォーマットに自動で変換して提供する広告配信手法。
デジタルプラットフォーマー	商取引や情報配信などのデジタルビジネスを行う者のために、その基盤や環境を構築し提供する事業者。ウェブサイト・ソフトウェア・製品・サービスを提供する大手通信事業者・コンピュータ関連企業・IT企業などを指す。
デスクトップ広告	PCによって閲覧できるサイトやメール上に掲載される広告の総称。
トラッキング	ユーザーの行動を追跡すること。例えば、広告をクリックしたユーザーが広告主サイトでどのように行動したかを追跡することにより、資料請求や購買などの目標とする成果に結びついたかを把握できる。
トラッキングツール	インターネット広告の効果測定手法で、ユーザーのサイトアクセスデータを収集・集計してユーザーの行動を分析するツール。
トラフィック	インターネット領域においては、ウェブサイト閲覧者の流れ方やデータの通信量を指す。
ネイティブ広告	デザイン・内容・フォーマットが、媒体社が編集する記事・コンテンツの形式や提供するサービスの機能と同様でそれらと一体化しており、ユーザーの情報利用体験を妨げない広告。
ネットワーク配信事業者	広告媒体を数多く集め、広告配信ネットワークを形成し、その配信ネットワークに広告を提供する事業者のこと。
パーミッション	ユーザーからの許諾のこと。ユーザーの許諾を得て行うマーケティングを、パーミッションマーケティングと呼ぶこともある。あらかじめ承認を得ておくことで、メッセージが受容されやすくなり、レスポンス率が高くなるという特長がある。

パブリックDMP	さまざまなウェブサイトでの行動履歴やデモグラフィック情報などが蓄積されたプラットフォーム。第三者データとしての価値を持ち、これ自体が情報として提供される、あるいはアドエクチェンジとの連携を通して広告配信に利用される。
ビーコン	位置や情報を取得する仕組み。「ウェブ ビーコン」は、主にウェブサイトのアクセス情報の収集に使用される。また、「iBeacon」は、電波ビーコンを送信する端末とBLE（Bluetooth Low Energy）を搭載したモバイル端末の対応アプリによって情報の送受信が可能になる。例えば店舗内でクーポン情報などを配信するといったO2O（Online to Offline）サービスに利用される。
ビデオ広告	動画広告のこと。
ビューアビリティ	広告の視認可能性のこと。
ビューアブルインプレッション	広告の閲覧回数を計測する指標で、人が目視可能（ビューアブル）なインプレッションをいう。米国業界団体の基準では、ディスプレイ広告の場合は広告の面積（ピクセル）の50％以上が1秒以上、動画広告の場合は面積の50％以上が2秒以上閲覧可能な状態で表示されたインプレッションと定められている。
ビュースルーコンバージョン	ある広告が閲覧された後、一定期間内にコンバージョンに至ること。コンバージョンは通常クリックを経たクリックスルーコンバージョンしか測定されないが、ビュースルーコンバージョンを測定することにより間接効果を含めた広告効果を分析することができる。
ファーストパーティ・クッキー	ユーザーが訪問するウェブサイトやサービスの運営主体である事業者（媒体社、広告主のサイトなどの当事者）が設定しているクッキー。
フィー	広告会社が提供するサービスの対価として、事前に定めた条件で広告主に請求する報酬。
プライバシーポリシー	個人関連情報の取得・管理・利用について、事業者が定めた規範のこと。
プライベートDMP	自社の持つ膨大なデータ（自社商品の購入履歴や会員登録、自社サイト内での行動履歴など）を蓄積し、ビジネスに活用するために構築されたプラットフォームのこと。
プライベートマーケットプレイス	信頼できるプレミアムな媒体の媒体社と広告主を限定したクローズドな広告の取引市場のこと。
プラットフォーマー	情報やサービスを提供するウェブサイトやアプリケーションなどのメディアを所有・運営するが、記事やコンテンツを自ら制作しない事業者のこと。
ブランディング広告	企業やサービスのブランド向上を目的とする広告のことで、ブランドに関する情報をユーザーに伝え、認知や好意的なイメージを獲得することを目的とする。
ブランドセーフティ	インターネット広告の掲載先に紛れ込む違法・不当なサイト、ブランド価値を毀損する不適切なページやコンテンツに配信されるリスクから広告主のブランドを守り、安全性を確保する取り組み。
ブランドリフト	企業や商品・サービスのブランドの認知度や好感度、購買意向などの向上を表す効果指標。
プレミアム広告	付加価値の高い広告枠。一般的には入札形式で取引されない手売りの純広枠。
プログラマティックバイイング	オーディエンスデータによるターゲティングに基づいた、さまざまな広告プラットフォームを介した自動で行われる広告取引全般のこと。

インターネット

Internet

インターネット
Internet

分散型メディア	自社サイトではなく、ソーシャルメディア（SNS）などのプラットフォームに、直接コンテンツを配信するメディアの形態。
マーケティングオートメーション	デジタルマーケティングにおいて興味関心や行動が異なる一人ひとりの顧客との個別コミュニケーションを自動化するために開発されたツールや仕組みのこと。
マイクロモーメント	人々が「何かをしたい」と思い、反射的に目の前にあるデバイスで調べたり、購入したりという行動を起こす瞬間のこと。
ミッドロール広告	動画本編を中断して流すビデオ広告。
メディアレップ	インターネット広告の取引において、広告媒体サイトと広告主の仲介を行っている事業者のこと。
ユーザーインターフェース	ユーザーが製品やサービス、ウェブサイトなどを利用する際の情報の表示形式や操作性のこと。また、それらを実現する仕組みを指す。UIと略すことがある。
ユーザーエクスペリエンス	ユーザーが製品やサービス、ウェブサイトなどを利用して得られる体験のこと。また、その心地よさや充足感などの概念を指す。UXと略すことがある。
ユーザビリティ	ユーザーが製品やソフトウェア、ウェブサイトを使う際の"使いやすさ"のこと。操作の簡便さ、効率のよさ、戸惑いやストレスを感じさせないわかりやすさなどを表す。
ユニークブラウザ	サーバ単位で訪問した人のブラウザにクッキーを振ってユーザーを特定し、重複を排除して訪問者人数をカウントする手法。ブラウザ単位のカウントであるため複数のコンピュータや複数のブラウザからアクセスする人の重複を省くことはできない。
ユニークユーザー	一定期間内に特定ウェブサイトを訪れた人のことで、延べ訪問数ではなく複数回訪問した人も1人と数える訪問者数のこと。サイトの設計によって大きく水増しできるページビュー数や延べ訪問者数などに比べ、そのサイトに興味を持って訪問した人数がどれくらいいるのかをより正確に知ることができる。
予約型広告	掲載期間、場所、料金などがあらかじめ定められている広告取引で、媒体社による自社販売広告枠のこと。純広、プレミアム広告。
ランディングページ	インターネット広告や検索エンジンの検索結果ページからのリンク先となるページのこと。訪れたユーザーに資料請求や成約、商品購入などの何らかのアクションやコンバージョンを行わせる目的を持つ。
リスティング広告	検索サイトに入力した特定のキーワードに応じて検索結果ページに掲載される検索連動広告。バナー広告とテキスト広告がある。
リターゲティング	行動ターゲティングの一種で、あるウェブサイトを訪れたことがあるユーザーに対して、その訪問履歴をもとに再度の訪問を促進するために、広告を表示するターゲティング手法。
リワード型広告	成果報酬型広告の一種で条件を満たしたユーザーに報酬の一部を還元する仕組みを持った広告。アプリのダウンロードが圧倒的に多くなっているが、会員登録促進なども実施可能。アプリのダウンロードの報酬として、ユーザーに対してポイントなどの報酬が支払われる。またアプリストアのランキングを上昇させるために用いられることもある。代表的なものに「LINEポイント」などが存在する。
ロケーションベース広告	携帯電話やスマートフォンなどのモバイル端末に搭載されるGPS機能などから得られる位置情報サービスを利用した広告配信サービス。

7章 − アウトドアメディア

[デジタルサイネージ・交通・屋外・オリコミほか]
Outdoor Media

アウトドアメディアの2019年5大ニュース

[Profile]
三浦暁
Akira Miura

博報堂DYアウトドア デジタルプロデュース部長。2008年博報堂DYメディアパートナーズ中途入社。2017年よりアウトドア領域のプラニングとメディア開発を担当。

(News 01) インプレッション取引開始

NTTドコモと電通の合弁会社「LIVE BOARD社」が日本初のインプレッションに基づくデジタルアウトドア広告の販売を開始しました。携帯電話のモバイル空間統計データや会員基盤を活用し、匿名化などを行った上で、インプレッション数を測定。アウトドアメディアでも、視聴エリア内のオーディエンスの人数や属性が測定可能になりました。

(News 02) タクシー広告が大きく伸張

タクシー後部座席のタブレット型デジタルサイネージ端末の導入台数が増加しました。プライベートで良質な視聴空間から、広告主にも非常に好評です。平均乗車時間18分ともいわれる乗車時間とパーソナルな空間を活用した注目の広告媒体で、高い広告到達率が期待できます。

(News 03) メジャメントデータへの対応

東急エージェンシー及びソフトバンクグループ会社のシナラ社などが共同で、交通広告におけるオーディエンスデータを基に、プラニングやレポートを行う実証実験をスタートしました。Wi-Fiアクセスポイントなどのデータを活用し、広告に接触する人数を推定して広告価値を算出。広告の到達数を基にしたプラニングが期待されています。

(News 04) デジタルプラットフォーマーとの協業が加速

LINE社がジェイアール東日本企画と共同で、電車内広告の閲覧・視聴におけるユーザー体験の向上を目指す実証実験を開始しました。運用型広告配信プラットフォーム「LINE Ads Platform」において、「LINE」と電車内広告が連携するパッケージ商品がリリースされ、具体的な案件事例もでてきています。

(News 05) データを活用した広告配信の高度化

気候、天候、ニュースキーワードなどのデータをトリガーにして、ダイナミック配信を行う広告商品が普及しています。博報堂DYメディアパートナーズなど4社は2019年6月、「FIT AD+（プラス）」の提供を開始。例えば"花粉指数"をトリガーにし、指数が高いときに携帯端末とデジタルサイネージに花粉用マスクの動画広告を表示することも可能になりました。

アウトドアメディア ……………… Outdoor Media

アウトドアメディアの2020年大胆予測

デジタル化が加速

2019年はアウトドアメディアにとって、「デジタル元年」といえる年でした。

2019年2月に設立されたLIVE BOARD社は、デジタル広告で主流となっているインプレッションベースの取引での販売を開始し、今後、DSP・SSPといったアドテクノロジーを駆使したプラットフォームを広告会社へ提供する予定です。

また、交通広告の領域においても、まだ一部の車両や駅ではあるものの、カメラによる画像認識技術を用いた属性推定レポートのスポンサーへの提供が開始されました。

また、左記の5大ニュースでも触れている東急電鉄及び東急エージェンシーによるオーディエンスデータを可視化する取り組みや、交通広告業界を牽引するジェイアール東日本企画は、Beaconが搭載されている新型車両においてLINE社と共同実証実験を開始するなど、デジタル化の話題にこと欠かない1年でした。

2020年は、このデジタル化の流れがさらに加速するのではないか、と予測しています。

新規プレイヤー参入

アウトドアメディア業界は今、まさに変化のまっただ中にあります。これまでの既存プレイヤーに加えて新たなプレイヤーが次々と参入してきています。特に中国ではオンラインとオフラインの垣根がなくなり「OMO」(Online Merges with Offline) が進んでいる傾向にありますが、こうした動きに伴い、これまでオンラインを主軸としていたデジタルプラットフォーマーも、オフライン領域にまでそのビジネスフィールドを拡張しています。

ほかにも、アドテクノロジーを駆使して広告配信を最適化するアドテクベンダー、ロケーションデータを活用して来店計測や広告在庫に付加価値をもたらそうとするロケーションデータベンダーなどが参入。群雄割拠の業界に変貌を遂げようとしています。

特定の場所、コンテクストに紐づくメディア

オンラインを主軸とする各プレイヤーがデジタル領域を超えて、リアル領域に参入するには、それなりの理由が必要ですが、その理由は、非常に明確です。

テクノロジーの進展とデジタル化によって、生活者にとって、アウトドアメディアのような「リアルな接点」の重要性がこれまで以上に増しているからです。

また、アウトドアメディアのデジタル化は、単にスクリーンとしての「サイネージ化」を意味しません。たとえ媒体そのものがアナログなものであっても、特定の場所とコンテクストにひもづいた「いま、そこに」存在するという圧倒的な独自価値は、デジタル・アナログ問わず移動する生活者を動かす力強いメディアであると思います。

今、アウトドアメディアを取り巻く環境変化によって、これまでになかったような新しいメディアを生む可能性を大きく秘めています。今後もより注目されるであろう、アウトドアメディアに、是非ご期待ください。

アウトドアメディア ………… Outdoor Media

Column

Yoshikawa's point

急速なデジタル化により
人を動かす強力なメディアに

吉川所長の視点：デジタル化によるデータ活用、広告効果の可視化は、アウトドア広告を単なるサイネージから、強力な意識・行動喚起力を持ったメディアへとその存在を変化させていくでしょう。生活者を取り巻くTPOやコンテクストとのリアルタイムでの強い連関は、その意識や行動に直接作用する強力な体験を生み出します。世界規模でさまざまなジャンルの新規プレイヤーの参入も活発化し、上記のような業界変化が想像以上のスピードで進展しそうです。

アウトドアメディアとは

アウトドアメディアは、生活者の生活動線すべてを接触機会としてとらえ、生活に密着したあらゆるシーンに展開されています。駅・町（街）・商業施設などでの生活者の行動に直接訴求することにより購買行動へとつなげていくことが期待できます。アウトドアメディアは交通、屋外、店・ルート、施設、家メディアの5つのジャンルに分類されます。

[アウトドアメディアマップ]

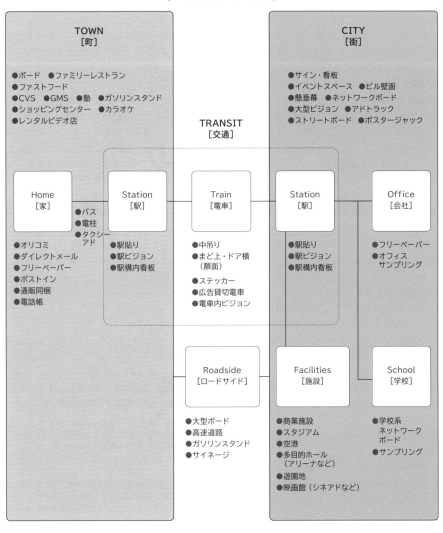

TOWN [町]
- ●ボード ●ファミリーレストラン
- ●ファストフード
- ●CVS ●GMS ●塾 ●ガソリンスタンド
- ●ショッピングセンター ●カラオケ
- ●レンタルビデオ店

CITY [街]
- ●サイン・看板
- ●イベントスペース ●ビル壁面
- ●懸垂幕 ●ネットワークボード
- ●大型ビジョン ●アドトラック
- ●ストリートボード ●ポスタージャック

TRANSIT [交通]

Home [家]
- ●バス
- ●電柱
- ●タクシーアド
- ●オリコミ
- ●ダイレクトメール
- ●フリーペーパー
- ●ポストイン
- ●通販同梱
- ●電話帳

Station [駅]
- ●駅貼り
- ●駅ビジョン
- ●駅構内看板

Train [電車]
- ●中吊り
- ●まど上・ドア横（額面）
- ●ステッカー
- ●広告貸切電車
- ●電車内ビジョン

Station [駅]
- ●駅貼り
- ●駅ビジョン
- ●駅構内看板

Office [会社]
- ●フリーペーパー
- ●オフィスサンプリング

Roadside [ロードサイド]
- ●大型ボード
- ●高速道路
- ●ガソリンスタンド
- ●サイネージ

Facilities [施設]
- ●商業施設
- ●スタジアム
- ●空港
- ●多目的ホール（アリーナなど）
- ●遊園地
- ●映画館（シネアドなど）

School [学校]
- ●学校系ネットワークボード
- ●サンプリング

アウトドアメディアの分類

アウトドアメディア ‥‥‥‥‥ Outdoor Media

交通メディア

交通機関に関連したメディア

- ●電鉄
- ・中吊り
- ・まど上・ドア横(額面)
- ・ステッカー
- ・広告貸切電車
- ・電車内ビジョン
- ・駅貼り
- ・駅ビジョン
- ・駅構内看板
- ・新幹線
- ●バス
- ・まどステッカー
- ・天吊り
- ・運転席背面
- ・吊り革広告
- ・まど上ポスター
- ・バスラッピング
- ・車外看板
- ・バスサイネージ
- ●タクシー
- ・アドケース
- ・スーパーステッカー
- ・サイドウインドウステッカー
- ・ボディステッカー
- ・タクシーサイネージ
- ・タクシーラッピング

など

屋外メディア

街やロードサイドなど屋外で
展開されるメディア

- ●サイン・看板
- ●イベントスペース
- ●ビル壁面
- ●懸垂幕
- ●ネットワークボード
- ●大型ビジョン
- ●アドトラック
- ●ストリートボード
- ●ポスタージャック

など

店・ルートメディア

ターゲットの立ち寄る場所や
出かけた先の空間(時間)を
メディア化したもの

- ●一般生活ルート
- ・ガソリンスタンド
- ・書店
- ・スーパーマーケット
- ・コンビニエンスストア
- ・ドラッグストア
- ●食生活ルート
- ・トレイマット
- ・テーブルステッカー
- ●富裕層ルート
- ・会員誌
- ・タワーマンションDM
- ●娯楽・レジャールート
- ・カラオケ
- ・レンタルビデオ店
- ●教育ルート
- ・大学
- ・学習塾
- ・幼稚園
- ●美容・健康・スポーツルート
- ・美容院
- ・フィットネスクラブ
- ●医療ルート
- ・病院
- ・調剤薬局

など

施設メディア

人が集まる施設に設置されたメディア

- ●商業施設
- ●スタジアム
- ●空港
- ●多目的ホール(アリーナなど)
- ●遊園地
- ●映画館(シネアドなど)

など

家メディア

家庭内で接触するメディア

●オリコミ	●ダイレクトメール ●フリーペーパー ●ポストイン ●通販同梱 ●電話帳 　　　　　　など

博報堂DYメディアパートナーズ オリジナル分類

接触機会の多いメディアです

交通機関、屋外広告、店頭など、アウトドアメディアへの接触機会は多く、マスメディアに匹敵するパワーを持っていることがわかります。

[接触することがあるメディア]

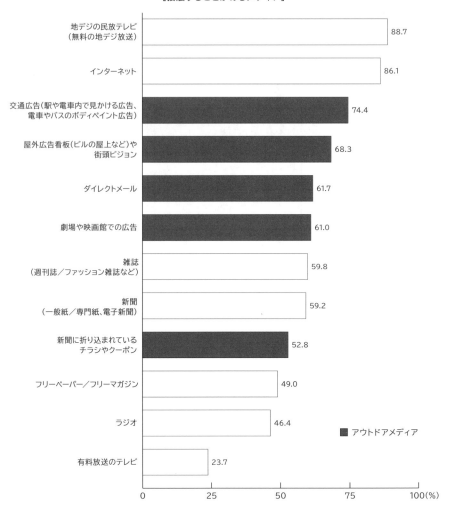

メディア	(%)
地デジの民放テレビ（無料の地デジ放送）	88.7
インターネット	86.1
交通広告（駅や電車内で見かける広告、電車やバスのボディペイント広告）	74.4
屋外広告看板（ビルの屋上など）や街頭ビジョン	68.3
ダイレクトメール	61.7
劇場や映画館での広告	61.0
雑誌（週刊誌／ファッション雑誌など）	59.8
新聞（一般紙／専門紙、電子新聞）	59.2
新聞に折り込まれているチラシやクーポン	52.8
フリーペーパー／フリーマガジン	49.0
ラジオ	46.4
有料放送のテレビ	23.7

■ アウトドアメディア

(注)「インターネット」は、接触することのあるメディアが「企業のホームページや自治体のウェブサイトなどの公式サイト」「SNSなどのコミュニティサイト（Facebook、Twitter、Instagramなど）」「動画投稿／共有サイト（YouTube、ニコニコ動画など）」「クチコミ、比較サイト（食べログ、価格.com）」「上記以外のインターネットサイト」のいずれか1つ以上の回答者

(注)「ラジオ」は、AM、FM、短波放送、個人配信以外のインターネットラジオ

博報堂「HABIT／ex2019」をもとに作成

アウトドアメディア　Outdoor Media

テレビとのシナジー効果が期待できます

自宅内でのテレビ視聴の前後に通勤・通学などの生活行動があることから、テレビCM接触と電車・クルマの利用時に接触する交通広告や屋外広告とのシナジー効果が期待できます。

［平日生活行動とテレビ接触］

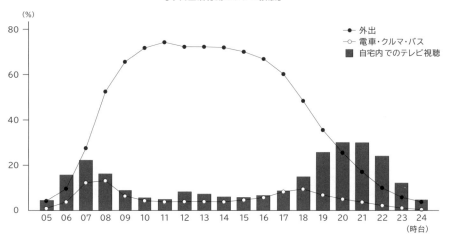

(注)「電車・クルマ・バス」は「電車に乗っていた時間（JR・私鉄・地下鉄）」「クルマに乗っていた時間（タクシー・自家用車）」「バスに乗っていた時間」の合計
(注)特定1週間について日記式生活行動記録（15分単位、5分以上行動を記録）から時間帯別メディア接触率を算出した調査で、月～金の間で合計15分以上の行為者
　　　ビデオリサーチ「MCR／ex2019」をもとに作成

［テレビCM＋交通広告の効果］

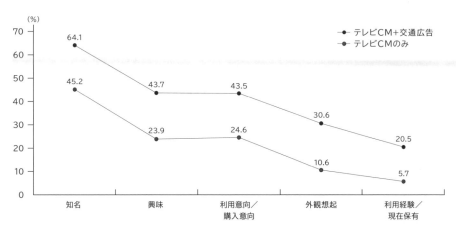

(注)集計期間：2010年1月～2019年10月
(注)パッケージ商品・73事例の平均値
(注)30サンプル以上の商品で集計

博報堂オリジナル「キャンペーントレース調査」をもとに作成

デジタルサイネージ

デジタルサイネージとは、交通機関、屋外、店舗、施設などの生活動線上のさまざまな場所でデジタル技術を活用したディスプレイやプロジェクターなどから映像や情報を発信するメディアです。ディスプレイの汎用化や無線LANの普及に伴って成長を続け、テレビCMやインターネット動画広告の流用や、リアルタイム配信・エリア別配信など、新たな手法のアウトドアメディアとして注目を集めています。

デジタルサイネージは、「交通系」「施設系」「屋外系」「店・ルート系」のカテゴリーに大別され、メディアごとに異なる特性と利用目的があります。現在は「交通系」サイネージが市場を牽引しているものの、将来的には「店・ルート系」のサイネージの比率が高まると予測されています。

[デジタルサイネージの媒体特性]

カテゴリー／メディア		媒体特性	広告効果
交通系	電車	路線利用者数に応じた到達力 一定の滞留時間に伴う広告注目度	アドリーチ獲得 テレビCMとの相乗効果
	駅	駅利用者数に応じた到達力	アドリーチ獲得 テレビCMとの相乗効果
	タクシー	一定の滞留時間に伴う広告注目度	特定ターゲットへの深い浸透
施設系	空港	一定の滞留時間に伴う広告注目度 「旅行」「ビジネス」などとの関連性	特定ターゲットへの深い浸透
屋外系	大型街頭ビジョン	通行者数に応じた到達力 「街」のイメージとの関連性	特定ターゲットへのアドリーチ獲得 街イメージによるイメージ形成
	街・施設 （ビルなど）	「街・施設」の利用目的との関連性 「街・施設」のイメージとの関連性	特定ターゲットへの深い浸透 街・施設イメージによるイメージ形成
店・ルート系	量販店 家電量販店 CVS ドラッグストア	来店者数に応じた到達力 販売との関連性・売場との距離の近さ	特定ターゲットへのアドリーチ獲得 当該店舗での販売支援
	病院などの 各種ルート	一定の滞留時間に伴う広告注目度 利用目的との関連性	特定ターゲットへの深い浸透

主なデジタルサイネージ

● イオンチャンネル®

イオンチャンネル®は、イオン食品売場レジ付近に設置された32型モニターを通じて広告を放映する、イオングループ運営のサイネージメディアです。

全国201店舗（2019年12月現在）、モニター面数約1,400台（2019年12月末時点）にて展開が可能で、全店舗の年間食品レジ通過客数は約4億400万人。設置ディスプレイの認知率は89.3%で、1回の放送単位である2週間で約1,526万人に到達可能です。また総合スーパーという設置場所の特性から、主婦・ファミリー層を中心としたターゲットに効率的なアプローチが可能です。

● イトーヨーカドーTV

イトーヨーカドーTVは、イトーヨーカドー食品売場レジ付近（一部レジ以外含む）に設置された31.5型モニターを通じて広告を放映するサイネージメディアです。

全国136店舗（2019年12月現在）、モニター面数約1,000台（2019年12月末時点）にて展開が可能で、サイネージ設置店舗では1日平均61.5万人が食品レジを通過します。男女比では女性が8割を占め、都心型店舗も多く、モデル店での調査では来店者のうち75%以上が週に1〜2回以上来店します。首都圏を含む主婦層やファミリー層を中心としたターゲットに効率的なアプローチが可能です。

アウトドアメディア　Outdoor Media

アウトドアメディア ……………… Outdoor Media

● ミニストップビジョン

コンビニエンスストア初、全国店舗内に専用ディスプレイを設置した媒体です。来店客の視認性が高く、レジカウンター内上のメニューボードの出入り口付近で放映することができるサイネージメディアです。

全国1,857台（2019年6月末時点）での展開が可能で、全国の来店客1,100万人（1週間）への到達が期待できます。購買にもつながりやすいことが最大の特長です。

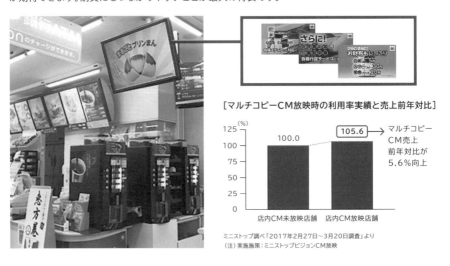

[マルチコピーCM放映時の利用率実績と売上前年対比]

→ マルチコピーCM売上前年対比が5.6％向上

ミニストップ調べ「2017年2月27日〜3月20日調査」より
（注）実施施策：ミニストップビジョンCM放映

● ララちゃんねる

ララちゃんねるは、全国のイオンモールやそのほかショッピングセンターにあるファミリー向けアミューズメント施設の「モーリーファンタジー」に設置された、42インチ横型モニターを通じて広告を放映するデジタルサイネージメディアです（一部店舗で32インチあり）。

全国395店舗、モニター面数407台での放映（2019年11月現在）、店舗ごとの1日平均来店者数は約1,000人、1週間で約300万人に接触が可能です。

日本のママの約7割が知っている日本最大級のアミューズメント施設で、ファミリー層や中高生を中心としたターゲットに効率的なアプローチが可能です。

交通メディアの種類

交通メディアとは交通機関を利用した際に目にするメディアで、通勤・通学といった生活行動上の日常的な接触という特性があります。交通機関には、電鉄、バス、タクシーなどが含まれます。

● 電車内

電車内にはさまざまな場所に、中吊り、まど上、ステッカーなどの多様な広告スペースがあります。広告掲出期間や路線、料金もさまざまで、ターゲット、エリア、予算規模などを考慮した選択が可能です。

アウトドアメディア　‥‥‥‥‥‥‥ Outdoor Media

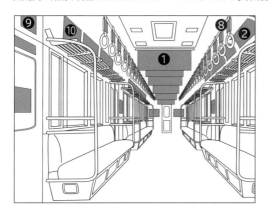
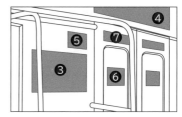

❶中吊り	短期集中訴求型の広告で、その速効性から週刊誌、月刊誌の出稿が圧倒的に多いほか、新商品発売・催事などのキャンペーンに利用される。
❷まど上（額面）	掲出期間が長くじっくり浸透させる内容に向いている広告で、商品や沿線施設・金融関係の広告が継続的に掲出されている。
❸ドア横（額面）	B3ポスターをフレームに入れた仕様で、目線の位置にあり、見やすいため注目率が高い。
❹ドア上	細長いスペースで、各種ステッカー・まど上などの混合した特性をもち、乗降時に自然に目に入る位置にあるため注目率が高い。
❺戸袋ステッカー	ドアのヨコで目線の位置とほぼ同じ高さのため目にとまりやすく、駅売店に置かれる身の回りの商品広告が多い。
❻ドアステッカー	戸袋ステッカーと同様、コンパクトなスペースながら視線を自然に集め、注目率が期待できる。
❼ツインステッカー	ドアの左右に1枚ずつの2枚1組のユニークな広告で、その特性を生かした表現手法が試みられている。
❽吊り革	掲出本数が多いこと、長期間であること、手元の位置にあることで広告メッセージの浸透を図れる。
❾電車内ビジョン	天気予報やニュースなどコンテンツを持つ映像メディアで、高い注目率が期待できる。
❿まど上チャンネル	山手線E235系（新型車両）のまど上にある3面並んだ映像メディア。ダイナミックな演出ができ、今後ますます導入される予定である。

● 駅

駅構内での駅貼りポスター、イベント、駅サイネージなど多様な広告が展開できます。また、駅ごとに異った乗降客をターゲットにすることが可能です。

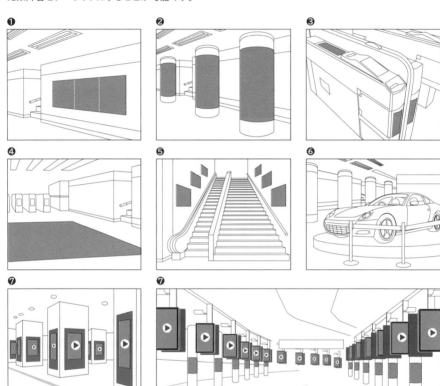

❶駅貼りポスター	多くの駅利用客の目を引きつけることが可能です。連貼り、組貼りや乗降人数の多い効率的な駅を選択したセットポスターの種類も豊富。
❷アドピラー	駅構内の柱を使ったユニークな広告メディアで駅コンコースを歩く人々の注目を引く。円柱の表面をうまく活用することで、缶飲料・乾電池など実際の商品の形を模した展開も可能。
❸自動改札ステッカー	改札通過時、自然に目にとまるステッカー広告で、毎日の通勤・通学の中で必ず接触するため、高い反復効果と広告到達が期待できる。
❹フロア広告	足元に広告があり、意外性と高い認知が期待できる。自由に形をデザインできるので、商品の形状をかたどったPOP広告、大型広告など工夫しやすいメディア。
❺集中貼り	ターゲットや目的に合わせて駅で集中的に掲出することで、高いPR効果が期待できる。また、複数の駅を組み合わせることにより、大規模なキャンペーン展開も可能。
❻駅イベント	多くの人々が集う駅でイベントを効果的に実施することができる。
❼駅サイネージ	利用者の動線に従って連続的に設置された大型ディスプレイで、豊かな広告表現の展開が可能。

● バス

バスはターゲットやエリアが絞りやすく、低予算で地域に密着した広告展開をすることができます。

❶まどステッカー
❷天吊り
❸運転席背面
❹吊り革広告
❺まど上ポスター

（その他）
・バスラッピング
・車外看板
・バスサイネージ

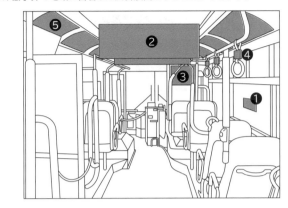

● タクシー

タクシーは365日、24時間稼動する交通機関で、タクシーの乗客を対象としたサンプリングも可能です。

❶アドケース
❷スーパーステッカー
❸サイドウインドウステッカー
❹ボディステッカー
❺タクシーサイネージ

（その他）
・タクシーラッピング

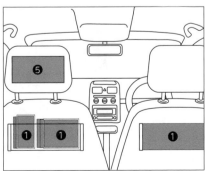

アウトドアメディア …………………… Outdoor Media

アウトドアメディア ...... Outdoor Media

路線・駅の推定利用人数

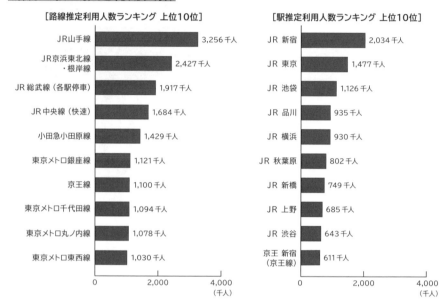

[路線推定利用人数ランキング 上位10位]

JR山手線	3,256千人
JR京浜東北線・根岸線	2,427千人
JR総武線（各駅停車）	1,917千人
JR中央線（快速）	1,684千人
小田急小田原線	1,429千人
東京メトロ銀座線	1,121千人
京王線	1,100千人
東京メトロ千代田線	1,094千人
東京メトロ丸ノ内線	1,078千人
東京メトロ東西線	1,030千人

[駅推定利用人数ランキング 上位10位]

JR 新宿	2,034千人
JR 東京	1,477千人
JR 池袋	1,126千人
JR 品川	935千人
JR 横浜	930千人
JR 秋葉原	802千人
JR 新橋	749千人
JR 上野	685千人
JR 渋谷	643千人
京王 新宿（京王線）	611千人

(注) 当該エリア（東京50km圏）の路線、駅を1週間に1度以上利用した人の推定人数

ビデオリサーチ「SOTO／ex2019」をもとに作成

電車の利用状況

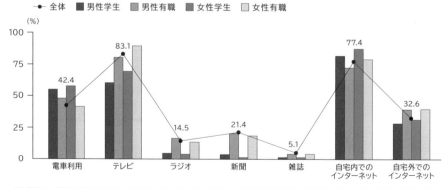

[主要6メディアへの接触率 平日]

凡例：全体　男性学生　男性有職　女性学生　女性有職

メディア	全体（%）
電車利用	42.4
テレビ	83.1
ラジオ	14.5
新聞	21.4
雑誌	5.1
自宅内でのインターネット	77.4
自宅外でのインターネット	32.6

(注)「学生」は、「中学生」「高校生（高専・高等専修学校を含む）」「短大生」「大学生」「大学院生」「専門学校生・専修学校生」「各種学校生（料理学校・ビジネス学院など）・予備生」のいずれかの回答者
(注)「有職」は、「給料事務・研究職」「給料労務・作業職」「販売・サービス職」「経営・管理職」「専門職・自由業」「商店、工場、サービス業の自営業」「農・漁・林業」のいずれかの回答者
(注) 特定1週間について日記式生活行動記録（15分単位、5分以上行動を記録）から時間帯別メディア接触率を算出した調査で、月～金の間で合計15分以上の行為者
(注)「テレビ」「ラジオ」「新聞」「雑誌」は、「自宅内・外」での行動

ビデオリサーチ「MCR／ex2019」をもとに作成

電鉄の広告接触状況

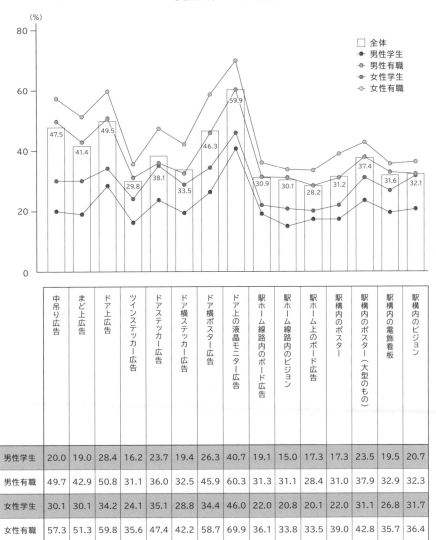

[電鉄広告 ユニット別接触率]

凡例：
- □ 全体
- ● 男性学生
- ● 男性有職
- ● 女性学生
- ○ 女性有職

全体のラベル値：47.5、41.4、49.5、29.8、38.1、33.5、46.3、59.9、30.9、30.1、28.2、31.2、37.4、31.6、32.1

	中吊り広告	まど上広告	ドア上広告	ツインステッカー広告	ドア横ステッカー広告	ドア横ステッカー広告	ドア横ポスター広告	ドア上の液晶モニター広告	駅ホーム線路内のボード広告	駅ホーム線路内のビジョン	駅ホーム上のボード広告	駅構内のポスター	駅構内のポスター（大型のもの）	駅構内の電飾看板	駅構内のビジョン
男性学生	20.0	19.0	28.4	16.2	23.7	19.4	26.3	40.7	19.1	15.0	17.3	17.3	23.5	19.5	20.7
男性有職	49.7	42.9	50.8	31.1	36.0	32.5	45.9	60.3	31.3	31.1	28.4	31.0	37.9	32.9	32.3
女性学生	30.1	30.1	34.2	24.1	35.1	28.8	34.4	46.0	22.0	20.8	20.1	22.0	31.1	26.8	31.7
女性有職	57.3	51.3	59.8	35.6	47.4	42.2	58.7	69.9	36.1	33.8	33.5	39.0	42.8	35.7	36.4

(注)「学生」は、「中学生」「高校生（高専・高等専修学校含む）」「短大生」「大学生」「大学院生」「専門学校生・専修学校生」「各種学校生（料理学校・ビジネス学院など）・予備校生」のいずれかの回答者

(注)「有職」は、「給料事務・研究職」「給料労務・作業職」「販売・サービス職」「経営・管理職」「専門職・自由業」「商店、工場、サービス業の自営業」「農・漁・林業」のいずれかの回答者

(注) 各質問に対し「きちんと見る」の回答者

週1日以上の電車利用者（電車の利用頻度が「ほぼ毎日」〜「週1日程度」の回答者）ベース
ビデオリサーチ「ACR／ex2019」をもとに作成

アウトドアメディア ………… Outdoor Media

アウトドアメディア

Outdoor Media

電車内での行動

交通メディアは電車内や駅構内で接触する頻度が高く、移動時間による長めの広告接触も多いため、電車内で過ごす際の他メディアとの相乗効果が期待できます。

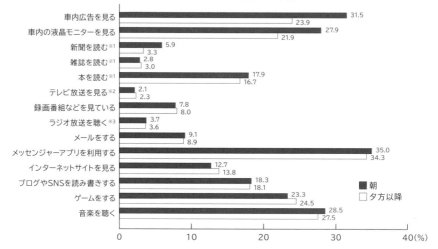

［電車内の過ごし方 東京50km圏］

行動	朝	夕方以降
車内広告を見る	31.5	23.9
車内の液晶モニターを見る	27.9	21.9
新聞を読む※1	5.9	3.3
雑誌を読む※1	2.8	3.0
本を読む※1	17.9	16.7
テレビ放送を見る※2	2.1	2.3
録画番組などを見ている	7.8	8.0
ラジオ放送を聴く※3	3.7	3.6
メールをする	9.1	8.9
メッセンジャーアプリを利用する	35.0	34.3
インターネットサイトを見る	12.7	13.8
ブログやSNSを読み書きする	18.3	18.1
ゲームをする	23.3	24.5
音楽を聴く	28.5	27.5

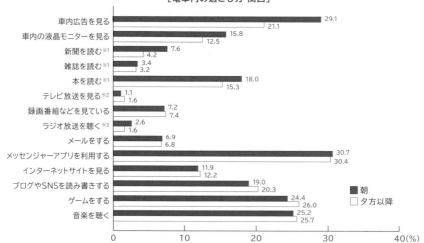

［電車内の過ごし方 関西］

行動	朝	夕方以降
車内広告を見る	29.1	21.1
車内の液晶モニターを見る	15.8	12.5
新聞を読む※1	7.6	4.2
雑誌を読む※1	3.4	3.2
本を読む※1	18.0	15.3
テレビ放送を見る※2	1.1	1.6
録画番組などを見ている	7.2	7.4
ラジオ放送を聴く※3	2.6	1.6
メールをする	6.9	6.8
メッセンジャーアプリを利用する	30.7	30.4
インターネットサイトを見る	11.9	12.2
ブログやSNSを読み書きする	19.0	20.3
ゲームをする	24.4	26.0
音楽を聴く	25.2	25.7

※1 紙・デジタル機器問わず　※2 ワンセグ含む　※3 インターネット放送含む
(注)「ゲームをする」は、「スマートフォン・携帯電話・PHSでゲームをする」「パソコン・タブレット端末でゲームをする」「携帯型ゲームをする」のいずれか1つ以上の回答者
(注)朝は5時〜11時、夕方以降は18時以降

週1日以上の電車利用者（電車の利用頻度が「ほぼ毎日」〜「週1日程度」の回答者）ベース
ビデオリサーチ「ACR／ex2019」をもとに作成

主な交通広告の掲出料金

	ユニット	内容	期間	数量	料金（円）
電鉄	駅サイネージ	JR J・ADステーションネットワーク	7日	15秒	2,200,000
		東京メトロMCVネットワーク 1week スポット	7日	15秒	2,000,000
		大阪メトロ ネットワークビジョン	7日	15秒	1,400,000
		西武池袋駅スマイルステーションビジョンセット	7日	15秒	3,500,000
	車内ビジョン	JR トレインチャンネル	7日	15秒	4,800,000
		東京メトロビジョン TMV	7日	15秒	3,200,000
		大阪メトロ 御堂筋ビジョン（上期料金）	7日	15秒	440,000
	中吊り広告	JR首都圏全線セット シングル	7日	10,480枚	8,000,000
		東京メトロ全線 シングル	2・3日	3,300枚	2,571,000
		東急全線セット シングル	7日	4,200枚	2,340,000
		大阪メトロ シングル	7日	1,470枚	1,800,000
	まど上広告	JR首都圏全線セット シングル	7日	9,770枚	3,300,000
		東京メトロ全線 シングル	14日	3,300枚	5,448,000
		東急全線セット シングル	1ヶ月	1,400枚	2,400,000
		大阪メトロ シングル	1ヶ月	1,270枚	1,730,000
	ドア横額面広告	JR新B額面3面セット（A期料金）	7日	29,400枚	20,000,000
		東京メトロドア横ポスター（a期料金）	7日	1,900枚	7,000,000
		大阪メトロ全線 ドア横シングル	7日	1,580枚	1,800,000
	ステッカー広告	JR首都圏 戸袋ステッカーSセット	1ヶ月	10,450枚	9,130,000
		東京メトロ 全線ステッカーA枠	1ヶ月	3,300枚	7,500,000
		大阪メトロ まどステッカー	1ヶ月	1,510枚	2,300,000
	貸切電車	JR山手線 ADトレイン	半月	—	15,000,000
		東京メトロ Uライナー	半月	—	8,000,000
		大阪メトロ 御堂筋スーパーライナー	14日	—	3,000,000
	車体広告	JR山手線 1編成	2週間	—	6,000,000
		東京メトロ 1編成	1ヶ月	—	2,500,000
		大阪メトロ 車両側面ステッカー	1ヶ月	2,260枚	1,620,000
	駅貼り広告（セット枠）	JR パノラマ渋谷	7日	10枚	1,300,000
		東京メトロ 新宿スーパープレミアムセット	7日	4面	5,000,000
		阪急 ロングセット60	7日	60枚	3,000,000
バス	まど上ポスター	東京都営バス 全営業所	7日	1,560枚	520,000
		東急バス 全営業所	7日	950枚	400,000
		西武バス 全営業所	1ヶ月	715枚	840,000
	ラッピング	東京都営バス（特S）	1ヶ月	1台	400,000
		西武バス（Aランク）	12ヶ月	1台	1,100,000
		東武バス（セントラル大型）	12ヶ月	1台	800,000
タクシー	パンフレット広告	タクシーアド アドケース・カードサイズ	3ヶ月	500台	500,000
	リアウィンドウステッカー	タクシーアド スーパーステッカー	1ヶ月	500台	1,750,000〜
	車体広告	タクシーアド ラッピング	1ヶ月	10台	350,000〜

2019年12月現在

アウトドアメディア ……… Outdoor Media

アウトドアメディア

Outdoor Media

業種別出稿金額

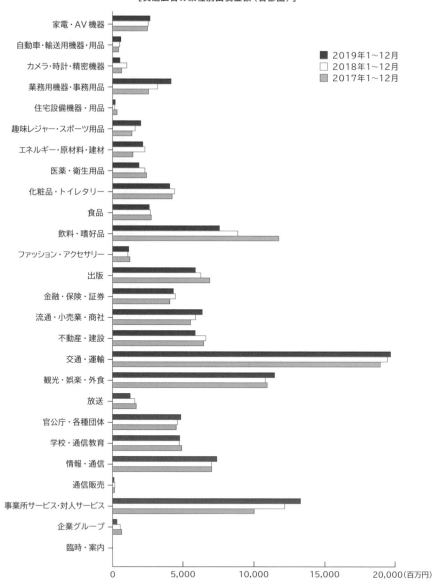

［交通広告の業種別出稿金額（首都圏）］

凡例：
- 2019年1〜12月
- 2018年1〜12月
- 2017年1〜12月

(注)首都圏の大手鉄道会社7社（東日本旅客鉄道、東京地下鉄、東急、京王、小田急、西武、東武）の駅媒体、車両媒体ごとの主要交通広告、及びほか4社（京浜急行、相模鉄道、京成、都営地下鉄）の中吊り広告
エム・アール・エス広告調査「広告出稿統計」をもとに作成

街エリア別の推定利用人数

屋外メディアは街全体をメッセージの場として、来街者にさまざまな手法でアプローチできるメディアです。街を訪れる際に利用する交通メディアとの相乗効果を狙って広告展開することも可能です。

[街エリア別推定利用人数ランキング 上位30位]

順位	エリア	エリア内推定人口
1	新宿（西口周辺）	1,312千人
2	新宿（東口周辺）	1,094千人
3	上野・御徒町	919千人
4	新宿（南口周辺）	898千人
5	池袋（東口・サンシャイン周辺）	866千人
5	横浜駅西口周辺	866千人
7	新橋	829千人
8	銀座	813千人
9	秋葉原	691千人
10	有楽町	685千人
10	お茶の水・神保町	685千人
12	大手町	664千人
13	立川駅周辺	659千人
14	日本橋	648千人
15	川崎駅周辺	632千人
16	池袋（西口周辺）	621千人
17	大宮駅周辺	606千人
18	桜木町・みなとみらい周辺	590千人
19	町田駅周辺	574千人
20	船橋駅周辺	558千人
21	渋谷（道玄坂・東急本店通り）	552千人
22	横浜駅東口周辺	536千人
23	吉祥寺駅周辺	526千人
24	浅草	521千人
25	柏駅周辺	515千人
26	水道橋・後楽園	489千人
27	丸の内	483千人
27	千葉駅周辺	483千人
29	浦和駅周辺	478千人
30	錦糸町	473千人

（注）当該エリア（東京50km圏）を1週間に1度以上利用した人の推定人数

ビデオリサーチ「SOTO／ex2019」をもとに作成

アウトドアメディア .... Outdoor Media

アウトドアメディア
Outdoor Media

屋外メディアの種類

屋外メディアとは、街やロードサイドなどの屋外で展開されるメディアのことで、街頭のサイン・看板、イベントスペースや大型ビジョンなどが代表例です。これらのメディアは、来街者に対して継続的でインパクトある広告展開が可能です。

● 主な大型メディア

媒体名	サイズ（H×W）	期間（日）	料金（円）
新宿西口広場ブライトサインⅠ	柱　1.03m×0.99m（×62面） 壁面　1.85m×5.00m（×1面）	14	8,900,000
新宿西口広場ブライトサインⅡ	1.03m×0.99m（×31面）	14	2,190,000
109-2外壁広告（Q2ポイント）（渋谷）	15.45m×6.47m	14	7,000,000
渋谷第一勧銀共同ビル	8.5m×16.0m	14	4,500,000
Jボード（渋谷）	5.53m×11.8m	14	11,000,000
渋谷駅前ビルロングボード	25.0m×4.0m	14	5,000,000
有楽町マリオンセンターモール	8.0m×5.0m（×2面） 3.0m×5.0m（×2面）	14	6,500,000
道頓堀MMBボード	17.09m×12.77m（×1面） 17.09m×6.78m（×1面）	14	9,500,000

（注）仕様、条件などは変わることがある

2019年12月現在

● 主な大型ビジョン

15秒×1時間に4回放映×7日間の放映参考プランです。日数・放映回数などにより、プランを作成します。

媒体名	エリア	画角	放映時間	放映回数／日	放映料金（円）
109フォーラムビジョン		16：9	9〜24時	60回	798,000
Q'SEYE		16：9	9〜24時	60回	1,000,000
MightyVisionSHIBUYA	渋谷・ハチ公前広場	16：9	9〜24時	60回	900,000
シブヤテレビジョン2		16：9	9〜24時	60回	850,000
渋谷駅前ビジョン		—	9〜24時	54回	1,000,000
アルタビジョン	新宿東口	16：9	10〜24時	56回	1,200,000
フラッグスビジョン	新宿東南口	16：9	9〜23時	56回	700,000
六本木ヒルズビジョン（260インチ）	六本木	16：9	8〜24時	64回	540,000
龍角散ビジョン		16：9	11〜25時	56回	260,400
原宿表参道ビジョン	神宮前交差点	16：9	10〜22時	48回	504,000
LIGHTNING WAVE NAGY	名古屋駅太閤口	16：9	6〜24時	68回	320,000
阪急BIGMAN	大阪・梅田駅構内	16：9	8〜22時	40回	200,000
トンボリステーション	大阪道頓堀	16：9	11〜22時	40回	260,000
ソラリアビジョン	福岡・天神駅	4：3ほか	8〜21時	48回	300,000
メガ・ビジョン4プラ	札幌・大通り4丁目プラザ	16：9	8〜22時	56回	225,000

(注) 仕様、条件などは変わることがある

2019年12月現在

アウトドアメディア …………… Outdoor Media

サイン・看板の評価指標

サイン・看板のプラニングに際し、「何を目安にしてメディアの価値を判断するべきか」「何を基準に広告を実施するのか」を明確にするために、以下の3つの指標があります。

● DEC（Daily Effective Circulation）：交通量評価

サイン・看板の所在地の1日あたりの交通量。車両交通量、歩行者数を道路交通センサス（国土交通省）、最寄り駅乗降客数などの基本数値をもとに算出。

● CPM（Cost Per Mille）：コスト評価

サイン・看板が1日1,000人に接触するためのコスト。コスト効率の基準値。

● FIR（Field Impression Rating）：視認性評価

サイン・看板が「どのように見えるのか」を数値評価したもの。評価は5段階評価で行われ、人の進行方向とメディアの位置関係、人の目線とメディアの高さの関係、メディア周辺の状況（ほかの広告の有無など）で、100ポイントを満点とし、25ポイントごとの減点法にて算出。

○IRの評価基準
　　・ターゲットの進行方向に対するメディアの向き
　　　　①進行方向に対し、正面に設置　　　：FIR 100
　　　　②進行方向に対し、斜め左右に設置：FIR 75（-25ポイント）
　　　　③進行方向に対し、左右平行に設置：FIR 50（-50ポイント）
　　・その他、高さ、視認距離（ショートアプローチ）、障害物などにより各-25ポイント

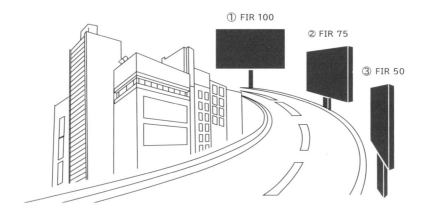

① FIR 100
② FIR 75
③ FIR 50

アウトドアメディア

Outdoor Media

店・ルートメディアの概要

生活者が立ち寄る場所・空間・ルートそのものをメディア化したのが、店・ルートメディアです。
「一般生活」「食生活」「富裕層」「娯楽・レジャー」「教育」「美容・健康・スポーツ」「医療」「その他」の8ジャンルに分類されています。

店・ルートメディアの種類

①一般生活ルート
通常の生活行動の中で、接触する店やルート。
（例）ガソリンスタンド／書店／スーパー／コンビニなどの流通ほか
②食生活ルート
ファストフード、食材宅配など、食べることに関連した店やルート。
③富裕層ルート
弁護士や医師、不動産所有者など高所得が見込まれる層にアプローチするルート。
（例）会員誌、タワーマンションDMほか
④娯楽・レジャールート
遊び・旅行・趣味など、暮らしの中のオフタイムにアプローチする店や空間。
（例）カラオケボックス／レンタルショップほか
⑤教育ルート
学生やその親をターゲットとした学校などの教育関連ルート。
（例）幼稚園／学習塾／大学ほか
⑥美容・健康・スポーツルート
主に女性をターゲットとした、美容・健康・スポーツに関連した店・施設など。
（例）美容院／フィットネスクラブほか
⑦医療ルート
薬局・病院など。
⑧その他
通信販売・カードほか各種会員向け同梱。

● **ルートメディア**
上記①～⑧のようにルートメディアのジャンルはさまざまです。
ターゲットと親和性の高いタッチポイントにおいてチラシなどの手渡しや同梱が可能であり、直接受け取ってもらうことで閲覧率の高さが見込めるメディアです。また、ターゲットに対して有益なサンプリング物を配布することによって効果的に到達させて、商品の理解度・好感度を高める効果や来店促進、購買促進なども期待できます。

アウトドアメディア …………… Outdoor Media

施設メディアの種類

施設メディアとは、野球場や多目的アリーナ、空港やスキー場など、大勢の人が集まる施設に設置されたメディアの総称です。野球場のスコアボードや内・外野の看板などなじみ深いものも多く、テレビで放送されるという付加価値の高いメディアでもあります。

施設名	広告枠		サイズ （H×Wmm）	仕様	料金（万円）
東京ドーム （最大収容人員：50,000人 観客動員：800万人／年）	外野大型看板		7,400 ×9,500	ネコ	14,000
	外野フェンス		1,000 ×5,000〜6,000	シート貼り	15,000
	内野フェンス		1,000 ×5,000〜6,000	シート貼り	4,000
横浜スタジアム （最大収容人員：30,000人 観客動員：126万人／年）	外野フェンス		2,000 ×10,800	シート貼り	4,000
	内野フェンス		2,000 ×11,000	シート貼り	1,500
東京国際空港 （羽田空港）国内線 （乗降客：6,850万人／年）	第1ターミナル	地下ロビー	1,740 ×2,260	コルトン	400
	第2ターミナル	2階出発コンコース	1,300 ×3,810	コルトン	620
成田国際空港 （乗降客：4,070万人／年）	第1ターミナル 北ウイング	4階出発動線	2,200 ×6,500	シート	700
	第2ターミナル サテライト	3階出発動線	2,900 ×6,000	シート	600

（注）期間は年契約または1シーズン

2019年12月現在

施設名		媒体費（万円）	掲載期間	製作費概算	備考
六本木ヒルズ メトロハット	内側	500	7日間	別途	取り付け施工に1日かかるので、実質掲出 期間は火曜日朝〜日曜日夜になります。
	外側	500	7日間	別途	
表参道ヒルズ メディアシップ　フルパック		2,400	7日間	別途	館内：懸垂幕・電飾看板・ビジョン　ほか 館外：ボード・フラッグ　ほか
東京ミッドタウンセット		150	2週間	別途	ガラス壁面・柱巻き・ボード　ほか
東京スカイツリータウン 全ヤードメディアパッケージ		1,865	2週間	別途	懸垂幕・ボード・フラッグ・柱巻き・ 大型ビジョン・イベントスペース　ほか

2019年12月現在

東京スカイツリータウン®

東京スカイツリータウン®の2018年度来場者数は約3,051万人でした。2012年5月22日の開業から来場者累計は約2億4,482万人（～2019年3月31日）に達する東京の人気観光スポットとして観光客や買い物客で賑わう、集客力のある施設です。

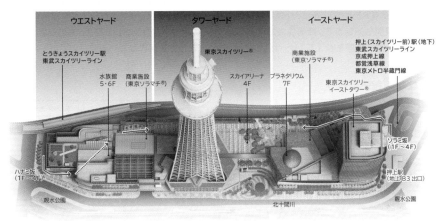

©TOKYO-SKYTREETOWN

東京スカイツリータウンの利用経験

［東京スカイツリー®か東京ソラマチ®を利用したことがある］

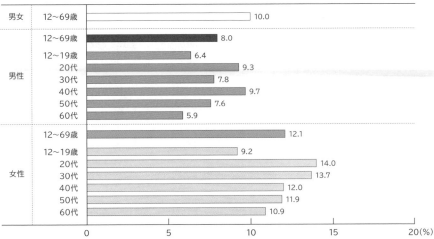

		(%)
男女	12～69歳	10.0
男性	12～69歳	8.0
	12～19歳	6.4
	20代	9.3
	30代	7.8
	40代	9.7
	50代	7.6
	60代	5.9
女性	12～69歳	12.1
	12～19歳	9.2
	20代	14.0
	30代	13.7
	40代	12.0
	50代	11.9
	60代	10.9

（注）「最近1年間で利用経験があるレジャー施設」で「東京スカイツリー®」、「最近6ヶ月で利用経験があるデパート・駅ビル・商店街」で「東京ソラマチ®」のいずれか1つ以上の回答者
（注）調査エリアは、東京50km圏

ビデオリサーチ「ACR／ex2019」をもとに作成

シネアド

シネアドとは映画館で本編上映前に流れるCMのことで、全国をネットワークすることや1館・1作品からの出稿も可能という柔軟性に富んだメディアです。上映前の期待感が高まるタイミングで露出することから、高い専念視聴態度が期待でき、最も記憶に残るメディアといわれています。さらに最新鋭の映像・音響設備を導入しているため、高品質な映像と音声による再生が可能です。

映画館ではシネアド上映以外に、サンプリング、ロビーイベント、プレイスメントなど多面的なプロモーション展開もできます。商業施設に入居したシネコン（シネマコンプレックス）でのシネアド上映は、購買行動に影響を与える「リーセンシーメディア」として注目されています。

● 主な映画館チェーン

映画館チェーン名	総劇場数	主な劇場	総スクリーン数
イオンシネマ	91	イオンシネマ シアタス調布、イオンシネマ板橋	775
TOHOシネマズ	68	TOHOシネマズ日比谷、TOHOシネマズ新宿、TOHOシネマズ六本木ヒルズ、TOHOシネマズ梅田	640
ユナイテッド・シネマ（シネプレックスチェーン含む）	40	ユナイテッド・シネマ豊洲、ユナイテッド・シネマアクアシティお台場、シネプレックス幕張	388
MOVIX	25	新宿ピカデリー、MOVIXさいたま	233
ティ・ジョイ	18	新宿バルト9、横浜ブルク13、T・ジョイ博多	175
109シネマズ	18	109シネマズ二子玉川、109シネマズ名古屋	175
シネマサンシャイン	15	グランドシネマサンシャイン、シネマサンシャイン平和島	126

2019年12月現在

● 主な映画館の料金例

劇場名	スクリーン数	座席数	30秒2週間料金（円）	
			全スクリーン上映	作品指定
TOHOシネマズ日比谷	13	2,830	2,000,000	1,000,000
TOHOシネマズ新宿	12	2,347	1,500,000	600,000
新宿バルト9	9	1,842	1,400,000	340,000
TOHOシネマズ六本木ヒルズ	9	1,837	1,500,000	750,000
ユナイテッド・シネマ豊洲	12	1,756	1,100,000	300,000
グランドシネマサンシャイン	12	2,443	1,500,000	350,000
横浜ブルク13	13	2,483	1,000,000	300,000
チネチッタ	12	3,208	900,000	280,000
109シネマズ名古屋	10	1,884	800,000	200,000
TOHOシネマズ名古屋ベイシティ	12	2,671	400,000	160,000
TOHOシネマズ梅田	10	2,677	1,500,000	600,000
梅田ブルク7	7	1,595	750,000	200,000
TOHOシネマズなんば	12	2,440	1,300,000	520,000

（注）デジタル素材配信費などが別途必要

2019年12月現在

シネアドの広告効果

シネアドは、映画開始を待つ本編上映直前に流れます。映画鑑賞時の能動的な状態で接触することにより記憶に残りやすく、商品・サービスの認知や理解に効果的です。また、映画鑑賞後は近辺の商業施設などでの消費機会も多いため、広告商品購入やサービス利用にもつながることが期待できます。

アウトドアメディア ………… Outdoor Media

[シネアドへの関心度]

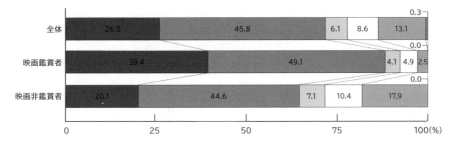

[シネアドに関する意識]

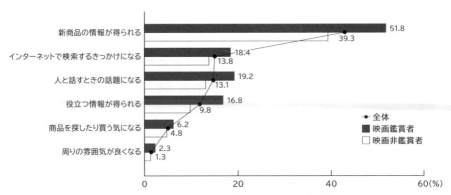

(注)「映画鑑賞者」は、「この3ヶ月間に映画館を利用」に「利用した」の回答者、「映画非鑑賞者」は、「利用していない」の回答者

ビデオリサーチ「ACR／ex2019」をもとに作成

家メディアの種類

オリコミやダイレクトメール、ポスティングなど、生活者に直接届くメディアが家メディアです。広告としてはオーソドックスな手法ですが、ターゲットセグメントに優れ、きめ細かい展開が可能です。代表的な家メディアは、上記のほかに電話帳、通販同梱などがあります。

オリコミ

● オリコミの特徴

・家庭に到達するメディア

休刊日を除き宅配される新聞にほぼ毎日折り込まれ、家庭に配達されるオリコミは、全国の新聞購読者に到達可能です。満枠がなく、安価で、使い勝手のよいメディアです。

・新聞宅配ネットワークを活用

ターゲットに合わせた新聞の選択、配布日の設定、クリエイティブの自由度など柔軟性の高いメディアです。

・自由度の高いエリア設定が可能

各新聞販売店のカバーする区域ごとに自由にエリアが設定でき、最少申し込み単位は新聞販売店1店舗から可能です。

● オリコミの料金

・サイズ

折り込む印刷物の大きさによって料金が異なり、B版が基本（A4はB4、A3はB3料金を適用するのが一般的）です。ただし、料金は各県・各エリアによってすべて異なります。例えば、東京23区でB4普通紙の通常料金は@3.30円。2つ折りの物は開いた際のサイズを適用するのが一般的（折ってB4の場合はB3料金を適用）ですが、これもそれぞれ判断が異なるので、事前の確認が必要となります。

・重量

サイズ以外にも紙の重量によって料金が異なりますが、重量紙の規定は各県ごとに異なります。

・配送費

首都圏で配布する場合、指定された配送センターに印刷物を納品した場合は配送料はかかりませんが、地方で展開する場合は現地での配送料が発生します（印刷会社から配送センターまでの配送費は別途必要）。

・変形

変形・圧着・はがき付きなどの特殊形状にはそれぞれの料金規定があります。

アウトドアメディア

Outdoor Media

オリコミの閲読状況

［チラシ広告 曜日別閲読状況］

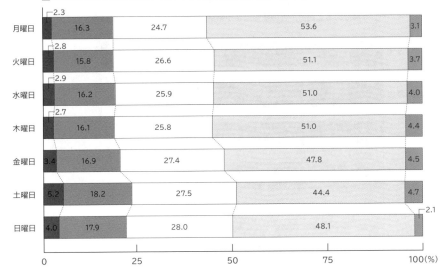

■ ほとんどのチラシ広告を詳しく読んだ　■ ひととおりざっと読んだ
□ 興味のあるものだけ読んだ　□ チラシ広告を読まなかった　■ 不明

曜日	ほとんどのチラシ広告を詳しく読んだ	ひととおりざっと読んだ	興味のあるものだけ読んだ	チラシ広告を読まなかった	不明
月曜日	2.3	16.3	24.7	53.6	3.1
火曜日	2.8	15.8	26.6	51.1	3.7
水曜日	2.9	16.2	25.9	51.0	4.0
木曜日	2.7	16.1	25.8	51.0	4.4
金曜日	3.4	16.9	27.4	47.8	4.5
土曜日	5.2	18.2	27.5	44.4	4.7
日曜日	4.0	17.9	28.0	48.1	2.1

［折込みチラシにあてはまる印象］

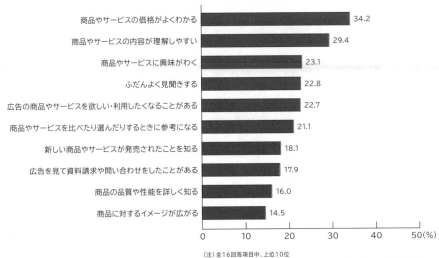

項目	%
商品やサービスの価格がよくわかる	34.2
商品やサービスの内容が理解しやすい	29.4
商品やサービスに興味がわく	23.1
ふだんよく見聞きする	22.8
広告の商品やサービスを欲しい・利用したくなることがある	22.7
商品やサービスを比べたり選んだりするときに参考になる	21.1
新しい商品やサービスが発売されたことを知る	18.1
広告を見て資料請求や問い合わせをしたことがある	17.9
商品の品質や性能を詳しく知る	16.0
商品に対するイメージが広がる	14.5

（注）全16回答項目中、上位10位
ビデオリサーチ「J-READ（全国新聞総合調査）2018」をもとに作成

アウトドアメディア —— Outdoor Media

アウトドアメディア

Outdoor Media

オリコミで認知される商品ジャンル

商品ジャンル別にその商品の広告に関心があると答えた人の内、その広告認知経路を折込みチラシと回答した人の割合をみると、スーパー、家電量販店、デパートといった流通業種が高い傾向にあります。

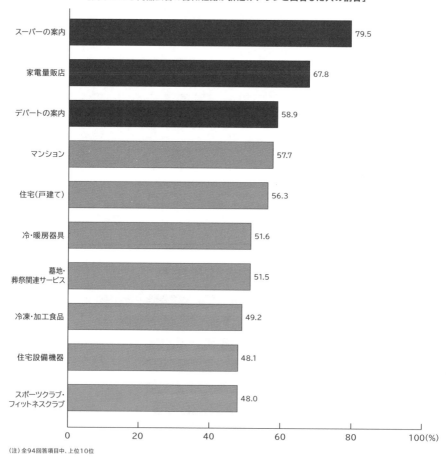

［関心のある商品広告の認知経路が折込みチラシと回答した人の割合］

スーパーの案内	79.5
家電量販店	67.8
デパートの案内	58.9
マンション	57.7
住宅(戸建て)	56.3
冷・暖房器具	51.6
墓地・葬祭関連サービス	51.5
冷凍・加工食品	49.2
住宅設備機器	48.1
スポーツクラブ・フィットネスクラブ	48.0

（注）全94回答項目中、上位10位

それぞれの商品に関心があると回答した人ベース
ビデオリサーチ「J-READ（全国新聞総合調査）2018」をもとに作成

付録
Data Appendix

● メディア定点調査

主なデータの調査概要

調査エリア	東京・大阪・愛知・高知
標本抽出方法	RDD（ランダム・デジット・ダイヤリング）
調査対象者	対象エリア在住の15〜69歳の男女個人
有効標本数	東京614s、大阪616s、愛知643s、高知634s　計2,507s
調査方法	郵送調査
調査期間	2019年1月24日〜2月8日
調査主体	博報堂DYメディアパートナーズ メディア環境研究所
調査実施	ビデオリサーチ

（注）有効標本数のsはサンプルのこと

● ACR／ex調査、MCR／ex調査、SOTO／ex調査、MVP／ex調査

調査エリア	東京50km圏（茨城・埼玉・千葉・東京・神奈川）、関西地区（滋賀・京都・大阪・兵庫・奈良）、名古屋地区（岐阜・愛知・三重）、北部九州地区（福岡）、札幌地区（北海道）、仙台地区（宮城）、広島地区（広島）
標本抽出方法	ARS（エリア・ランダム・サンプリング） （注）調査対象者の無作為抽出、インターネット非利用者も含む市場全体を母集団とする設計
調査対象者	12～69歳の男女個人
有効標本数	東京50km圏4,800s、関西地区1,722s、名古屋地区1,016s、北部九州地区822s、札幌地区816s、仙台地区845s、広島地区793s　計10,814s （注）SOTO／ex調査は東京50km圏、関西地区のみ
調査方法	訪問による調査対象者説得後、電子調査票による調査 （回答者全員に通信機能付きの回答専用端末（タブレット端末）を貸与）
調査期間	2019年3～6月
調査実施	ビデオリサーチ

● HABIT／ex調査

調査エリア	東京50km圏（茨城・埼玉・千葉・東京・神奈川）、 関西地区（滋賀・京都・大阪・兵庫・奈良）
標本抽出方法	ARS（エリア・ランダム・サンプリング） （注）調査対象者の無作為抽出、インターネット非利用者も含む市場全体を母集団とする設計
調査対象者	調査時に満12～74歳の男女個人
有効標本数	関東5,135s、関西1,905s　計7,040s
調査方法	訪問による調査対象者説得後、電子調査票による調査 （回答者全員に通信機能付きの回答専用端末（タブレット端末）を貸与）
調査期間	2019年3～6月（8～9月はHABIT／ex別調査あり）
調査実施	ビデオリサーチACR／ex調査パネル対象者に博報堂オリジナル調査を実施

（注）有効標本数のsはサンプルのこと

● 広告出稿統計（テレビ／ラジオ）

	テレビ	ラジオ
調査地域	関東、関西、名古屋	関東、関西
調査対象局	関東5局、関西5局、名古屋5局　計15局	関東5局、関西5局　計10局
対象広告範囲	全広告を対象	
広告量単位	秒数、GRP	秒数
調査実施	ビデオリサーチ	

● 広告出稿統計（新聞／雑誌／交通広告）

	新聞	雑誌	交通広告
調査地域	全国		関東・関西
調査対象	中央紙42紙、ブロック紙9紙、地方紙61紙、スポーツ紙13紙、経済紙6紙、タブロイド紙5紙、その他1紙　計137紙（版・朝夕刊別に1紙と数える）2020年1月現在	一般週刊誌19誌、女性週刊誌14誌、娯楽誌105誌、少年少女誌47誌、総合月刊誌208誌、婦人月刊誌255誌、経済誌29誌、住宅誌9誌、カード・機内誌10誌、パソコン誌46誌、自動車誌13誌、ゲーム誌4誌　計759誌　2020年1月現在	関東の鉄道会社11社（東日本旅客鉄道、東京地下鉄、東京急行電鉄、京王電鉄、小田急電鉄、東武鉄道、西武鉄道、京浜急行電鉄、相模鉄道、京成電鉄、都営地下鉄）、及び関西の鉄道会社3社（西日本旅客鉄道、大阪市営地下鉄、阪急電鉄）の車両媒体、駅媒体からなる主要交通広告　計14社　2020年1月現在
対象広告範囲	雑報を除く記事下広告を対象（タブロイド紙は全広告を対象）	出版社自社広告を除く全広告を対象	車両媒体・駅媒体の主要交通広告
広告量単位	段数	頁数	件数
調査実施	エム・アール・エス広告調査		

● 機械式BS視聴世帯数調査（2019年3月で調査終了）

調査エリア	全国47都道府県（離島・山間部／ブロードバンド回線及び無線のエリア外は除く）
標本抽出方法	RDD（ランダム・デジット・ダイヤリング）
調査対象	直接受信及びCATVなど経由でBS放送が視聴可能な普通世帯（マスコミ関係世帯除く）。対象個人は対象世帯内4歳以上の個人全員（最大7名／世帯）。対象テレビはBS放送が視聴可能なテレビ（最大3台／世帯）。対象局は無料BS民放局及びNHK（2波）計9局（10波）
有効標本数	1,000世帯
調査方法	音声センターマッチング方式による機械式調査
調査期間	毎月第1月曜日から連続する2週間（年間24週）
調査主体	民放BS6局
調査実施	ビデオリサーチ

● 機械式ペイテレビ接触率共同調査2019

調査エリア	関東（東京30km圏）、関西（2府3県主要地域）、名古屋（中京3県主要地域）、北部九州（北部九州主要地域）、札幌（札幌市内）
調査対象	直接受信及びCATV経由によりペイテレビが視聴可能な世帯かつ音声出力端子付のテレビ受像機（調査対象テレビは最大3台）を所有している世帯。調査対象者は調査対象世帯及び調査世帯内に居住する満4歳以上の個人
有効標本数	5地区　計600世帯
調査方法	音声マッチングによる機械式調査。押しボタンによって個人接触を測定
調査期間	世帯調査は52週365日／年。 個人は12週／年（偶数月第1日曜日の次の月曜より連続する2週間）
調査主体	衛星テレビ広告協議会（CAB-J）
調査実施	ビデオリサーチ

● ラジオ個人聴取率調査概要／ラジオプロフィールデータ

	首都圏ラジオ 個人聴取率調査	関西圏ラジオ 個人聴取率調査	中京圏ラジオ 個人聴取率調査
調査エリア	東京駅を中心とする 半径35km圏	大阪府・京都府・ 兵庫県の45市5町	愛知県・岐阜県・ 三重県の 48市22町1村
調査対象	12～69歳男女個人3,000s （注）関西圏・中京圏では、年に1度程度オプションとして、70～74歳対象の調査も実施		
標本抽出法	無作為系統抽出法		
調査方法	パネル化した調査対象者に調査票を一括郵送・回収する日記式郵送留置調査		
調査時期	年6回・偶数月	年2回（6月・12月）	
調査期間	1週間		
調査機関	ビデオリサーチ		

● RADIO fit調査（ラジオ番組質的価値調査）

調査エリア	東京35km圏（ビデオリサーチ「首都圏ラジオ調査」と同一エリア）
調査対象者	15～69歳の男女個人
有効標本数	2,000（有効回収数） （注）ビデオリサーチ協力機関のウェブ調査モニターを使用
調査対象番組	AM／FM、ワイド／個別／ナイターなどの主要88番組
調査方法	インターネット調査
調査期間	2019年9月
調査主体	博報堂DYメディアパートナーズ
調査実施	ビデオリサーチ

● J-READ（全国新聞総合調査）2018

調査エリア	全国47都道府県主要エリア
標本抽出方法	過去実施した各種調査対象者へのリコンタクト 目標有効サンプル数に満たなかった人数を多段抽出し、訪問説得
調査対象者	満15〜74歳 男女個人（調査時に満15歳以上）
有効標本数	12,242s
調査方法	郵送・自記入調査
調査期間	2018年10月21日〜10月27日
調査実施	ビデオリサーチ

● J-MONITOR（新聞広告共通調査プラットフォーム）

調査エリア	当該新聞購読可能なエリア（原則として都道府県（東京、神奈川、埼玉、千葉、大阪、京都、兵庫、滋賀、奈良、和歌山、愛知、岐阜、三重、北海道、宮城、新潟、長野、静岡、岡山、広島、福岡）単位）
調査対象者	当該新聞を購読している15〜69歳の男女個人
標本サイズ	1パネルあたり原則300s
調査方法	パソコン・タブレット・スマートフォンを利用したウェブ調査。新聞紙面に関する設問は原則として新聞紙面を手元に用意して回答する再認法
調査実施	ビデオリサーチ

● フリーペーパー・フリーマガジン広告費調査

調査対象	全国のフリーペーパー・フリーマガジン発行事業者
調査数	調査事業所数1,419社（調査総数1,481社から廃刊・休刊、所在不明などを除いた事業所数）。有効回答数（集計事業所数）173社。回答率12.2%
調査方法	郵送調査法
調査期間	2018年11月30日〜2019年1月18日
調査主体	電通

（注）有効標本数のsはサンプルのこと

● M-VALUE（エム・バリュー／雑誌広告効果測定調査）

調査エリア	全国主要7地区（東京50km圏、関西地区、名古屋地区、北部九州地区、札幌地区、仙台地区、広島地区の17都道府県）
調査対象者	調査エリアに居住する15〜69歳の男女個人
調査対象誌	第2回調査 2014年10〜11月発売号（21社36誌） 第3回調査 2015年9〜11月発売号（23社36誌） 第4回調査 2017年2〜4月発売号（24社37誌） 第5回調査 2018年2月末〜4月末発売号（23社38誌） 第6回調査 2019年2月末〜4月末発売号（21社33誌） 博報堂DYメディアパートナーズ「オリジナル調査」 　2015年2月調査 2015年3〜4月号（4誌） 　2016年2月調査 2016年3〜4月号（4誌） 　2016年10月調査 2016年11〜12月号（4誌） 　2017年10月調査 2017年12月号（4誌） 　2018年11月調査 2018年12月号〜2019年1月号（4誌）
目標有効標本数	150s
調査方法	インターネット調査（調査対象号の発売日に雑誌を郵送し、一定の閲読期間後に調査実施。広告素材は、雑誌保有を確認の上、雑誌を手元に用意してもらい再認させる）
調査主体	日本雑誌協会、日本雑誌広告協会
調査実施	ビデオリサーチ

（注）有効標本数のsはサンプルのこと

主なデータの調査概要

● キャンペーントレース調査

調査エリア	首都30km圏
標本抽出方法	エリアサンプリング
調査対象者	13〜74歳の男女
有効標本数	910s（13〜69歳 性・年齢別10歳きざみ各70s、70〜74歳 男女各35s）
調査方法	女性調査員による訪問面接聴取
調査回数	年間6回調査、各回15〜18ケース（ブランド）程度
調査主体	博報堂
調査実施	エム・アール・エス広告調査

（注）有効標本数のsはサンプルのこと

主なデータの調査概要

index

インデックス

詳しい内容についてはホームページをご覧ください　www.sendenkaigi.com

マーケティングとデジタルの潮流がわかる

広告・マーケティング会社年鑑2020

宣伝会議 編

■本体15000円＋税　ISBN 978-4-88335-488-7

『日本の広告会社』と『デジタルマーケティング年鑑』の2冊を統合した、マーケティング・コミュニケーションの総合年鑑。広告主企業のプロモーション成功事例、サービス・ツール、関連企業情報、各種データを収録。

広告制作料金基準表

（アド・メニュー）19─20

宣伝会議 編

■本体9500円＋税　ISBN 978-4-88335-448-1

広告制作に関する基準価格の確立を目指し、1974年に創刊。独自調査に基づいた最新の基準料金ほか、主要各社の料金表、各種団体の料金基準、見積などを収録。広告の受発注に関わるべての方、必携の一冊。

雑誌広告2・0

宣伝会議書籍編集部 編

■本体2200円＋税　ISBN 978-4-88335-473-3

本書には、雑誌活用マーケティングの事例が満載。雑誌コラボの成功事例や、編集者がどのように読者インサイトをつかんでいるか、マーケターが雑誌をどう評価しているかなどを収録。雑誌を用いたメディアプランを立てたい方は必見。

恐れながら社長マーケティングの本当の話をします。

小霜和也 著

■本体1800円＋税　ISBN 978-4-88335-484-9

「マーケティングが経営の重要な一角を占める」という認識が広がる昨今、宣伝部・マーケティング部だけでは企業のマーケティング全体は担えない。しかし他部署と連携せず、遠慮や忖度で調整に終始してしまう…。こんな状況を打破するための指針となる一冊。

博報堂DYメディアパートナーズ／編

Staff

総括・監修
吉川 昌孝

編集長・制作担当
内山 昌弘　　嶋田 祐三子

執筆者
[情報マネジメントグループ]
吉野 琢生　桐原 裕司　佐藤 万葉　小川 千夏　武方 浩紀　市川 修平
菅谷 梨絵
[メディア環境研究所] 加藤 薫　新美 妙子
[テレビ] 松岡 靖士　岩田 司治　山本 浩二　藤本 将晃　朝夷 康晴
[ラジオ] 勝田 佳名子　林 絵理佳
[新聞] 松田 仰
[雑誌] 金原 薫一　山本 智美　植草 美和子
[インターネット]
梅本 翔太　二木 純　藤井 亮　森本 孝幸　吉本 竜作
[アウトドアメディア] 秋好 圭介　大熊 千明　金松 省吾　細野 桂子

デザインディレクション
杉山 豊

Hakuhodo DY media partners

博報堂DYメディアパートナーズ
https://www.hakuhodody-media.co.jp/

博報堂DYメディアパートナーズは、博報堂、大広、読売広告社の経営統合により、3つの広告会社のメディア機能を統合設立された、他に類のない「総合メディア事業会社」です。博報堂DYメディアパートナーズは、グループのメディア・コンテンツビジネスを担い、3つの広告会社と連携して、広告主、媒体社、コンテンツホルダーに対し、最適な課題解決力を提供します。

広告ビジネスに関わる人の

メディア ガイド 2020

2020年4月1日　初版

編　者　株式会社博報堂DYメディアパートナーズ
発行者　東 彦弥
発行所　株式会社宣伝会議
〒107-8550 東京都港区南青山3-11-13
電話：03-3475-3010（代表）
https://www.sendenkaigi.com

装丁・本文デザイン　株式会社 Hd LAB.
印刷・製本　中央精版印刷株式会社